教育部人文社会科学研究规划基金资助项目

粮食最低收购价问题的系统分析

杨光焰○著

立信会计 出版社
LIXIN ACCOUNTING PUBLISHING HOUSE

图书在版编目(CIP)数据

粮食最低收购价问题的系统分析 / 杨光焰著. —上
海：立信会计出版社，2020.11
ISBN 978-7-5429-6581-3

Ⅰ.①粮… Ⅱ.①杨… Ⅲ.①粮食市场－收购价格－
系统分析－中国 Ⅳ.①F724.721

中国版本图书馆 CIP 数据核字(2020)第 224063 号

策划编辑　　方士华
责任编辑　　方士华
封面设计　　南房间

粮食最低收购价问题的系统分析

Liangshi Zuidi Shougoujia Wenti de Xitong Fenxi

出版发行	立信会计出版社			
地　　址	上海市中山西路 2230 号	邮政编码	200235	
电　　话	(021)64411389	传　　真	(021)64411325	
网　　址	www.lixinaph.com	电子邮箱	lixinaph2019@126.com	
网上书店	http://lixin.jd.com		http://lxkjcbs.tmall.com	
经　　销	各地新华书店			
印　　刷	江苏凤凰数码印务有限公司			
开　　本	787 毫米×1092 毫米	1/16		
印　　张	11	插　　页	1	
字　　数	223 千字			
版　　次	2020 年 11 月第 1 版			
印　　次	2020 年 11 月第 1 次			
书　　号	ISBN 978-7-5429-6581-3/F			
定　　价	42.00 元			

如有印订差错，请与本社联系调换

前　　言

　　改革开放 40 余年,我国经济社会发展取得辉煌成就,已开启全面建设社会主义现代化国家新征程,中国特色社会主义进入新时代。改革开放的历程,也是我国粮食支持政策不断改革和完善的过程。一系列粮食支持政策的实施,对维护国家粮食安全,促进粮食生产,保障农民收入,深化粮食流通体制改革都取得了非常重要的作用。粮食最低收购价就是我国粮食支持政策体系的重要组成部分,有必要对该政策进行全面透视与研究。

　　2004 年,在我国粮食流通体制改革的历程中具有里程碑意义。在前期试点和探索的基础上,2004 年 1 月,中共中央出台"一号文件",文件提出,从 2004 年开始,国家将全面放开粮食收购和销售市场。2004 年 5 月,国务院出台了《国务院关于进一步深化粮食流通体制改革的意见》(国发〔2004〕17 号,简称《意见》),《意见》明确提出,"在总结经验、完善政策的基础上,2004 年全面放开粮食收购市场,积极稳妥推进粮食流通体制改革","深化粮食流通体制改革的总体目标是:在国家宏观调控下,充分发挥市场机制在配置粮食资源中的基础性作用,实现粮食购销市场化和市场主体多元化;建立对种粮农民直接补贴的机制,保护粮食主产区和种粮农民的利益,加强粮食综合生产能力建设;深化国有粮食购销企业改革,切实转换经营机制,发挥国有粮食购销企业的主渠道作用;加强粮食市场管理,维护粮食正常流通秩序;加强粮食工作省长负责制,建立健全适应社会主义市场经济发展要求和符合我国国情的粮食流通体制,确保国家粮食安全","深化粮食流通体制改革的基本思路是:放开购销市场,直接补贴粮农,转换企业机制,维护市场秩序,加强宏观调控"。

　　全面放开粮食购销市场,意味着粮食领域将会面临一系列新的问题与矛盾,如何保障国家粮食安全? 如何保障种粮农民收入? 如何维护粮食市场稳定? 如何进行粮食宏观调控? 这些都是政府需要面对的问题。为此,《意见》和 2004 年国务院通过的《粮食流通管理条例》中都明确提出,当粮食供求关系发生重大变化,必要时可由国务院决定对短缺的重点粮食品种在粮食主产区实行最低收购价,这为粮食最低收购价格政策的出台,提供了法规政策基础。可见,最低收购价格政策正是政府在市场放开后对粮食价格进行保护的重要选择。

　　粮食最低收购价格政策自 2004 年出台至今,已有 16 年,在发挥积极作用的同时,也面临一些问题。一方面,政府定价,在一定程度上扭曲了市场粮价,不利于形成市场定价机制,也与市场化改革存在某种背离;另一方面,粮食最低收购价格的刚性提升,不但加大了财政负担,也带来粮食"三高"问题,即高产量、高库存、高进口,甚至是"五高"问题,即高产量、高库存、高进口、高价格、高成本。粮食领域供给侧结构性改革的压力非常大。

中共十八届三中全会通过的《中共中央关于全面深化改革若干重大问题的决定》明确提出,"经济体制改革是全面深化改革的重点,核心问题是处理好政府和市场的关系,使市场在资源配置中起决定性作用和更好发挥政府作用"。而以粮食为主的农产品是政府介入比较深、干预比较强的领域,在这一领域如何处理好政府和市场的关系是摆在我们面前的重大课题。2014年中共中央"一号文件"就已提出,完善粮食等重要农产品价格形成机制,坚持市场定价原则,探索推进农产品价格形成机制与政府补贴脱钩的改革,逐步建立农产品目标价格制度。

在新的历史条件下,粮食最低收购价日益成为一个矛盾体,一方面,保障国家粮食安全,保护种粮农民利益,客观需要实施粮食价格保护;另一方面,完善农产品价格形成机制,让市场在粮食资源配置中起决定作用,又要求对粮食最低收购价进行改革。2004年以来,尽管有很多学者对粮食最低收购价进行研究,但这些研究还是显得比较零碎、比较分散,鲜见对粮食最低收购价问题的系统研究。本课题,正是针对这一现象,希望对粮食最低收购价问题进行全面反思和系统研究,为粮食最低收购价改革尽绵薄之力。

本书共分八章:第一章"导论";第二章"粮食最低收购价:基于一般粮食理论的分析";第三章"粮食最低收购价:基于粮食支持价格的分析";第四章"粮食最低收购价:基于粮食宏观调控的分析";第五章"粮食最低收购价:基于供给侧结构性改革分析";第六章"粮食最低收购价:基于粮食收储体系的分析";第七章"粮食最低收购价:基于粮食财政补贴的分析";第八章"粮食最低收购价:基于政策运行与优化分析"。

本书得到"教育部人文社会科学研究规划基金项目"资助,在研究过程中参考了众多专家学者的相关研究成果。课题组成员在前期的资料准备与研究中也从不同侧面作出了自己的贡献。立信会计出版社方士华副编审作为责任编辑也为本书的出版付出了艰辛的劳动,在此一并表示感谢!由于粮食最低收购价涉及面非常广,涉及问题非常多,加之作者水平有限,书中纰漏和不足之处在所难免,恳请读者批评指正。

杨光焰

2020年11月

目　　录

第一章 导 论

一、研究背景

粮食最低收购价政策是市场化改革的产物。改革开放以来,我国的粮食流通体制改革经历了一个艰难的过程,但真正的市场化还是从 2004 年开始的。2004 年 5 月,《国务院关于进一步深化粮食流通体制改革的意见》出台,明确提出,在国家宏观调控下,充分发挥市场机制在配置粮食资源中的基础性作用,放开粮食收购市场和粮食收购价格,建立对种粮农民直接补贴的机制,形成公平竞争、规范有序、全国统一的粮食市场。这在我国粮食流通体制改革的历程中具有里程碑意义。2004 年颁布的《国务院关于进一步深化粮食流通体制改革的意见》《粮食流通管理条例》中都明确提出,当粮食供求关系发生重大变化,必要时可由国务院决定对短缺的重点粮食品种在粮食主产区实行最低收购价格,这为粮食最低收购价格政策的出台,提供了法规政策基础。伴随粮食市场化改革进程,从 2004 年开始,我国粮食最低收购价格政策在实践中也在不断完善。这决定了我们要从粮食流通体制市场化改革的大背景来认识与研究粮食最低收购价政策,处理好粮食领域政府与市场的关系,让市场在粮食资源配置与粮食价格形成中起决定性作用。

当前中国特色社会主义进入了新时代,习近平总书记在中共十九大报告中明确,实现社会主义现代化和中华民族伟大复兴,在全面建成小康社会的基础上,分两步走,在 21 世纪中叶建成富强、民主、文明、和谐、美丽的社会主义现代化强国。新时代,我们必须形成与全面建成小康社会相协调,与粮食生产大国、消费大国战略地位相适应的中国特色现代粮食行业发展新格局,这决定了粮食最低收购价格政策改革必须站在中华民族伟大复兴的高度来开展。

加快粮食行业发展,必须牢固树立和贯彻落实创新、协调、绿色、开放、共享的发展理念。"十三五"时期,我国要全面建成小康社会,这对粮食改革也提出了新要求。粮食宏观调控能力要显著增强,粮食收储制度要更加完善,市场调节机制作用要充分发挥,粮食储备调节能力要显著加强。粮食市场体系和市场功能进一步健全,粮食流通全面搞活,"农民种粮卖得出、居民吃粮买得到"的底线要牢牢守住。随着经济全球化向纵深推进,国内外粮食市场加速融合,粮食市场走势更加复杂多变。有效防范化解国际风险的冲击,加快形成互利共赢的国际合作关系,更好地利用国际国内两个市场、两种资源,切实保障国家粮食安全,是粮食行业面临的重大课题与现实考验。

中共十九大提出实施乡村振兴战略。农业、农村、农民问题是关系国计民生的根本性问题,必须始终把解决好"三农"问题作为全党工作的重中之重;要坚持农业农村优先发展,按照产业兴旺、生态宜居、乡风文明、治理有效、生活富裕的总要求,建立健全城乡融合发展体制机制和政策体系,加快推进农业农村现代化;确保国家粮食安全,把中国人的饭碗牢牢地端在自己手中。构建现代农业产业体系、生产体系、经营体系,完善农业支持保护制度。在乡村振兴战略下,完善农业支持保护制度需要对粮食最低收购价格作进一步研究。

近年来,我国的供求关系发生了新的变化,供给侧及结构性矛盾非常尖锐,深入推进供给侧结构性改革,是中央作出的一个重大决策部署。供给侧结构性改革本质属性是深化改革,根本目的是提高供给质量满足需要,使供给能力更好地满足人民日益增长的物质文化的需要,改革的重点是落实好去产能、去库存、去杠杆、降成本、补短板"三去一降一补"五大任务。我国粮食连年丰收,国内粮食市场运行多重矛盾交织、新老问题叠加,粮食供给由总量不足转为结构性矛盾,部分粮食品种阶段性供过于求特征明显,粮食行业供给侧结构性改革也面临艰巨任务。这些新的时代背景为粮食最低收购价格研究注入了新的因素。

二、研究意义

粮价是百价之基,尤其在当前全面深化改革开放的大背景下,如何运用粮食最低收购价对粮食市场进行有效调控、确保国家粮食安全是政府面临的重大课题。粮食最低收购价是2004年我国全面放开粮食收购市场和收购价格后,实施的一项保障国家粮食安全、稳定市场粮价、保障农民利益的重要政策,也是属于财政对农民进行间接补贴的重要形式。在实践中,粮食最低收购价在发挥应有作用的同时,也一直面临着各种争议。一方面,《国务院关于进一步深化粮食流通体制改革的意见》等文件为粮食最低收购价的出台提供了政策法规保证,但由于各种因素的作用,在执行过程中各主体之间还是出现重重矛盾,理论界一些学者对粮食最低收购价政策提出了不同看法;另一方面,我国还处于粮食市场全面放开的探索期,这注定了粮食最低收购价实施过程中的行政性、非规范性与粮食改革的市场化改革会出现经常性冲突。在开放型经济下,由于跨国粮油企业在中国粮油市场份额的增大,两种粮食市场、两种粮食资源的碰撞,粮食最低收购价在运行中也会遇到新的问题。

因此,在粮食最低收购价政策经过16年的实施后,伴随我国市场化的粮食流通体制框架的基本形成,对粮食最低收购价进行全面系统的总结,结合新时代粮食改革的大背景,深入探讨粮食最低收购价的经济学依据、定价机制、最低收购价格与市场形成价格的关系,粮食直接补贴与间接补贴的联动机制,粮食供给侧结构性改革,目标价格改革等重大问题无疑具有重要的理论意义。对粮食最低收购价政策进行合理的功能定位,客观揭示最低收购价政策存在的问题,并提出完善政策的对策,对政府政策调整又会具有重要参鉴价值。本课题将在已有研究成果的基础上,在粮食市场化改革的大背景下,对粮食最低收购价进行必要的理论探讨,研究粮食最低收购价政策运行所面临的困境和问题,为完善粮食补贴体系、定价机制和粮食最低收购价政策体系提出对策建议。

三、研究文献综述

自2004年实施粮食最低收购价政策以来,我国理论界及一些行业实务专家从不同角度对粮食最低收购价政策问题进行了研究,形成了一系列的成果。

(一)粮食最低收购价政策的内涵

粮食最低收购价政策是指当粮食供求关系发生重大变化时,为保障市场供应、保护种粮农民利益,必要时可由国务院决定对短缺的重点粮食品种在粮食主产区实行最低收购价政策,主要由国家指定的粮食经营企业来收购,市场价格高于最低收购价格时,终止最低收购价政策,由市场主体按实际市场价格收购。这一政策基本内涵是源于2004年出台的《国务院关于进一步深化粮食流通体制改革的意见》《粮食流通管理条例》的规定。

《国务院关于进一步深化粮食流通体制改革的意见》规定:"转换粮食价格形成机制。一般情况下,粮食收购价格由市场供求形成,国家在充分发挥市场机制的基础上实行宏观调控。要充分发挥价格的导向作用,当粮食供求发生重大变化时,为保证市场供应、保护农民利益,必要时可由国务院决定对短缺的重点粮食品种,在粮食主产区实行最低收购价格。"

2004年5月,国务院通过的《粮食流通管理条例》第二十五条规定:"国家采取储备粮吞吐、委托收购、粮食进出口等多种经济手段和价格干预等必要的行政手段,加强对粮食市场的调控,保持全国粮食供求总量基本平衡和价格基本稳定。"第二十八条规定:"当粮食供求关系发生重大变化时,为保障市场供应、保护种粮农民利益,必要时可由国务院决定对短缺的重点粮食品种在粮食主产区实行最低收购价格。"

因此,粮食最低收购价政策与粮食市场化改革紧密联系,政策突出几个关键词:农民利益,供求关系发生重大变化,重点粮食品种,粮食主产区。从几个关键词可看出,政策的目标主要是保护农民利益;政策实施的条件是粮食供求关系发生重大变化,出现较严重的不平衡;政策涵盖的粮食品种是重点粮食品种,并不包括所有粮食品种;政策覆盖的区域是粮食主产区,从实施情况看并不包括所有的粮食主产区省份,而是具有选择性的。

市场化条件下的粮食最低收购价政策和"三项政策"条件下的粮食收购保护价政策同属于国家粮食价格支持政策范畴。但从内涵上看,除收购信贷资金供应政策相同,即由农业发展银行对收购承贷主体及时足额发放收购贷款外,两者在其他方面均具有显著区别(郑先富,2006)。因此在政策执行过程中还需要区分粮食最低收购价和粮食收购保护价。

(二)农产品价格形成机制研究

粮食最低收购价属于政府定价,政策的实施必然会涉及农产品价格形成机制。2014年中共中央"一号文件"要求,完善粮食等重要农产品价格形成机制,探索推进农产品价格形成机制与政府补贴脱钩的改革。深化粮食等重要农产品价格形成机制和收储制度改革,是推进农业供给侧结构性改革的重点和难点。但是,对于如何深化粮食等重要农产品价格形成机制和收储制度改革,仍然存在很大的认识分歧。长期实施粮食等主要农产品最低收购价和临时收储政策,并连年大幅度提高最低收购价或临时收储价水平,扭曲了农产品价格形成机制,妨碍了市场定价作用的发挥,容易形成政府定价左右市场定价、市场价格误导农民生产的现象(姜长云、曾伟,2017)。对此,我国应当加快粮食价格形成机制改革步伐,大幅减少政府对粮食市场的干预,更多依靠市场机制和价格信号在粮食生产、流通、加工和消费等各环节发挥作用;将粮价决定权交给市场,让价格反映真实的供求(徐振宇等,2016)。中国粮食价格形成机制却日益向逆市场化的方向演化——政府出台了包括"托市"政策在内的一系列旨在保障粮食等主要农产品供给和稳定农产品市场的政策,粮食价格形成机制日益演变为以政府定价为核心。完善粮食最低收购价政策,是推进农业供给侧结构性改革、深化农产品收储制度与价格形成机制改革的迫切要求(程国强,2018.11.28)。从近几年实践看,国家在完善粮食最低收购价政策中,始终遵循原则,保持正确方向。一是坚持底线思维,确保口粮绝对安全。二是坚持市场化改革方向。三是坚持价补分离,增强政策弹性。

以政府定价为核心特征的"托市"政策,在保护农民(尤其是种植业从业者)利益、保障农产品供给和稳定农产品市场方面起了重要作用(王士海、李先德,2013)。因此,有学者认为应构建粮食最低收购价长效机制,就是要在一个较长的时间内保持粮食最低收购价格的基本稳定及其政策的连续性,巩固和完善已经出台的粮食最低收购价格政策。这是保障我国粮食安全的需要,是粮食流通体制改革的要求,是粮食价格改革经验的总结,是解决三农问题的举措(王平,2004)。现行粮食最低收购价政策面临的问题,可以借鉴主要发达国家政府对粮食价格的干预政策,构建粮食最低收购价格长效机制:应根据生产成本标准、市场供求标准、平均利润率标准合理制定粮食的最低收购价格;适度提高粮价;完善粮食最低收购价格管理(蔡贤恩,2008)。

在我国粮食购销市场全面放开后,必须稳定粮食最低收购价政策,并把其作为一项保护粮食流通安全的重要措施,不断完善,长期坚持。从粮食价格波动的角度进行分析,最低收购价作为市场粮食的一种"影子价格",促使粮食价格在"影子价格"上下波动,对粮食市场的波动起到减震器的作用(黄奕忠,2006)。合理的最低收购价水平非常重要,每年确定一个合理的粮食最低收购价水平就成为宏观决策部门不得不面对的一个重要问题,应建立基于生产要素适当补偿的粮食最低收购价定价机制(方鸿,2009)。最低收购价政策是通过政策调控价格上涨形成的托市价格,不能真实反映市场供求状况,其结果势必造成市场调节功能的紊乱,价格机制对生产和供应的导向功能失灵、价格机制调节和促进粮食流通的功能失效(丁伟,2006),因此,客观需要完善粮食最低收购价政策。

粮食价格形成机制的核心是政府及市场主体在粮食价格水平决定中的作用机制。改革开放前,政府影响力在我国粮食价格形成中起着决定性作用。改革开放后,我国粮食价格形成机制的变迁以不断调适政府对粮食价格水平决定的影响力为主线,经历了从政府直接控制价格水平到间接影响价格水平形成的转折。未来我国粮食价格形成机制改革的关键是政府在粮食价格水平决定中应发挥怎样的作用,而不是放任粮食市场自发形成价格(李国祥,2016)。

从欧盟农产品价格形成机制看,区别于单一的计划价格形成机制和自由市场价格形成机制,或者两者相结合的价格形成机制,欧盟主要对农产品实行目标价格管理,在欧共体时期和欧盟时期实行了不同的农产品价格管理政策(董涛,2015)。这对完善我国农产品价格形成机制具有借鉴意义。

可见,理论界在农产品价格形成机制方面,以市场化改革为方向,就建立粮食市场价格形成的机制基本达成共识,但在粮食最低收购价对市场价格的影响及政府在粮食价格水平决定中的作用机制上存在不同认识。

(三)粮食最低收购价政策的效应分析

很多学者对粮食最低收购价政策的效应进行了分析研究,有的从定性的角度,有的从定量的角度。杨光焰认为粮食最低收购价政策既存在正效应,也存在负效应。粮食最低收购价政策的正效应包括:①收入效应。通过粮食最低收购价政策的实施,增加了农民收入。②替代效应。在某种程度上农民倾向于用具有最低收购价政策保护的粮食品种替代生产非保护的粮食品。③稳定效应。稳定了粮食市场的价格。粮食的最低收购价政策的负效应包括:①扭曲效应。在某种程度上存在扭曲市场价格问题。政府确定最低收购价,并不是市场供求关系的真实反映,在稳定粮食市场价格的同时也扭曲了市场价格,扭曲程度取决于最低收购价与市场价的差距。②"暗补"效应。由于是通过流通环节对农民进行间接补贴,粮食最低收购价政策与以前的粮食收购保护价政策相比没有本质区别。③滞后效应。最低收购价政策虽然稳定了一时的粮食价格,但实际是把价格波动的压力滞后。政府托市收购的粮食将来终究要进入流通,这对未来的粮价又会形成压力(杨光焰,2006)。

粮食最低收购价政策实施的积极作用。主要是保护了种粮农民利益,增强了政府的宏观调控能力,稳定了市场粮价,促进了粮食生产的稳定增长(郑先富,2006)。粮食最低收购价格稳步上涨,适应了经济社会发展的需要;粮食产量逐年上升、粮食种植面积逐步恢复,维护了国家的粮食安全;农民人均纯收入不断增加,调动了农民种粮的积极性;粮食最低收购价政策的实施,有效地缓解了农资价格上涨给农民带来的压力(陈晓玲、产颖,2011)。

王士海等则利用双差分模型和面板数据模型,对小麦、早籼稻、晚籼稻、粳稻、黄玉米、油脂业用大豆和食品业用大豆等7种粮食产品近10年的价格数据进行研究,旨在考察中国粮食最低收购价政策是否起到了对粮食市场的托市效应。研究结果显示,最低收购价政策对大部分粮食品种存在托市效应,其中小麦的政策效果最为明显,油脂业用大豆的政策效应为负。同样的政策对主产区和主销区的影响也有所不同。作为粮食价格支持政策的一种手段,粮食最低价政策无疑对提高粮食主产区的粮食价格、保护种粮农民的积极性有着较为明显的作用。但对于外贸依存度较高的大豆,特别是油脂业用大豆而言,政策的效果却有待进一步考证(王士海、李先德,2012)。兰录平运用固定影响变截距模型,对粮食最低价收购政策影响粮食安全和农民收入进行实证分析,结果显示,粮食最低收购价政策的实施,影响到农民种粮的积极性,从而影响到粮食的播种面积和粮食的总产量,影响到农民总收入和粮食安全(兰录平,2013)。也有学者通过动态及静态比较,认为小麦最低收购价政策托市效应较为明显,最低收购价对非执行省区的"基准价"功能以及辐射传导作用使政策托市效应在一定程度上也溢向了非执行省区。适度扩大粮食最低收购价政策的范围与品种,对保障国家粮食安全、提高粮农收入有重要作用(张建杰,2013)。

有学者认为粮食最低收购价政策对粮食价格的托市效应显著,激发农民种粮的积极性,使粮食产量和质量有保障,但他们在肯定托市政策积极作用的同时,认为应继续坚持并不断完善和改革粮食支持政策,并逐渐实施农产品目标价格制度(王丹、杨康,2015)。

王锋等通过计量模型结合对苏北 5 市粮食生产的实证分析,得出结论:粮食价格补贴的导向作用是明显的,价格补贴发挥着正向激励作用,但在实施过程中存在一些问题,有进一步提升的空间。推进粮食补贴的改革是必要的,应当针对粮食最低保护价格和粮食直补设定不同的改进思路;建议根据未来粮食供需形势确定合理的粮食补贴目标,推进粮食最低保护价格逐步过渡到"目标价格",建立以规模生产为导向的粮食直补机制(王锋、梁琦,2015)。

有学者对我国粮食最低收购价政策的社会福利影响进行分析,从消费者、生产者、私人粮企、政府等多个角度分析现行粮食最低收购价政策的社会福利影响,认为粮食最低收购价政策在初期达到了社会效益和参与主体效益双赢的局面,但随着国内外形势的变化,生产者、私人粮企和社会总福利受到损害(郑风田、普蕙喆,2015)。

综合来看,很多学者都认为粮食最低收购价政策既有积极的作用,也有消极的影响,还需要对粮食最低收购价政策进一步改革与完善。

(四) 基于粮食宏观调控的研究

粮食最低收购价是粮食市场放开后,政府对粮食价格进行调控的重要手段。一些学者从宏观调控的角度对最低收购价进行研究。粮食最低收购价是作为宏观调控的一种重要手段,是政府粮食宏观调控的核心。可见,粮食最低收购价政策与粮食宏观调控密切相关,调控中客观需要多种手段的配合。但该政策与我国粮食市场化改革密切相关。因此,我们必须坚持粮食市场化改革方向,处理好放开市场与加强调控监管的关系。政策性粮油销售与粮食托市收购互为一体,相辅相成,共同发挥粮食储备在稳定市场方面的作用,但政策执行的道德风险在日益增高(程国强,2012)。

最低收购价政策是在市场机制条件下,国家调控粮食市场的重要手段。从粮食购销方面看,最低收购价政策一方面充分发挥了市场力量,另一方面又对市场主体行为有一定的制约,存在着多方主体利益的博弈关系。从宏观层面上看,最低收购价政策是国家调控粮食市场的重要手段,有利于保护农民利益,有利于稳定粮食生产,有利于稳定市场粮价,有利于确保粮食安全的实现和促进宏观经济的平稳运行(黄奕忠,2006)。实际上,粮食最低收购价政策是我国粮食补贴政策体系的重要组成内容,是政府调控粮食市场的政策工具(祈华清等,2015)。

粮食市场放开以来,国家一直在探索粮食市场宏观调控的有效机制,2005—2006 年国家对部分省区的部分粮食品种实行最低收购价政策,粮食市场宏观调控由政府引导变为企业按市场经济方式引导的全新思路(刘全书等,2007)。与此同时,放开粮食购销和价格后,影响粮食市场稳定的不确定性因素大大增加,而近几年粮食市场保持基本稳定,特别是没有出现大的起落,关键在于国家采取了及时有效的宏观调控措施。实践证明,最低收购价政策在加强粮食宏观调控方面发挥了积极作用(刘梅生,2017)。从粮食支持政策角度,目前我国已经初步形成以生产性补贴与农民收入补贴相结合,综合补贴与专项补贴相配套的补贴政策框架,以及以粮食市场供求为基础、粮食最低收购价为保障的粮食支持政策体系。可见,粮食最低收购价在粮食支持政策体系中具有重要的保障地位。最低收购价为主的粮食价格支持政策也存在一些问题,主要是最低收购价格水平的高低确定机制有待进一步完善。此外,最低收购价格政策的费用补贴机制和监管机制等仍需进一步完善(国家粮食局课题组,2009)。

政府采用多种措施稳定粮价,尤其是粮食最低收购价政策,对稳定市场粮价起到双向作用,我们应对计划经济条件下的粮食波动有十分丰富的经验,但是还没有在粮食市场放开条件下进行粮食价格全面调控的经验,市场化的手段在使用上还不熟练(李经谋、杨光焰,2007)。近年来我国粮食市场调控政策具体措施包括:最低收购价格、粮食储备政策、政策性粮食临时收储政策、政策性粮食竞价销售等,通过这些手段的运用,粮食调控政策取得明显成效(谭砚文等,2014)。基于提高我国粮食生产能力,需要完善粮食产业补贴政策,健全农业投入机制,需要进一步完善粮食最低收购价政策体系,为提高资金使用效益,我国粮食支持政策应从保护价格为主的价格支持政策,逐步转向以直接收入支付和反周期支付为主、直接补贴和价格挂钩的不固定补贴相结合的补贴政策(李孟刚、郑新立,2014)。

可见,大家都普遍认为,粮食最低收购价是粮食市场放开后政府粮食宏观调控的一种重要手段,甚至是政府粮食宏观调控的核心。在实践中,最低收购价政策在加强粮食宏观调控方面发挥了积极作用。

(五)粮食最低收购价贷款供应与管理探讨

粮食最低收购价政策的实施需要收购资金支持,按照政策安排,资金由中国农业发展银行(以下简称"农发行")提供。粮食最低收购价贷款是农发行为中央政府实施粮食最低收购价政策提供信贷服务所办理的一种粮食调控贷款。贷款对象的选择、贷款额度的掌握、贷款期限的确定、贷款手续的办理、贷款的使用与监管、贷款本息的收回等需要作出合理安排(郑先富,2007)。

最低收购价粮食贷款以统贷统还承贷方式的实施,进一步强化了中储粮系统作为政策执行主体的责任,有利于发挥中储粮系统对最低收购价粮食收购工作的组织、协调、管理功能,促进政策的有效落实;有利于加强最低收购价贷款管理和风险防范控制,是粮食最低收购价政策的进一步完善。同时,粮食最低收购价贷款实行统贷统还承贷方式也面临一些新情况和新问题。有学者提出,促进中储粮直属企业采取"集中统一承贷,属地分散借款"的方式,进而完善最低收购价粮食贷款统贷统还模式(李国虎、钟晓成、郭永红,2007)。最低收购价政策对农业发展银行信贷资金计划形成影响,粮食最低收购价政策直接影响信贷资金投向和投量,气候因素、资金调度渠道不畅、粮食购销市场化都影响了信贷资金使用计划的准确性(张继礼,2007)。

(六)粮食最低收购价格政策存在的问题

由于在粮食价格调控上存在诸多问题,在最低收购价政策下形成的一个基本事实是政府控制了大部分商品粮源,控制了粮价,这难免让一些人对我国粮食市场化改革的目标产生怀疑。在最低收购价政策下,一些国有粮食购销企业不思进取,又靠政策饭过上"小康"日子,改革出现某种程度的"回归"。粮食价格调控成本趋高。最低收购价与保护价没有本质区别,保护价所带来的高成本人们记忆犹新。粮食最低收购价政策的实施同样面临成本上升的问题(李经谋、杨光焰,2007)。粮食最低收购价政策与粮食流通的市场化改革方面存在不利影响,在执行中,粮食最低收购价成了行政干预的定购价格,弱化了市场机制;弱化了粮食市场体系的建设和发展;国有粮食收储企业改革受到冲击;粮食加工企业生存发展受到影响(邹凤羽,2008)。

从贷款运行情况看最低收购价粮食存在的问题有:仓容相对紧张给粮食保管带来的质量风险;企业变相抬价,造成价格趋向非理性化发展给最低收购价粮食带来的市场风险;库存监管压力增加给最低收购价粮食带来的库存风险;粮食价差倒挂,销售不畅带来的直接风险(彭清富、江河,2007)。这些风险会加大贷款运行压力。

粮食最低收购价政策执行面临的问题包括:仓储基础设施建设滞后,仓容紧缺是比较突出的问题;农发行系统"库贷分离"的问题;在途资金利息成本的分摊问题;惠农政策不能完全到位的问题;最低收购价粮食质量、价格难监控的问题(郑杨、费得喜,2010)。

粮食最低收购价格偏低,执行区域及收购品种范围有限,国有粮食企业改革缓慢及市场机制受限,严重阻碍产业结构调整及优化,加重国家财政负担,这些都是粮食最低收购价面临的问题。最低收购价及临时存储收购价格体系面临的新问题,不利于下游粮食深加工行业的发展,种粮农民没有完全得到提价带来的实惠,不利于粮食市场化流通的发展,国内外粮食价格全面倒挂,临储收购量创历史新高,库容问题严重(张志栋,2014)。

作为粮食价格支持政策的重要组成部分,粮食最低收购价和临时收储等托市收购政策在我国实施已10余年,从政策执行效果看,在增加农民收入、促进粮食增产、保障国家粮食安全和保持市场价格稳定等方面发挥了重要作用。但由于只涨不跌的托市价格使粮食政策市不断强化,目前粮食市场陷入粮食生产成本的"地板"和粮食价格已触及"天花板"的双重挤压怪圈。我国粮食托市收购政策面临的主要问题:市场调节空间越来越小,市场扭曲和效率损失越来越大;主粮高度自给率与大量进口形成矛盾;产业链下游粮食加工业受到冲击越来越大;品种、地区差价不合理,不同地区支持水平不均衡(王双进,2015)。

不少学者都指出了粮食最低收购价政策存在的问题,并对问题进行了较透彻的分析,这对粮食最低收购价的进一步改革都有借鉴意义。

(七)完善粮食最低收购价政策

如何完善粮食最低收购价政策是摆在理论界和实务界面前的一个重大课题。完善政策可考虑合理制定粮食最低收购价格,完善最低收购价政策粮食预案启动机制,加强粮食市场培育及粮食收购主体监管,大力发展粮食期货市场,合理利用国际市场调节国内粮食供求,发挥国家宏观调控作用(任军军、王文举,2010)。有学者主张按照比较效益原则制定和完善粮食最低收购价政策。我国连续提高粮食最低收购价取得了明显的政策效果,对促进粮食生产、增加农民收入、稳定价格总水平发挥了积极作用,但现行粮食品种最低收购价政策,主要是以成本为基础,按照弥补成本并有一定收益的原则确定的。以成本为基础制定粮食最低收购价已不能充分适应粮食生产和市场新形势的要求。一方面,种粮劳动力工价增长缓慢,按照成本计算的最低收购价难以保障种粮收入的合理增长;另一方面,世界和我国的粮食需求的数量和结构都正在经历明显变化,依靠国际市场保障国内粮食供应非常困难。我国应按照比较效益原则完善最低收购价政策,按照比较效益原则,较大幅度提高粮食最低收购价,从长远看有利于稳定价格总水平,缓解"产量-价格"周期性大幅波动(曹长庆,2012)。还有学者在 WTO 规则下来研究完善水稻最低收购价政策。从最低收购价政策运行机制上看,该政策属于 WTO 黄箱政策中的特定农产品支持,根据加入 WTO 承诺,应低于基期产值的 8.5%。从测算结果看,近年来最低收购价政策符合 WTO 相关规定,但运行机制和办法仍存在一定问题,未来应加以完善和调整。因此,我们需要在 WTO 相关规则下测算最低收购价政策空间,通过完善实施细则,强化政策效果;充分利用政策空间,稳步提高收购价格;试点目标价格措施,强化市场机制作用;加大绿箱支持力度,扶持产业健康发展。(罗东、矫健,2013)。

发达国家的粮食支持政策对我们的改革有何借鉴意义?有学者对欧盟粮食干预价格政策进行研究,希望对我国的改革有所启示。从欧盟经验看,既有与农民最低保护相衔接的收购干预价格,也有与市场价格相衔接的目标价格,同时还有与国际市场相衔接的门槛价格,三种价格之间形成了有机整体,是一个综合的价格支持体系。因此,我国应建立综合的粮食价格支持制度,在制定粮食目标价格制度时,要对最低收购价、临时收储价格进行全面梳理,而不是考虑各种因素的单一目标价格。为此,我国需要进行全面的粮食价格改革,建立粮食最低收购价、目标价格、干预价格在内的综合价格制度(亢霞,2014)。

着眼未来,有学者对农产品价格政策展开分析并进行展望,提出改革的基本取向:坚持市场定价原则,完善农产品价格形成机制,稳妥推动最低收购价格、改革临时收储政策,减少价格支持政策对市场的扭曲影响,切实发挥市场配置资源的决定性作用,建立形成农产品生产的消费导向、市场引领机制。改革的推进思路与要点:完善小麦、水稻最低收购价政策,适时退出临时收储措施,建立健全农产品市场风险管理机制,探索研究新型直接补贴政策措施,实行目标价格补贴、目标收入保险补贴等新型补贴政策(程国强,2015)。

有学者从综合角度对农业补贴政策进行反思并提出建议。21世纪以来,中央不断加大支农强农惠农力度,建立了以"四项补贴"和"三项价格支持(最低收购价、临时收储、目标价格)"为核心的农业补贴政策体系(黄汉权,2016)。农业补贴政策在农业增产增收、农产品价格稳定和农业发展方式转变方面发挥了重要作用,但是,农业补贴政策在运行中也暴露出一系列问题和缺陷;要分步有效地推进目标价格制度,近期继续完善棉花、大豆目标价格试点,中期逐步向玉米、油菜籽和糖料延伸,远期条件成熟时把稻谷、小麦纳入目标价格制度范围。

目前我国粮价政策改革应按什么逻辑与思路?有学者认为,日益严重的粮食高库存、进口激增等问题凸显了改革临储等粮价政策的紧迫性。目前我国粮价政策调整的倒逼机制已经形成,正处于改革的重要关口;建议按照"定向施策、价补分离、创新调控、综合配套"思路,采取"退出粮价支持"+"种粮收益补贴"组合改革方式;创新粮食调控体系,用两三年时间使粮价调整到位,形成以市场定价为基础的粮食价格形成机制,以直接补贴为主体的农民利益保护机制;要当机立断,按"分类处置、分期消化"的思路,降价销售处理粮食临储库存(程国强,2016)。

有学者通过对我国粮食最低收购价政策的演进过程进行分析,构建稻谷和小麦的幼稚期与适应期价格预期模型,提出完善对策:理顺粮食最低收购价差价体系;合理拉开品质差价,调整不同粮食品种最低收购价格的比价关系;完善粮食最低收购价格区域、等级差别机制,增强政策灵活性和弹性(万晓萌、周晓亚,2018)。

最低收购价政策实行多年来,对农民的价格预期发挥了重要的引导作用,最低收购价格调整的步伐不应过快。在确定最低收购价格水平时,要统筹考虑不同作物之间的比价关系及国内外市场供求形势,不同的粮食作物对政策价格的供给反应不同。财政补贴要向粮食主产区倾斜,减少生产成本增加对农民种粮积极性的负面影响,保障粮食主产区的产量(李丽、朱璐璐,2018)。政府必须密切关注市场上的趋势变化,把握好介入程度、退出时机等问题;加强配套政策保障农民收入,增强扶持政策的配套性和协调性,减少最低收购价政策调整带来的负面影响。

（八）粮食目标价格改革问题

目标价格在国外已经进行了很多年的实践，其最大的优点在于利于形成合理的价格形成机制，避免对市场价格的扭曲。一些学者也提出了我国粮食最低收购价政策改革的方向是目标价格。目标价格补贴就是政府事先确定农产品的目标价格，当农产品实际市场价格低于目标价格时，政府按照两者之间的差价补贴农产品生产者，保证其基本收益；若该农产品实际市场价格高于目标价格，则不需要启动目标价格补贴政策。目标价格补贴政策操作设计关键点：目标价格水平；补贴水平与范围；补贴操作方式（程国强，2015）。何谓农产品目标价格？从经济学角度来看，农产品目标价格是在农产品市场购销全面放开的条件下，政府从公共管理入手，为了保护处于弱势地位的农业生产经营者和低收入的农产品消费者免受农产品市场价格周期性波动的损害，所确定的一种政策性的市场损失补助价格标准。农产品目标价格制度在本质上是一项有特殊针对性的农业补贴制度，其基本目的是要解决市场机制在利益分配上的失灵问题。农产品价格制度的核心内容是要通过有效的政策性补贴制度，把对农业生产经营者和消费者提供的隐含的和不确定的价格补贴转变为显性的和确定的直接补贴，提高补贴的精准性和可控性，实行市场供求决定和政府补贴调节双管齐下，做到既防止"谷贱伤农"，又避免"米贵伤民"。由农产品目标价格制度提供的农业补贴，与粮食直补、农资综合补贴、良种补贴、农机补贴等一样都属于农业补贴范畴，但也有很大不同（龙通平，2014）。

对于建立农产品目标价格制的必要性，有学者认为，农产品目标价格是政府在市场运作下为照顾广大农民设定的一种理想价格，即政府运用目标定价法的概念，在综合考虑农产品生产成本、农民利润与国内外价格差等因素基础上，核算并设定农产品的目标价格，辅以差额补贴政策，来保障生产者的利益。农产品目标价格是在特定时期内，政府为弥补市场机制的缺陷而依据市场情况制定的一种政策性上限价格。在定价形式上，农产品目标价格区别于最低收购价、临时收储价。建立农产品目标价格制的必要性在于：农产品生产补贴政策不完善；农产品价格机制的再度市场化（谢学平等，2015）。

目标价格是我国粮食三元价格形成机制中的价格形式之一，不是取代市场价和最低收购价的价格，是反映粮食完全成本和合理利润的价格，是引导粮食价格体系进一步合理化的目标价位，目标价的年度标准应根据当年保证粮食安全、弥补粮食成本和提高农民收入的要求逐年确定，确定目标价的价位要与其他惠农政策结合起来，做到统筹兼顾（戴冠来，2009）。

2014年的中共中央"一号文件"提出，要完善粮食等重要农产品价格形成机制，坚持市场定价原则，探索推进农产品价格形成机制与政府补贴脱钩的改革，逐步建立农产品目标价格制度。目前粮食最低收购价政策已到了非改不可的地步,且越早改革越有利,积极稳妥推进粮食目标价格制度改革。但推行粮食目标价格改革涉及面广,影响范围大,面临的挑战也是巨大的,必须采取积极稳妥的步骤,确保改革能取得预期效果(郑红明,2014)。粮食目标价格在价格性质、作用机制、实施品种和地区范围不同等方面与最低收购价存在区别。我国实施粮食目标价格制度的必要性:粮食生产的外部形势发生重大变化的客观要求;现行粮食价格支持政策不适应新形势的要求;政策利益主体多元化导致政策执行成本较高;加大财政收支平衡压力。需要通过加强粮食生产成本收益和价格走势监测、构建支农资金整合长效机制、逐步扩大目标价格试点范围来完善粮食目标价格制度。

最低收购价政策与目标价格政策有什么区别,有学者进行了比较分析。在分析最低收购价政策的原理、目标价格政策的原理基础上,对最低收购价政策与目标价格政策的比较:最低收购价政策对生产者利益的保护效果要优于目标价格政策;最低收购价政策对市场的干预程度要大于目标价格政策;目标价格政策的补贴效率要高于最低收购价政策;最低收购价政策对加工企业和消费者影响较大,而目标价格政策则没有影响。由最低收购价政策转向目标价格政策是今后政策调整的方向,不同农产品采取差别化的政策方式,政策的设计要综合考虑、政策的执行要积极稳妥(耿仲钟、肖海峰,2015)。

多年来,学者们对粮食最低收购价政策进行了多侧面的研究,形成了一些很好的成果,为本课题的研究提供了基础。但是,粮食最低收购价问题的很多研究主要集中于某个侧面或某个角度,系统性远远不够,对供给侧结构性等新问题、新矛盾的研究局限更大。因此,本课题希望对粮食最低收购价问题进行系统研究,为透视粮食最低收购价政策提供一个更全面的视角。

四、研究方法与研究结构

(一)研究方法

本课题在学术界已有成果的基础上,结合一些研究范式的长处,实现经济学研究与社会调查研究相结合,对粮食最低收购价政策的一些关键进行深度分析;运用经济学、管理学的方法,对粮食公共政策问题进行交叉分析;从纵向(历史)与横向(国别)角度,运用比较分析方法;定性研究与定量研究进行必要结合。在综合运用相关研究方法基础上,提出粮食最低收购价改革的方向。

(二)研究结构

本课题研究成果框架结构如图 1.1 所示。

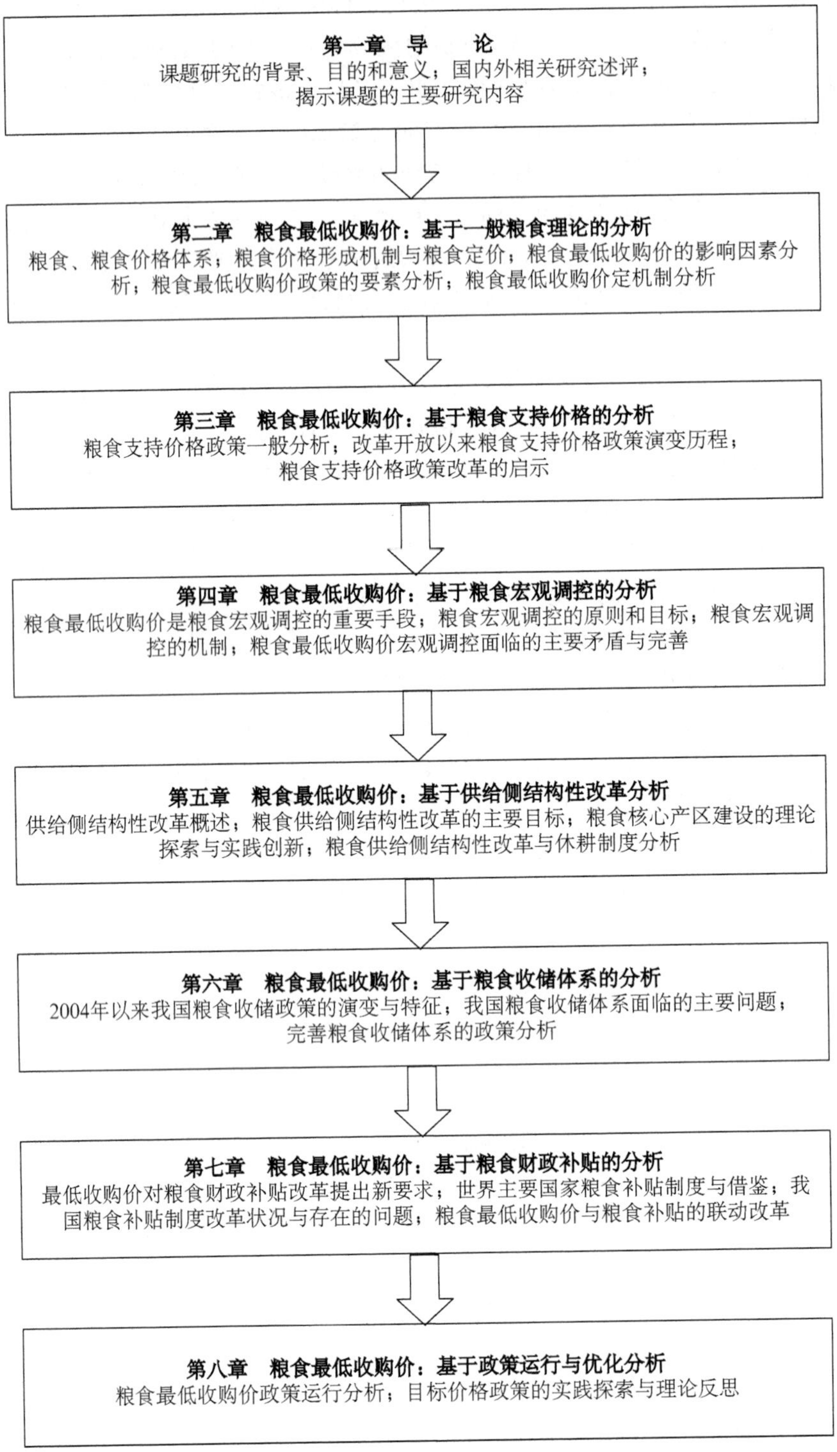

第一章 导 论
课题研究的背景、目的和意义；国内外相关研究述评；
揭示课题的主要研究内容

第二章 粮食最低收购价：基于一般粮食理论的分析
粮食、粮食价格体系；粮食价格形成机制与粮食定价；粮食最低收购价的影响因素分析；粮食最低收购价政策的要素分析；粮食最低收购价定机制分析

第三章 粮食最低收购价：基于粮食支持价格的分析
粮食支持价格政策一般分析；改革开放以来粮食支持价格政策演变历程；
粮食支持价格政策改革的启示

第四章 粮食最低收购价：基于粮食宏观调控的分析
粮食最低收购价是粮食宏观调控的重要手段；粮食宏观调控的原则和目标；粮食宏观调控的机制；粮食最低收购价宏观调控面临的主要矛盾与完善

第五章 粮食最低收购价：基于供给侧结构性改革分析
供给侧结构性改革概述；粮食供给侧结构性改革的主要目标；粮食核心产区建设的理论探索与实践创新；粮食供给侧结构性改革与休耕制度分析

第六章 粮食最低收购价：基于粮食收储体系的分析
2004年以来我国粮食收储政策的演变与特征；我国粮食收储体系面临的主要问题；
完善粮食收储体系的政策分析

第七章 粮食最低收购价：基于粮食财政补贴的分析
最低收购价对粮食财政补贴改革提出新要求；世界主要国家粮食补贴制度与借鉴；我国粮食补贴制度改革状况与存在的问题；粮食最低收购价与粮食补贴的联动改革

第八章 粮食最低收购价：基于政策运行与优化分析
粮食最低收购价政策运行分析；目标价格政策的实践探索与理论反思

图 1.1 研究成果框架结构图

专栏 1-1

在粮食主产区实行最低收购价格

一、改革的总体目标、基本思路和实施步骤

（1）深化粮食流通体制改革的总体目标是：在国家宏观调控下，充分发挥市场机制在配置粮食资源中的基础性作用，实现粮食购销市场化和市场主体多元化；建立对种粮农民直接补贴的机制，保护粮食主产区和种粮农民的利益，加强粮食综合生产能力建设；深化国有粮食购销企业改革，切实转换经营机制，发挥国有粮食购销企业的主渠道作用；加强粮食市场管理，维护粮食正常流通秩序；加强粮食工作省长负责制，建立健全适应社会主义市场经济发展要求和符合我国国情的粮食流通体制，确保国家粮食安全。

（2）深化粮食流通体制改革的基本思路是：放开购销市场，直接补贴粮农，转换企业机制，维护市场秩序，加强宏观调控。

（3）深化粮食流通体制改革的步骤和要求是：全面规划，分步实施，因地制宜，分别决策，加强领导，落实责任。

二、放开粮食收购和价格，健全粮食市场体系

（1）积极稳妥地放开粮食主产区的粮食收购市场和粮食收购价格，继续发挥国有粮食购销企业主渠道作用，发展和规范多种市场主体从事粮食收购和经营活动。

（2）转换粮食价格形成机制。一般情况下，粮食收购价格由市场供求形成，国家在充分发挥市场机制的基础上实行宏观调控。要充分发挥价格的导向作用，当粮食供求发生重大变化时，为保证市场供应、保护农民利益，必要时可由国务院决定对短缺的重点粮食品种，在粮食主产区实行最低收购价格。

（3）建立统一、开放、竞争、有序的粮食市场体系。继续办好农村集市贸易。加强粮食批发市场建设，提升市场服务功能，引导企业入市交易。稳步发展粮食期货市场，规范粮食期货交易行为。取消粮食运输凭证制度和粮食准运证制度，严禁各种形式的粮食区域性封锁，形成公平竞争、规范有序、全国统一的粮食市场。

资料来源：根据《国务院关于进一步深化粮食流通体制改革的意见》（国发〔2004〕17号）整理。

第二章　粮食最低收购价：基于一般粮食理论的分析

一、对粮食概念的界定

在实践中，我国使用的粮食概念与世界上通行使用的粮食概念存在一定区别，我国理论界对粮食概念的理解也有不同。因此，研究粮食最低收购价问题，有必要先对粮食概念进行界定，这样有利于减少对问题认识的分歧。

（一）我国的粮食概念

粮食概念看起来好像很简单，实际把什么是粮食说清楚并不容易。我国现行《粮食流通管理条例》对粮食作出的法律定义：粮食，是指小麦、稻谷、玉米、杂粮及其成品粮。在我国学术界与实务界，粮食有广义和狭义之分。

狭义的粮食是指谷物类，即禾本科作物，主要包括稻谷、小麦、玉米、大麦、高粱、燕麦、黑麦等，习惯上还包括蓼科作物中的荞麦。狭义口径的粮食概念与联合国粮食及农业组织的粮食概念更加吻合。

广义的粮食是指谷物类、豆类、薯类的集合，主要包括农业生产的各种粮食作物，这与国家统计局每年公布的粮食产量概念基本一致。豆类，主要包括大豆、绿豆等。这个概念的形成，应与新中国成立初期人均谷物产量很低相关，客观需要实行高度集中的计划分配制度，豆类、薯类加入谷物产量中加以统算，这样有助于实现温饱水平，以确保人人有饭吃的低标准"粮食安全"。2016 年出版的《现代汉语词典》(第 7 版)对粮食的解释是，供食用的谷物、豆类和薯类的统称。该词条使用的是广义的粮食概念。

从 1953 年起，国家修改农业统计口径，国家统计局从此以后每年公布的粮食产量概念均采用这个广义的粮食口径。而且自 1991 年起，国家统计局在每年的中国统计年鉴中公布我国粮食总产量时，在粮食总产量栏目中，另列谷物总产量及豆类总产量指标，加上原已公布的薯类产量指标，因此在粮食的统计概念中，非常清晰地体现出我国的粮食概念就是包括谷物类、豆类、薯类三大类。豆类，主要包括大豆、绿豆等。同时，应注意，中国将大豆归类为粮食，联合国粮食及农业组织将其归类为油料。薯类主要包括甘薯、马铃薯等。当前我国提出推进土豆主粮化,实质是实施新形势下的国家粮食安全战略,即保证谷物基本自给、口粮绝对安全,也与农业结构调整、健康食物要求、资源合理开发使用有密切关系。可见,推进土豆主粮化,也是与新时代更高标准的"粮食安全"密切相关。其实,在我国土豆一直是作为粮食来统计的,土豆本身就是继玉米、水稻、小麦之后的主要粮食品种,也可以说是第四大主粮品种。

在实际工作中,粮食概念还有粮食部门粮食概念和统计部门粮食概念的区别。在我国,粮食主管部门主要是负责粮食流通宏观调控具体业务、行业指导和储备粮行政管理的机构。因此,粮食部门的粮食概念,更偏重贸易粮口径,主要是指其经营管理的谷物、豆类、薯类商品品种,不同时代,粮食包括的品种也有所不同。1950 年,粮食包括七大品种:小麦、大米、大豆、小米、玉米、高粱、杂粮。1952 年,粮食减为四大品种:小麦、大米、大豆、杂粮。1953 年,粮食增为五大品种:小麦、大米、大豆、杂粮、薯类。1994 年,又把杂粮改为玉米等,粮食为五大品种:小麦、大米、大豆、玉米、薯类。1994 年,粮食的五大品种又改为:小麦、大米、玉米、大豆、其他。当前,随着土豆主粮化的推进,土豆又成为我国小麦、大米、玉米之后第四大粮食品种。在粮食贸易中,粮食部门根据其领域和作用对象的不同,往往把粮食又分为原粮、贸易粮、成品粮、混合粮等粮食概念。原粮一般是指小麦、稻谷、玉米、大豆、其他粮食之和。贸易粮是指小麦、大米、玉米、大豆、其他粮食之和。混合粮是指未经折合的实际原粮、贸易粮或成品粮(如面粉、米粉、小米面等)之和。

相对粮食部门粮食概念,目前我国统计部门的粮食概念就是包括谷物、豆类、薯类三大类。谷物包括稻谷、小麦、玉米、谷子、高粱和其他谷物;豆类包括大豆和杂豆,其中大豆包括黄豆、黑豆、青豆等;薯类包括甘薯和马铃薯等。根据《中国统计年鉴(2018)》主要统计指标解释,粮食产量指农业生产经营者日历年度内生产的全部粮食数量。按收获季节包括夏收粮食、早稻和秋收粮食,按作物品种包括谷物、薯类和豆类。其产量计算方法:谷物按脱粒后的原粮计算,豆类按去豆荚后的干豆计算;薯类(包括甘薯和马铃薯,不包括芋头和木薯)1963 年以前按每 4 公斤鲜薯折 1 公斤粮食计算,从 1964 年开始改为按 5 公斤鲜薯折 1 公斤粮食计算,2014 年开始按鲜薯计算;城市郊区作为蔬菜的薯类(如马铃薯等)按鲜品计算,并且不作粮食统计。1989 年以前全国粮食产量数据主要靠全面报表取得,1989 年开始使用抽样调查数据。粮食产量口径实际体现了统计部门的粮食口径。

(二)联合国粮食及农业组织的粮食概念

联合国粮食及农业组织的粮食概念,是指谷物,不含豆类、薯类,主要包括小麦、稻谷、粗粮三大类。联合国粮食及农业组织在统计粮食生产总量时,一般采用原粮"稻谷"这一概念,在统计粮食贸易总量时,一般采用成品粮"大米"这一概念。美国农业部在作世界谷物统计与预测时,使用的是小麦、大米、全部粗粮概念。需要说明的是,联合国粮食及农业组织每年公布世界谷物总产量时,由于我国翻译上的历史习惯,常译成"世界粮食总产量"。因此在同我国粮食总产量进行比较分析时,为使口径一致,在我国广义上的粮食总产量中应剔除豆类和薯类的产量,2015—2017 年我国谷物总产量占粮食总产量的比例分别为 92.08%、91.71%、91.36%。近年我国谷物总产量占粮食总产量的比例一般保持在 90%以上,这表明,即使按照国际口径,我国也有较强的粮食保障能力。

但同时也应注意,由于我国粮食概念与世界通行粮食(谷物)概念不一致,容易导致使用与分析中的混乱,也可能会导致联合国粮食及农业组织或研究机构对我国粮食库存量估算偏高。在经济全球化的大背景下,我国粮食概念及粮食统计指标上也需要与国际通行的谷物指标接轨,并公布每年的谷物库存量,便于各国间比较。

随着人类社会经济的发展,粮食概念的内涵和外延也在变化。中国科学院植物研究所侯学煜教授 1981 年 3 月 6 日在《人民日报》上,发表题为《如何看待粮食增产问题》的文章,指出单纯抓谷物类粮食,不仅解决不了粮食问题,而且还会导致生态环境的破坏,主张广辟食物来源,提出了"大粮食"观点,即凡食物都应该称作粮食,玉米、小麦、花生、豆类、水果、蔬菜以及蛋、奶、鱼、肉、虾等都是"食物"。根据这一观点,他认为农业经营不能仅限于"种植业"的禾本科粮食作物,而应包括农、林、牧、副、渔,即"大农业"。因此,那些毁林开荒、滥垦草原、围湖围海造田、填塘造田的做法应当立即禁止。在此概念下,粮食的外延不仅包括谷物、豆类和薯类,还包括其他一切能够维持人体生命、保证机体发育、补充营养消耗的各种动植物产品、养料和滋补品,其含义与英文中的 Food 一词大体一致。从更广义上讲,粮食就是食物(Food)(肖春阳,2004)。根据联合国粮食及农业组织每年出版的《生产年鉴》所列的详细的大宗食物产品目录,共包括:谷物类、块根和块茎作物类、豆类作物、油脂油果和油仁作物、蔬菜和瓜果类作物、糖类作物、水果和浆果、家畜家禽和畜产品八大类。

因此,综合看来,不同经济发展阶段、粮食安全标准变化、健康生活需求、不同部门的管理需要、国内外不同的特色等,都会对粮食概念产生影响。在经济发展的初级阶段,农业生产比较落后,生产能力较低,这时粮食包括的品种范围会较大,薯类、豆类会包含其中,经济发展到更高阶段,粮食概念会更聚焦到谷物;在追求温饱阶段,粮食安全的标准较低,人们对粮食更强调量的保证,粮食量的安全更突出,这时粮食包括的品种范围会较大,但经济发展达到更高水平,人们不仅要保证量的安全,还要追求质的安全,粮食安全质的要求更加突出,这时对粮食的认识也会发生结构性变化。在现代生态、环保的理念下,"大粮食""大农业"的概念也会得到越来越多人的认同。

总之,我国粮食概念与世界上通行使用的联合国粮食及农业组织的粮食概念有较大区别,与世界接轨应是趋势。在本课题的研究中仍采用我国广义上的粮食概念,与统计口径的粮食概念保持一致。

粮食具有自身的特性。长期以来,人们对粮食产品的特性有着不同的认识。定位是否准确,将会对中国粮食流通体制改革、粮食价格调控、粮食政策制定产生重大影响。综合看,对粮食特性的认识主要形成以下几种看法:

(1)粮食特殊商品论。其主要论据包括:①短缺论。中国由于人多地少,人均占有受粮食水平低的国情、粮情所限制,粮食始终是短缺商品,使粮食成为一种特殊商品。②使用价值论。粮食商品在使用价值上的特殊重要性,使得粮食在人类社会生活中,其他任何产品都无可替代,自然成为不同于一般商品的特殊商品。③战略物资论。粮食是社会发展的重要条件,是重要的战略物资,从这点来看,它又不同于一般商品,而是一种关系国计民生的特殊商品。我们必须始终把解决人民的吃饭问题作为头等大事来抓,始终把粮食问题放在关系国家发展全局的战略高度来考虑。④基础论。农业问题主要是粮食问题,农业是国民经济的基础,粮食则是基础的基础。粮食直接关系到国民经济的发展、人民生活水平的提高、社会的稳定、国家的安危。我们在任何时候都不能忘记粮食始终是一种具有战略意义的特殊商品。

客观地看,在短缺经济条件下,粮食商品特殊论为政府强化对粮食的行政管理、构建和巩固统购统销体制提供了理论依据,对保证粮食供应,支援社会主义建设,都起到了重要的历史作用。但是它的局限性是明显的,也成为政府垄断粮源,对粮食进行行政干预的依据。人们对这种理论提出了多方面的批评。如肖春阳认为,粮食是特殊商品的表述不准确,因为马克思认为特殊商品是一般等价物——货币,如果说粮食是特殊商品,容易与一般等价物——货币产生混淆。侯立军认为,粮食商品重要,它是人类最基本的生活资料,但它不是特殊商品,因为特殊商品不是一个普通名词,而是政治经济学的一个概念。

(2)粮食商品二重论。中国实行粮食统购统销政策和制度长达32年之久。从1978年党的十一届三中全会开始,着手调整和改革粮食统购统销制度。先是对统购统销政策作了某些调整,到了1985年开始改革粮食流通体制,即取消粮食统购,保留统销,实行定购统销和议购议销的"双轨"制度。与此相适应,粮食商品特殊论逐步演变为粮食商品二重论。这一理论是用马克思经济学的商品二重性原理来分析粮食商品而形成的理论:就粮食商品的使用价值而言,比其他任何商品都重要,所以它是特殊商品;就粮食商品的价值而言,和其他商品没有什么不同,所以它也是普通商品。粮食商品二重论公开主张粮食也是普通商品,是粮食理论研究的一种进步。但是正如"双轨制"的局限性,粮食商品二重论也充分暴露了折衷主义的弊端。实践证明,粮食商品二重论不利于粮食商品化、经营市场化的改革。

（3）粮食本质商品论。20世纪90年代初，随着社会主义市场经济体制改革目标模式的提出，中国粮食改革市场化趋势日益明朗，粮食商品本质论应运而生。

肖春阳在其《粮食市场论》（1997年）中指出该书的贡献在于将粮食作为一种商品来看待。在此基础上，提出了粮食商品在粮食市场上自由流通的主张。南京农业大学叶依广教授等也提出粮食最本质的属性是商品，粮食最终要向市场经济方向发展。刘维认为用经济学的观点来衡量，粮食商品和其他商品没有什么不同，都具有价值同质并有不同使用价值的商品特征，粮食的本质属性就是商品。1991年，时任国务院副总理田纪云题词"粮食商品化，经营市场化"，并以此为题在《人民日报》发表署名文章，阐述这一观点。

实际上，长期以来，人们片面强调粮食商品的特殊性，而忽视粮食商品的本质属性，无视等价交换原则，长期存在工农产品"剪刀差"，这对粮食市场化改革，提高农民收入都极为不利。2004年后，中国全面放开粮食市场和粮食购销价格，这是政府还粮食商品本来面目的重要举措。

（4）粮食公共产品论。粮食公共产品论可以看作是市场化条件下新的粮食特殊商品论，其典型代表是邓大才等的观点。他认为粮食是一种特殊商品，其特殊性主要体现在粮食商品还承担了不少非经济职能，如保证人们生存的社会性质，确保稳定供给的政治性质、确保国家经济安全的战略性质和本身内含的产业弱质性等，这些非商品性质带有公共品、公益品的性质。从经济学的一般理论可知，公共品、公益品的生产、使用是市场经济失灵的领域，这就需要政府的力量来矫治和弥补。这种观点有其合理性，尤其是用公共品这种市场经济理论来分析粮食问题，并试图界定在粮食经济领域政府与市场的关系，可以说是一大进步。然而，过分强调粮食的公共品性质，虽然为政府的价格调控提供了理论依据，但也限制了粮食作为一般商品的市场化空间。

可见，在不同时期，由于社会经济条件不同，人们对粮食的属性有着不同的认识，形成了不同的理论，在特定的历史时期都发挥了积极作用，并成为政府对粮食价格管理的重要依据。在计划经济时期，粮食特殊商品论，成为统购统销，政府对粮食直接定价依据；在"双轨"经济时期，粮食商品二重论盛行，实际也形成了粮食"双轨"价格；在市场经济时期，强调粮食的商品本性，客观要求人们尊重市场形成价格的机制，强调粮食的公共性，则为政府对价格的调控提供了依据。以上认识的阶段性特征和与政策的高度关联性，同时也说明了中国粮食理论研究长期以来依附于政策，超前性研究不足，没有很好地承担起理论的先导作用，对政策设计和制度安排的指导性不够。

实际上粮食属于混合产品。在市场经济条件下，粮食既具有私人品的特征，又具有公共品的特征。首先，粮食具有明显的排他性和竞争性，其可以通过市场来生产、供应，不付费就不能享用这种产品的利益，这是私人品的典型特征；其次，粮食又具有某种程度的非排他性和非竞争性，粮食生产的投资带有明显的利益外溢性，粮食主产区的生产者投入越多，粮食产量越大，粮食价格就会越低，但国家粮食安全就会得到更好保障，主销区的粮食供应就能得到更好保证，政府还要保证低收入者的粮食供应，粮食生产具有明显的利益外溢，因此粮食带有公共品的特征。

根据公共品理论，典型的私人品，应该通过市场机制，由私人部门来供应；纯粹的公共品，应该通过政府机制，由公共部门来提供；对于混合产品，则需要公私两大部门相互配合，共同来提供。这决定了，在粮食的生产和供应上，在粮食价格的形成和调控上需要政府和市场共同配合。粮食混合产品论，构成市场经济条件下，以及在尊重市场经济规律和价值规律，发挥市场机制在粮食资源配置和粮食价格形成中的决定作用的前提下，政府对粮食价格调控的重要理论支撑。

二、粮食价格及粮食价格体系

（一）粮食价格概念与特性

正如马克思所说，"价格是价值的货币表现"，而粮食价格是指粮食商品在社会交换中用货币表现的价值量，由粮食商品的价值所决定，并围绕其价值上下波动，供求关系决定波动幅度。粮食价格具有以下特性：①运动性。影响粮食价格的因素非常多，粮食价格会伴随着其内在价值、供求关系、货币价值、财政政策、货币政策的变化表现出运动与变化。②相关性。粮食价格的相关性是指粮食价格与其他商品价格相互衔接、相互联系，其他商品的价格发生变化，也会反映到粮食价格上。因此，在对粮食价格进行调控时，仅仅着眼于粮食价格就具有局限性。③综合性。粮食价格的形成和变化，反映了国民经济中多种因素的变化，使其能够在某种程度上综合反映国民经济的运行状况。④基础性。粮食价格是百价之基，粮食价格的变化会传递到生活、生产、流通等各个环节，会对其他商品价格产生重要影响。保持粮食价格稳定是保持物价稳定的重要基础。因此，在必要的时候，政府可以通过法律、经济和行政等手段调节粮食供求关系，进而对粮食市场价格进行调控。⑤分配性。粮食价格的分配性是指价格的变动使参与粮食交换各方的利益此消彼长的特性。因为价格本身就是属于分配范畴，价格变动虽然不能改变国民收入总量，但却能改变国民收入在交换者之间的分配结构。因此，政府实施粮食价格政策的重要目标就是利用价格的分配性保护农民利益。

（二）我国的粮食价格体系

粮食价格体系是指由各种粮食价格及其构成的相互联系、相互制约的有机整体。研究粮食价格体系客观需要研究粮食价格形成机制，尤其在市场经济条件下,要分清粮食市场定价机制和政府定价机制的定价范围和空间。由于粮食的种类、品种、经营的环节、经济体制、粮食政策等多种因素的影响,在不同的经济发展阶段、不同的经济体制、不同的粮食流通体制、不同的环节、不同政策目标下,我国有多种多样的粮食价格种类,有非常复杂的粮食价格体系。基于不同的经济体制、粮食流通体制,从粮食价格的形成机制,粮食价格可分为计划价、市场价、调控价;从粮食政策角度,粮食价格可分为保护价、最低价、目标价等;从粮食市场体系角度,粮食价格可分为现货市场价(零售市场价、批发市场价)、期货市场价;从生产流通的环节,粮食价格可分为生产价、流通价、消费价。

新中国成立以来,不同时期、不同体制下,粮食价格有统购价、统销价、超购价、议购议销价、定购价、专储收购价、保护价、最低收购价、零售价、批发价、期货价、目标价等。现根据价格形成机制,我们把我国的粮食价格大致分为计划价格、市场价格、调控价格。

计划价格是指在计划经济下或粮食市场没有放开前,由政府对粮食的购销进行定价,是政府定价机制下形成的粮食价格。计划价格主要存在于我国计划经济条件下,是计划经济特征在粮食领域的重要体现。这种价格不通过市场形成,也不随供求关系变化而涨落,粮食计划价格是我国整个计划价格体系的重要组成部分。它包括统购统销价格、定购价、超购价、专储收购价等。计划价格作为中国在计划经济下或粮食市场没有放开条件下长期实行的价格类型,其典型代表是1953—1985年实行的统购统销价格,统销价格直到1993年才被取消。

市场价格是指在市场经济下或粮食市场放开的情况下,通过买卖双方,由市场供求决定的价格,是一种市场定价机制下形成的粮食价格。粮食市场价格主要存在于市场经济条件下,是市场经济特征在粮食领域的重要体现。这种价格通过市场形成,随着供求关系变化而涨落。它包括市场批发价、零售价、议购议销价等。粮食市场价格除现货价格外,还包括期货价格,它是买卖双方在对现货市场价格分析的基础上,通过各自对未来供求状况的预测,在期货市场通过公开竞争形成的价格,反映的是市场对未来供求的预期。但应注意,实施市场经济并不意味着粮食完全由市场定价,由于市场存在失灵问题,以及粮食产业的弱质特征,客观上需要对粮食价格采取一定的保护措施,这也是当今世界各国普遍采取的办法。

调控价格也可称为政策价格,是指政府为了实现粮食领域特定的政策目标,根据相关法律制度规定,主要运用经济手段,综合运用财政、金融工具进行宏观调控形成的政府干预价格或支持价格。调控价格一般是在尊重市场形成价格的机制基础上,往往体现的是市场和政府共同定价的机制,或者是在政府调控下的价格形成机制。这种粮食价格要求在尊重市场定价的基础上体现政府粮食价格调控意图。它包括保护价、最低收购价、目标价等。

三、粮食价格形成机制

粮食价格形成机制也是粮食定价机制，在不同的经济体制条件下，粮食价格形成机制有很大不同。新中国成立后，我国经历了高度集中的计划经济时期、"双轨"经济时期及社会主义市场经济时期三个大的阶段，相应中国的粮食定价机制也大体经历了一个从政府垄断定价—价格双轨制—市场化定价的演变过程。

根据1997年12月通过的《中华人民共和国价格法》，第三条规定，国家实行并逐步完善宏观经济调控下主要由市场形成价格的机制。价格的制定应当符合价值规律，大多数商品和服务价格实行市场调节价，极少数商品和服务价格实行政府指导价或者政府定价。市场调节价是指由经营者自主制定，通过市场竞争形成的价格，经营者是指从事生产、经营商品或者提供有偿服务的法人、其他组织和个人。政府指导价是指由政府价格主管部门或者其他有关部门，按照定价权限和范围规定基准价及其浮动幅度，指导经营者制定的价格。政府定价是指由政府价格主管部门或者其他有关部门，按照定价权限和范围制定的价格。因此，根据现行法律基础，粮食主要有三种定价机制，形成三类价格。

（一）粮食市场定价

在市场经济中，粮食市场价格由总供给和总需求共同决定。需求受许多因素的影响，一般说来，决定需求的因素包括消费者收入、替代商品的价格、互补商品的价格、消费者偏好、对未来的预期、出口等。同样，供给也受许多因素的影响，一般说来，决定供给的因素包括生产要素价格、技术水平、生产者对商品价格变动的预期、自然因素、政府政策、进口等。粮食市场定价是指粮食的价格直接在市场交换中由买卖双方协商决定，通过市场竞争形成价格，这是社会主义市场经济条件下，粮食价格形成的主要机制，社会资源的配置主要是通过市场机制，尤其是价格机制来实现的。因而，粮食价格的市场化就成为必然。作为粮食的生产经营者，也具有定价的自主权，通过价格的合理调整是开展市场竞争的必要条件。2013年11月，中共十八届三中全会通过的《中共中央关于全面深化改革若干重大问题的决定》明确提出，经济体制改革是全面深化改革的重点，核心问题是处理好政府和市场的关系，使市场在资源配置中起决定性作用和更好地发挥政府作用。市场决定资源配置是市场经济的一般规律，健全社会主义市场经济体制必须遵循这条规律，着力解决市场体系不完善、政府干预过多和监管不到位等问题。政府要完善主要由市场决定价格的机制。凡是能由市场形成价格的都交给市场，政府不进行不当干预。实践证明，市场定价能有效地配置资源，已经成为我国价格形成的主要机制。

但同时也应看到,市场机制天然存在着自发性、盲目性,并会由此引起市场"失灵"现象,如垄断、信息不充分等。在尊重价值规律和供求关系决定价格的基础上,政府遵循市场经济规律,主要运用法律和经济手段对粮食价格进行一定程度的干预,不仅是必需的,也是市场经济的本质要求,是保持粮食供求基本平衡、粮食价格基本稳定的重要途径,是维护国家粮食安全的需要,是实现国民经济稳定、协调和可持续发展的必然选择。因此,应把在政府调控下的市场形成价格作为我国今后长期坚持实行的一种价格形成机制,进一步促进政府调控下市场形成价格机制的健全和完善。换句话说,正与纯粹的市场经济在现实中不存在一样,完全的市场定价也有其弊端,政府调控下的市场形成价格应是市场定价的主要表现。

(二)粮食政府定价

粮食政府定价是指粮食价格直接由政府(中央政府、地方政府)来制定,粮食的生产者、经营者只能执行,购买者、消费者只能接受,买卖双方没有协商变动的权利。我国计划经济条件下的粮食计划价格,是典型的政府定价。因此也可以说,政府定价的主要类型就是计划价格。但应注意,政府定价和计划价格并不能等同,它不仅存在于计划经济时期,在市场经济条件下同样存在政府定价。但是,政府定价的范围比计划经济体制下大为缩减,比重也大为降低。目前政府定价仅限于少数关系国计民生的重要商品。它包括水电气、通信、交通运输等公共物品价格和公用事业收费价格,也包括部分农产品的收购价格。粮食最低收购价作为政策价格其实就是政府定价的一种体现。但在市场经济条件下,政府定价也应该考虑市场价格的基础。中共十八届三中全会通过的决定强调,要积极推进水、石油、天然气、电力、交通、电信等领域价格改革,放开竞争性环节价格。政府定价范围主要限定在重要公用事业、公益性服务、网络型自然垄断环节,提高透明度,接受社会监督。政府要完善农产品价格形成机制,注重发挥市场形成价格作用。在某些公共品或具有公共性的产品定价上,由于存在市场失灵的问题,还需要保留政府定价的方式。我国的价格法规定,政府在粮食等重要农产品的市场购买价格过低时,可以在收购中实行保护价格,并采取相应的经济措施保证其实现。

(三)粮食双重定价

双重定价是指由政府和市场或市场主体共同来定价,即是指粮食价格由政府和生产经营者共同确定的价格形成机制,其主要表现就是政府指导价,即政府主管部门对粮食价格规定基准价及浮动的幅度。具体价格水平由粮食的生产经营者在规定的最高价格和最低价格标准范围内自行决定。这种价格在我国现行价格形成中所占比重很小。

实际上,政府定价和政府指导价都属于政府的定价行为,按照价格法规定,下列商品和服务价格,政府在必要时可以实行政府指导价或者政府定价:与国民经济发展和人民生活关系重大的极少数商品价格;资源稀缺的少数商品价格;自然垄断经营的商品价格;重要的公用事业价格;重要的公益性服务价格。

因此,经过多年的改革,我国粮食领域已形成在政府宏观调控下的市场定价为主,政府定价为辅的粮食定价机制,粮食最低收购价作为政策价格则是政府定价的重要体现,客观上需要处理好政府定价和市场定价的关系。

四、粮食最低收购价的影响因素分析

影响和决定粮食定价的因素很多,决定具体粮食价格形成和变化的主要因素是粮食的市场供求、物价总水平、政府政策、国际市场价格、市场结构等,这些因素同样是粮食最低收购价的影响因素。

(一)供求关系

供求状况对农产品价格形成具有多层次的影响(王德章,2011)。粮食最低收购价尽管属于政府定价,但是定价也不能脱离市场供求。一方面,粮食供求通过对粮食价格形成的基础——价值形成影响,供求状况不直接决定价值,但可通过价格的波动,间接影响价值,进而影响粮食价格。另一方面,粮食供求更多是对价格本身形成直接影响。在其他条件不变的情况下,粮食供求对粮食价格的影响表现为三种情况:当供求基本平衡时,粮食价格处于相对稳定状态,粮食的价格基本与其市场价值保持一致;当供大于求时,粮食价格趋于下降,低于其市场价值;当供小于求时,粮食价格趋于上升,高于其市场价值。

影响粮食需求的因素主要包括:①消费者的收入水平。尽管粮食商品的需求弹性较小,但消费者的收入水平的提高,还是会增加需求。②粮食替代品价格。像肉、奶及其他副食品价格上涨,则会增加粮食需求量;反之,会减少需求量。③消费者对粮食价格的预期。当消费者预期粮食价格上涨,就会增加粮食的当期需求量;反之,会减少需求量。④人口因素。中国人口基数大,每年新增人口多,这使口粮增加具有刚性。⑤工业化程度。现代社会,粮食不仅仅体现为口粮,更是一种重要工业原料,工业用粮的数量在快速上升,工业化用粮是影响粮食需求的重要因素。粮食工业化程度越高,对粮食需求的量就越大。

影响粮食供给的因素主要包括:①成本因素。成本既是决定价格的因素,也是影响供给的因素。在粮食价格不变的情况下,种粮成本上升,种粮收益减少,农民会减少粮食生产;反之,将会增加供给。②农业科技与成果推广。科技是第一生产力。农业科学技术水平的提高,可以降低粮食生产成本,提高粮食产量,增加农民收益。在农业与粮食生产发展的历程中,科技始终发挥着重要的作用。每一轮农业科技革命,都有力地促进了粮食生产水平的提高。从世界范围看,现代农业是伴随着科技进步而发展的,并随着科技的不断创新与突破而产生新的飞跃。20世纪初,杂种优势理论的应用使更多优良品种被培育出来,成为农作物增产的有效手段;20世纪70年代生物工程技术的问世以及其在农业特别是粮食生产中的应用,大大拓宽了现代农业科技的领域,开辟了提高粮食生产能力的新前景。我国推进农业发展的实践同样表明,在构成粮食综合生产能力的主要生产要素中,科技发挥了基础性和关键性的作用。我国科技进步对农业增长的贡献率不断提高,科技进步对农业增长的贡献率在新中国成立初期为15%,1985年提高到35%,2007年提高到48%,2012年为53.5%,2017年提高到57.5%。

(二)成本与税费

1. 粮食成本

成本和价格的变化呈正相关,在其他条件不变的情况下,成本上升、价格上涨,成本下降、价格下跌。粮食成本包括土地成本、生产成本和流通费用。影响粮食成本的因素也很多,可分为中长期因素和短期因素,这些因素影响了粮食成本,实际也就影响了粮食价格。

影响粮食成本的中长期因素包括:①农业劳动生产率,其与粮食成本变动呈反比。中国粮食生产的特点决定了粮食劳动生产率比较低下,这无疑增加了粮食生产的成本。②收入水平的变化。农民收入水平的不断提高,意味着粮食生产的人力成本的上升,收入水平的提高与粮食生产成本变动呈正向。

影响粮食成本的短期因素包括:①化肥、农药等农用生产资料价格的变化。②粮食运输费用的变化。粮食属于大宗商品,运输成本的上升对粮食价格有较大的影响。③承包费用的变化。

2. 粮食税费

商品定价的基本方法是成本加税费,再加上利润。税费提高,自然会提高粮价。如果保持粮食价格稳定,那么农民种粮收益就会下降,甚至亏本,这样又会影响农民种粮积极性,影响粮食供给。改革开放后的较长时间里,中国农民税费过重,这是影响农民生产积极性和种粮收入的重要因素,曾是导致农民大量抛荒、粮食产量连年下降的主要原因,"三农"成为日益突出的问题。为了解决"三农"问题,我国加大对农业发展的支持力度,尤其是2004年开始对种粮农民进行直补,2005年12月29日,第十届全国人大常委会第十九次会议经表决决定,《中华人民共和国农业税条例》自2006年1月1日起废止。在中国延续了几千年的农业税从此彻底退出历史舞台,具有里程碑意义。废除农民的税费负担,极大地调动了农民生产的积极性,2004—2015年我国前所未有实现粮食十二连增,目前粮食总产量也维持在历史高位上。

（三）国家政策

1. 国家宏观经济政策

国家宏观经济政策对粮食价格的影响,主要涉及财政政策和货币政策对粮食价格的影响。不同时期,针对宏观经济运行形势的实际状况,政府往往采取不同的财政政策和货币政策的搭配。财政政策有三种类型,即扩张性财政政策、紧缩性财政政策和中性财政政策。各种类型财政政策通过收支手段的运用都会直接关系到社会总需求和总供给的平衡状态,从而影响粮食价格形成和变化。货币政策是中央银行为实现既定的经济目标包括物价稳定目标,运用各种政策工具调节货币供求的方针和措施的总和。货币政策也包括三种类型,即扩张性货币政策、紧缩性货币政策和中性货币政策。各种类型货币政策通过货币政策手段的运用,增加或减少货币供应,提高或降低利率水平,刺激或抑制社会需求,最终会体现到物价包括粮价的上升或下跌上。

财政政策和货币政策作为政府宏观调控的两大支柱,两者要根据宏观经济形势的不同,作不同的搭配。很明显,双紧的政策搭配与双松的政策搭配对粮价的影响是绝然不同的。

2. 国家粮食政策

粮食政策是政府在一定时期有关粮食生产、流通、消费、价格等方面一系列做法、措施的总称,它们会直接或间接影响粮食价格。尤其是政府对粮食价格实施的干预政策,更会对粮食价格形成直接影响。鉴于市场失灵的存在以及粮食的重要性,世界各国通过粮食政策对粮食价格进行普遍干预。我国的粮食最低收购价政策是属于国家粮食政策体系的一个组成部分,必然会受到其他相关政策的影响。

（四）物价总水平

粮食价格作为百价之基,对物价总水平有重要影响,往往具有先导作用。反过来,物价总水平也会影响粮食价格。在通货膨胀时,粮食价格会保持较高水平;在通货紧缩时,粮食价格会面临持续下跌压力。而政府实施物价稳定政策的时候,调控粮食价格又会成为重要手段。因此,物价总水平的变动对粮食价格的影响主要表现在两个方面:一是物价总水平上涨或下降会在宏观层面上拉动或抑制粮食价格;二是在物价总水平波动幅度加大的情况下,会导致政府加大对粮食价格调控的力度。粮食最低收购价的制定还要考虑物价总水平因素。

（五）国际综合因素

随着经济的全球化和国际贸易的不断发展,尤其是中共十九大之后,我国以更大的力度、更实的措施全面深化改革、扩大对外开放,对外开放的力度越大,国际因素对国内粮食价格及政策制定的影响也会越大。国际因素非常复杂,我们主要应该注意以下几个因素:

(1)国际粮食价格。国际粮食价格受当年粮食产量、库存量、贸易量、气候甚至政治等因素的综合影响。当国际粮食价格上涨,国内粮食价格会形成向上压力;当国际粮食价格下跌,国内粮食价格往往也会回落。尤其当某个国家的粮食总量或某个品种对外依存度较高的时候,国内粮食价格与国际粮食价格的联动性就更强。

(2)国际运费、保险费、关税等税费。粮食属于大宗商品,国际运费、保险费、关税等税费构成进口或出口粮食价格的重要组成部分。当这些税费上升,就会导致粮食价格上升;反之亦然。

(3)汇率。一般来说,本币汇率上升、外币汇率下跌时,用本币表示的进口商品价格就会下降,将刺激进口、减少出口,从而会带动国内商品价格包括粮食价格走低;反之,出口增加,进口减少,会带动国内商品价格包括粮食价格走高。可见汇率的走势,会对粮食价格产生一定影响。

(4)国际局势。如果国际形势动荡,出现粮食禁运或制裁,将会导致粮食价格上升。国际贸易保护主义抬头,会导致关税提高或贸易壁垒增加,也会影响国际粮食贸易价格,从而传导到国内市场。

可见,影响粮食最低收购价的因素很多,大体上可以分为市场因素、政府因素和国际因素。换句话说,粮食最低收购价制定应该考虑多种因素,做好市场定价和政府定价之间的权衡。

五、粮食最低收购价政策的要素分析

任何一种政策都是由政策要素构成的,所谓政策构成要素,就是指构成政策的组成成分或构成元素。从构成政策有机系统的内容来看,一个完整的政策通常由政策目标、政策主体、政策工具等三大要素所组成。相应地,粮食最低收购价政策要素也主要包括粮食最低收购价政策目标、政策主体和政策工具三大要素,其中,政策目标是核心。这三个要素互相制约、互为条件,只有三者的有机结合,才能构成一项完整的粮食价格政策。

(一)最低收购价政策目标

最低收购价政策目标是政府制定和实施该政策所要实现的期望值或要达到的预期目的。它是最低收购价政策的核心,必须服从于国民经济和社会发展的总目标。在市场经济条件下,粮食市场是一种有效率的运行机制,但粮食市场本身存在缺陷，因此，单靠市场机制的自发作用不能自动实现市场的稳定发展，粮食供求经常表现为社会总供给与社会总需求在总量和结构上的矛盾，从而客观上需要粮食政策的调控。最低收购价政策的目标具有层次性，包括总体目标、具体目标。保持社会总供给和总需求的平衡是宏观经济政策追求的最高层次的目标，从此角度看，最低收购价政策的总目标应是保持粮食社会总供给和总需求的平衡，实现国家粮食安全。粮食安全始终是关系我国国民经济发展、社会稳定和国家自立的全局性重大战略问题。中共十九大报告提出，"确保国家粮食安全，把中国人的饭碗牢牢地端在自己手中"。为此，我们必须在更高层次上保障国家粮食安全，树立科学的粮食安全观，增强高效协同的粮食安全保障能力，牢牢守住粮食安全的底线。我国既是农业生产大国，也是粮食消费大国。我国粮食产量实现了连年丰收，但粮食供求的总量矛盾和结构性矛盾始终存在。因此，在最低收购价实施过程中，要树立科学的粮食安全观，实现资源的高效利用及优化配置尤为重要。根据 2018 年《全球粮食安全指数报告》，新加坡成为全球粮食安全指数最高的国家。在全球 113 个国家中，中国排名第 46 位，属于中上游。为了确保国家粮食安全，《粮食安全保障法》已经列入十三届全国人大常委会立法规划一类项目，国家正在加快制定《粮食安全保障法》。

最低收购价政策的具体目标应该包括：保护种粮农民利益；增强政府的宏观调控能力；稳定粮食市场价格；促进粮食生产增长。在粮食市场价格低迷的情况下，启动最低收购价，有力保护了农民利益。由于最低收购价粮食的粮权属于国务院，因此作为一种直接由中央掌握的粮食资源，收购入库的最低收购价粮食无疑会大大增强中央政府在粮食市场供求方面的宏观调控能力。粮食最低收购价作为托市价格，对稳定粮食市场、粮食生产可起到重要作用。

应该看到，最低收购价政策目标既存在统一性，也存在多目标的矛盾性。既然政策目标之间的矛盾客观存在，那么，处理最低收购价政策目标之间冲突的办法，就是统筹兼顾，力求协调，突出重点。同时，最低收购价政策目标受社会、政治、经济、文化等环境和条件的制约，目标的确定应是一个科学的、民主的决策过程。

（二）最低收购价政策主体

最低收购价政策主体是指政策的制定者和执行者，包括政府、金融机构、企业、粮食生产经营者等。各个主体在政策的制定和执行中承担的职责不同，扮演着不同的角色，客观需要相互配合，共同保障政策的有效实施。

1. 最低收购价政策的制定集中在中央

在国务院领导下，每年的小麦和稻谷最低收购价执行预案由国家发展和改革委员会、财政部、农业部（现为农业农村部）、国家粮食局（现为国家粮食和物资储备局）、中国农业发展银行、中国储备粮管理总公司联合发布实施，实际上这些部门或机构就是政策的制定或参与制定者,同时有些部门和机构还会涉及政策的执行,具有多重主体性。伴随国家机构改革,2018 年的小麦和稻谷最低收购价执行预案是由国家发展和改革委员会、国家粮食和物资储备局、财政部、农业农村部、中国人民银行、中国银行保险监督管理委员会联合发布的。

不同的部门承担不同职责。最低收购价粮食的粮权属国务院。未经国家批准不得动用,不得用最低收购价粮食为任何单位和个人提供担保。最低收购价粮食通过国家粮食电子交易平台公开竞价销售。国家发展改革委、国家粮食和物资储备局负责协调落实粮食最低收购价政策,监测收购价格变化情况,会同有关部门解决最低收购价政策执行中的重大问题。国家粮食和物资储备局指导中储粮集团公司执行粮食最低收购价政策,指导地方各级粮食主管部门监督检查最低收购价政策执行和最低收购价粮食安全储存管理等,督促国有和国有控股粮食企业积极开展市场化收购,发挥示范带动作用。财政部及时安排、拨付中储粮集团公司按最低收购价收购粮食所需的费用和利息补贴,加强对中储粮集团公司的指导。农业农村部指导地方农业部门做好粮食收获工作,及时反映农民的意见和要求。中国人民银行、中国银行保险监督管理委员会指导有关金融机构做好粮食收购资金保障工作。中国农业发展银行及时足额安排、拨付执行粮食最低收购价收储任务所需的贷款,组织指导农业发展银行分支机构按照封闭管理要求,实施信贷资金监管。

2. 最低收购价政策执行涉及不同主体

(1)中储粮集团公司受国家有关部门委托,作为最低收购价政策执行主体。中储粮集团公司作为最低收购价政策执行主体,负责组织指导有关分公司按照本预案规定进行收购,做好政策执行和粮食库存管理等工作。具体从事最低收购价收储业务的各类企业,承担企业收储和管理主体责任,对其收购最低收购价粮食数量、质量、库存管理、销售出库以及出现风险造成的损失等负全部责任。中粮、中国供销、中化、农垦集团受中储粮集团公司委托,有关省份地方储备粮管理公司(或单位)和地方骨干企业,以及其他符合条件的企业,受中储粮直属企业委托,按规定参与收购最低收购价粮食。作为委托收储库点参与最低收购价收购的各类粮食企业,应当具备要求的条件。中储粮集团公司组织指导有关分公司与省级粮食主管部门、农业发展银行省级分行会商,按照"有利于保护农民利益、有利于粮食安全储存、有利于监管、有利于销售"的原则,合理确定执行最低收购价政策的委托收储库点,报当地省级人民政府备案。中储粮有关分公司要组织中储粮直属企业与委托收储库点签订委托收购合同,明确双方权利、义务等。委托收购合同的内容,不得违反国家法律和本预案有关规定。

(2)中国农业发展银行提供收购最低收购价粮食所需贷款。委托收储库点收购最低收购价粮食所需贷款(收购资金和收购费用),由所在地中储粮直属企业统一向当地农业发展银行分支机构承贷,并根据收购情况和入库进度及时将资金直接支付给售粮者。农业发展银行分支机构要按照国家规定及时足额发放贷款，保证收购资金供应。对于没有中储粮直属企业的市（地）区域，为保证收购需要，可暂由中储粮分公司会同省级粮食主管部门、农业发展银行省级分行指定该区域内具有农业发展银行贷款资格、资质较好的收储企业接受委托并承贷；收购结束并经验收合格后，贷款要及时划转到中储粮直属企业统一管理。建立健全粮食收购贷款信用保证基金融资担保机制。农业发展银行和其他金融机构要积极为各类主体开展市场化收购提供信贷支持。

（3）省级人民政府负责组织地方有关部门和中储粮分公司开展最低收购价粮食收储工作，协调解决政策执行过程中出现的矛盾和问题。地方各级人民政府对辖区内中央和地方企业收储国家最低收购价粮食的数量、质量、储存安全依法履行属地行政监管职责，对食品安全和安全生产依法履行属地管理职责，做好收购期间收购秩序维护和宣传工作。地方各级人民政府和有关部门加强对收购工作的指导，采取有效措施，统筹组织引导辖区内中央企业分支机构、地方骨干粮食企业和其他多元市场主体积极入市，开展市场化收购和销售。建立各级人民政府牵头、相关部门分工负责的常态化工作协调机制，协调解决最低收购价粮食管理和销售出库等问题，对各种违规违法行为依法进行严肃查处。最低收购价有关政策落实情况纳入粮食安全省长责任制考核范围。

（4）粮食企业可与种粮大户、家庭农场、农民合作社等新型农业经营主体，通过订单收购、预约收购等方式，建立长期稳定的市场化购销合作关系。

（5）大型骨干企业充分利用自身渠道和资金优势，发挥市场化收购引领带动作用；协调组织辖区内中央和地方储备粮承储企业按照市场收购价格收购轮换粮源。

（6）广大粮食生产经营者，包括种粮大户、家庭农场、农民合作社、国营农场等。

政策主体的行为是否规范，对于政策功能的发挥和政策效应的大小都起到直接的影响作用。在多主体参与下，各级政府、企业、生产经营者的行为和偏好都有很大不同。中央政府是政策的制定者，地方政府、企业是政策的执行者，难免会出现"集权和分权"等利益摩擦和政策博弈，粮食生产经营者则处于更加被动的状态。因此，在最低收购价政策的研究制定中，政府必须重视对政策主体行为规范的分析，以纠正政策偏差，提高政策实施的效果。

（三）最低收购价政策工具

最低收购价工具是指政策实施可选择使用以实现政策目标的各种手段。作为最低收购价工具，它必须是为实现政策目标所需要的，可以影响粮食社会总供给与总需求的变化，还必须是政策的制定者即政府能够直接控制的。最低收购价政策工具是为实现政策目标服务的，如果政策工具选择和运用不当，政策目标就很难实现。一定时期的最低收购价政策目标选择,决定了政策工具选择及其组合运用。综合来看,最低收购价政策工具主要有经济手段、法律手段和行政手段三大类。

1. 经济手段

最低收购价政策的经济手段是指政策主体按照客观经济规律的要求,利用各种经济杠杆,对粮食供求、利益分配进行调整、控制和约束,引导相关经济主体的行为,以实现目标。例如,通过价格引导粮食生产者的生产行为,通过补贴引导消费者的消费行为;通过贷款引导粮食经营者的经营行为。运用经济手段,是在不损害各经济主体经营权利和市场运作机制的前提下进行的,因而最低收购价政策的经济手段是在社会主义市场经济条件下最低收购价运用最为广泛的一种手段。

2. 法律手段

法律是由国家制定或认可的,具有普遍约束力的行为规范。最低收购价的法律手段是指为了保证最低收购价政策目标的实现而进行的相关立法、执法、监督和法制宣传等一系列活动。现代粮食流通体制的突出特征就是法制化,法制化至少体现在两个方面,一是要有较完备的法律制度,二是依法办事,有效地执行法律制度。最低收购价政策的制定、执行也必须在法律框架内进行。推进粮食立法是运用法律手段,强化粮食流通管理的基础与前提;而健全最低收购价执法和监督机制、维护管理对象的合法权益、提高工作人员和公民的法律意识和法制观念,则是依法实施最低收购价的核心内容。在最低收购价政策实施过程中,出现了不少问题,这些问题的出现无不是与粮食相关法律的制定、执行有关。最低收购价政策制定的法律、法规依据主要包括《中华人民共和国农业法》《中华人民共和国价格法》《粮食流通管理条例》以及部门出台的相关规章制度,还包括每年出台的粮食最低收购价执行预案。

3. 行政手段

最低收购价政策的行政手段是指依靠国家的行政力量,采用命令、指示、规定、指令性计划等方式,对政策执行活动实施的各种管理。

最低收购价政策行政管理主要包括政策执行管理机构的设置、人员管理、行政法规和行政监督等内容。最低收购价政策执行管理机构设置涉及中央、地方政府关系协调、职能安排、不同主体关系规范;人员管理是指按照法律、法规,工作制度,工作纪律,道德规范等对相关人员进行管理和约束,提高政策执行人员素质;行政法规和行政监督是指为了提高管理水平,制定政府最低收购价政策实施办法,加强部门、单位内部的监督和检查。

运用最低收购价政策的行政管理手段可以直接体现国家及上级机关的意志,保证国家统一的方针政策、统一的规章制度得以贯彻实施。当粮食经济运行出现不正常波动时采用行政方法调控粮食供求,一般可以在较短时间内起到立竿见影的作用。但行政手段有时不利于发挥被管理者自身的积极性和主动性，使用不当会破坏市场机制的正常运作。因此，在实施最低收购价政策时，应该充分尊重市场规律，只能适时适度地采用行政管理手段。

六、粮食最低收购价定价机制分析

粮食价格定价机制是在一定的价格管理体制下价格形成与变动的内在过程，是在社会再生产运动中影响和约束粮食价格的各种力量有机联系、相互作用、相互制约的过程与方式。与中国的经济社会发展进程和经济管理体制相适应，粮食价格可分为计划价格、市场价格和政府调控价格，这样会形成政府定价机制、市场定价机制、双重定价机制。正如前边分析，政府定价在计划经济、市场经济条件下都存在，计划价格是计划经济条件下政府定价的主要表现，但在市场经济条件下，国家对一些关系国计民生的重要产品往往也采取政府定价方式，粮食最低收购价就是市场经济条件下我国政府对粮食这种重要产品进行的政府定价。粮食最低收购价定价机制就是要探讨粮食最低收购价格形成与变动的内在过程，其核心是如何确定粮食最低收购价及其水平。可以说，粮食最低收购价政策的实施，面临的首要问题就是如何确定价格。从粮食最低收购价的运行的基本原理及其所要实现的目标看，合理的最低收购价水平非常重要（方鸿，2009）。最低收购价水平确定过低，则不能保护农民种粮利益，难以起到调动粮农生产粮食积极性的作用。最低收购价水平也不能过高，如果一种粮食品种的最低收购价水平确定过高，在过高的最低收购价水平的引导下，农民生产该种粮食的积极性过高，这样会引起种植业结构的不合理，并导致该粮食品种的市场供给过剩，加大粮食上市时市场粮价下行压力，这样会增加粮食最低收购价政策的执行成本，粮价下跌最终还会降低农民的种粮收入。

（一）外国粮食支持价格定价机制

我国的粮食最低收购价政策就是实施粮食支持保护价格，现在世界各国普遍对粮食实施支持保护价格，在确定粮食保护价格时都需要考虑农民收益和财政负担等多种因素。各国确定农产品支持与保护价格的方法主要有两种：一是以前几年的市场价格为基准，再乘以适当百分比；二是以生产成本为基准，再加上适当利润。美国就是采用前一种方法来确定农产品支持价格（又称抵贷价格）水平的。美国的《1933年农业调整法》规定农产品支持价格水平以1910—1914年的平价为基础，再乘以相应百分比，即常说的贷款率，贷款率的高低可根据农产品供求情况适当进行调整。美国1996年的《新农业法案》规定农产品支持价格水平的确定以前5年市场价格在扣除最高与最低两个年份的价格之后的平均值作为基准抵贷价格,再乘以 85%,农业部可根据期末库存消费比的情况以及美国农产品在国际市场上的竞争状况对基准抵贷价格作适当调整(姚今冠,1995)。

以生产成本加上适当利润来确定农产品的支持与保护价格水平是世界上绝大多数国家采用的方法。例如,日本 1960 年以后就是按"生产成本加收入补贴"这种方法来确定稻米支持价格的;泰国政府 1979 年开始制定农产品收购保障价时就是根据实际生产成本再加上 20% 的利润为原则的。可见,此种定价方法在不同国家的实施也存在差别,这种差别主要表现为适当利润可能有较大差别。

应该说,国外这两种定价方式各有利弊,前一种定价方式虽然考虑到最近几年粮食市场的供求关系,但生产成本的变化反映不够,还需要较完善的系统数据,对百分比的选择通常是比较困难。第二种定价方式充分考虑了成本因素,但计算粮食生产成本却是一件非常困难的事情,而且多高的利润才算适当也是个问题。两种定价方式到底选择哪一种可能还是要取决于各个国家的实际情况。

(二)我国粮食最低收购价定价机制选择

在实际操作过程中,我国粮食最低收购价主要是以成本为基础,按照弥补成本并有一定收益的原则确定的,尽管这项政策为调动农民种粮积极性发挥了十分明显的作用,但国内外粮食生产和市场形势出现了一些新的变化,继续以成本为基础制定最低收购价,难以引导市场粮价较大幅度上升,很难保障种粮农民的收入合理增长,也难以吸引社会投资。也就是说,以成本为基础制定粮食最低收购价已不能充分适应粮食生产和市场新形势的要求。

面对新的形势,必须坚持立足国内,以保障粮食安全为基本方略,要以保护和调动种粮积极性作为完善粮食最低收购价政策的出发点和归宿,必须在农产品价格支持政策方面作出突破。有学者认为可将以成本为基础制定最低收购价,改为按照比较效益原则(曹长庆,2012),主要依据比较效益相当的原则制定最低收购价,使种植一定面积粮食的纯收入接近外出务工纯收入的水平,并引导市场粮价进行必要上升,使从事粮食生产的农民实实在在地感受到种粮的好处。但按照比较利益确定最低收购价面临的比较大的问题是:一是以粮食行业和其他行业的比较利益来确定,是一个很困难的事情;二是由于当前比较利益差别较大,因此这样做有可能导致粮食价格大幅上升;三是会大幅增加财政的支出压力。

还有学者提出可用生产要素适当补偿法来确定中国的粮食最低收购价水平(方鸿,2009)。所谓粮食生产要素适当补偿法,就是在考虑生产者的利益、国家的财政能力以及经济发展水平的基础之上给每种粮食生产要素定一个适宜水平的补偿,并要求以最低收购价水平计算的粮食收益与给予各种粮食生产要素的补偿之和相等,以此来推算出合理的粮食最低收购价水平。当前农民在粮食生产中需要投入的要素主要是生产资金、自身投入劳动、自有耕地,为此,需要做的就是给予农民投入的资金、自有劳动以及自有耕地三种要素定一个适当水平的补偿。这实际上就是借鉴市场经济的分配原则——要素收入分配法对农民进行收入分配,只不过是农民的收益主要靠政府财政对其生产要素进行补偿。但这种定价方式最大的困难在于确定农民的要素收入水平到底多高才是合理的,同时,种粮风险全部由政府承担也不尽合理。

综合考虑国外的粮食支持价格定价机制的经验及我国粮食最低收购价定价的实践,可考虑建立我国的粮食最低收购价综合定价机制,或者也可称之为改良的以成本加上适当利润的定价机制。这种定价机制除了考虑成本、适当利润之外,还可适当考虑其他影响因素。定价公式可表现为:粮食最低收购价=生产成本+适当利润+X,其中 X 为当年对粮食价格产生较大影响的一些因素,X 可以采用比例的方式。其中 X 可综合考虑财政承受能力、城镇居民收入增长水平、物价上升幅度、国际市场影响、比较利益因素、市场粮食价格、要素收入水平等,可以成本为基础,再综合确定一个收入比例。

因此,合理的粮食最低收购价格定价机制应符合以下几个标准:一是生产成本标准(蔡贤恩,2008)。粮食最低收购价格水平至少应足以弥补其生产成本,否则会"谷贱伤农",使得农业生产要素发生转移,粮食生产就无法持续发展。二是平均利润率标准。保证粮食生产所获得的利润率与从事非农业生产的利润率不能相差太大,最起码在整个种植业内,农民种粮收入与种植其他经济作物的收入是接近的。只有这样才能保护农民的生产积极性,促进粮食生产持续发展。这实际上是要考虑比较利益问题。三是市场供求标准。它应充分反映较长时期内粮食的供求关系,形成较长期的均衡价格,以引导农民的粮食生产活动。四是承受能力标准。粮食属于生存必需品,其价格应当使消费者买得起,尤其是低收入阶层买得起。因此,粮食最低收购价格以及由此决定的市场粮食销售价格应不超过消费者的承受能力,这是合理制定粮食最低收购价格的前提。五是国家财政负担能力标准。粮食最低收购价格政策在实施过程中,特别是在市场粮食价格低于最低收购价格时,由政府委托的国有粮食购销企业入市收储,势必增加国家财政负担。因此,我们必须充分考虑国家财政负担能力,否则国家财政力不负重,难以实现对粮食生产的支持和保护作用。六是国际粮价标准。在经济全球化条件下,如果国内粮食最低收购价格脱离国际市场粮价,势必使国外质优价低的粮食对国内市场形成冲击,因而必须以国际市场粮食价格为标准,保持两者合理的价格关系。七是其他因素标准。它包括物价水平、城镇居民收入等因素。

第三章　粮食最低收购价：基于粮食支持价格的分析

粮食最低收购价格政策是国家粮食支持价格政策的重要组成部分,现行粮食价格政策的制定离不开历史,是对历史的传承与发展。该部分主要对改革开放以来我国的粮食支持价格政策发展进行梳理,以进一步认识粮食最低收购价格政策形成的历史背景与实施的必然性,并对我国粮食支持价格政策演变的经验教训进行适当总结。

改革开放 40 余年,我国经济社会发展取得辉煌成就,已开启全面建设社会主义现代化国家新征程,中国特色社会主义进入新时代。改革开放的过程,也是我国粮食价格政策不断改革和完善的过程。一系列粮食价格政策的实施,对维护国家粮食安全,促进粮食生产,保障农民收入,深化粮食流通体制改革都取得了非常重要的作用。粮食价格政策本身就是经济体制改革的重要内容,粮食价格政策的演变实际从一个侧面反映了我国改革开放的进程,回顾与反思改革开放 40 余年粮食价格政策演变历程具有重要意义。

一、粮食支持价格政策一般分析

粮食支持价格是指国家对农民的粮食收购实行保护价格,属于粮食政策价格。从广义上讲,包括相关粮食政策价格,如收购保护价(简称保护价)、最低收购价、目标价格。而狭义的粮食支持价格则是指特定时期的保护价政策,主要指 20 世纪 90 年代初期到 2004 年实施粮食最低收购价政策之前这段时间。粮食支持价格政策长期以来是我国实施农业保护政策的核心内容,相关经费占政府农业财政支出的比重很大,同时存在的争议也很大。该部分主要从广义的角度来使用粮食支持价格概念,并对收购保护价、最低收购价、目标价格进行比较分析。

(一)粮食支持价格的理论基础

1. 粮食属于特殊商品

对粮食实行支持价格政策,是世界各个国家普遍的做法,它源自粮食商品的特殊性(赵克东,2007)。从粮食的特殊商品属性上进而引出了粮食安全问题,即对粮食进行价格保护是基于粮食安全（王志斌，2007）。正式的粮食安全概念是 1974 年联合国粮农组织在《世界粮食安全公约》中提出的。1996 年 11 月，第二次世界粮食首脑会议进一步解释粮食安全为："所有人在任何时候都能够在物质上和经济上获得足够、富有营养和安全的食物来满足其积极的和健康生活的膳食需要及事物喜好时，才实现了粮食安全。"

对粮食的支持保护政策源自粮食商品的特殊性，这一点可以从西方经济学的一些基本理论中找到佐证。我们知道，价格弹性是用来衡量商品的供给量（或需求量）对其价格变化的反应敏感程度的。从粮食看，中国粮食的供给弹性虽然较之其他商品小，但与粮食的需要弹性相比则较大。从蛛网理论来看，如果某种商品的供给弹性大于需求弹性时，其蛛网模型一定是发散的。在完全竞争的市场条件下，最终即期价格等于静态均衡价格，但由于粮食产品 1 年一收成，价格信息滞后，因此会导致市场不完善。初始价格不等于静态均衡价格，由于粮食的供给弹性较大，而需求弹性较小，则必然产生蛛网震荡和发散的现象。就是说，粮食的产量变化会越来越大，供给缺口也越来越大，价格越来越远离均衡点。根据粮食商品的特性，其价格弹性和供求规律都决定了不能完全放任粮食的市场价格配置资源，必须对粮食生产进行调节，否则就会出现粮食供给的大起大落，出现粮食供大于求与供小于求相互交替的周期性波动。

2. 粮食市场存在失灵

对市场效率的研究表明满足充分竞争条件下的市场机制可以实现资源配置的帕累托最优，但是，现实中的市场都是不完备的，存在着市场失灵。市场失灵所关注的是市场配置资源的低效率情形和不可能的领域。经济学理论通常将市场失灵（market failure）定义为市场无法提供某一特定产品的理想化和最优化产出的情形。进一步分析，市场失灵还可以分为两种情况。一种情况是：在市场机制发挥作用的领域资源配置出现的低效率，这类低效率应该被称为市场缺陷；另一种情况是：因市场机制难以覆盖到而出现的资源配置空白的领域，这类情况是本意的市场失灵。不能提供公共品、垄断、外部性、收入分配不公、经济波动等都是市场失灵的表现。

在市场经济条件下，粮食价格形成应发挥市场机制的作用，但由于粮食市场机制存在失灵，因此客观上需要政府实施保护价，对粮食价格进行调控。粮食市场失灵是粮食价格调控的重要理论基础和现实要求。自弗朗西斯·M·巴托在其《市场失灵的分析》一文中首次提出"市场失灵"概念以来，中外学者对市场失灵有很多经典的分析，比如阿克洛夫（Akerlof）认为，由于信息不完全所造成的市场失灵现象会使得市场机制消失，市场机制的优势将不存在。对于公共品的市场，安德烈奥尼（Andreoni）讨论了市场参与者在无外界规范的情况下，学习行为的重要性。但综观已有学术研究成果，对粮食市场失灵还少见系统阐述。针对粮食市场的不完全性、自发性，粮食市场失灵具体表现在如下几个方面：

第一,不能提供"粮食安全"。粮食安全概念是联合国粮食及农业组织1974年11月在第一次世界粮食首脑会上提出来的,它是一个外延和内涵十分丰富的概念,不同的国家、不同的地区、不同的历史时期,甚至不同的立足点,对粮食安全都有不同的诠释。按照中国的粮食生产水平和国家的财力,粮食安全的水平不宜定得过高,具体要体现如下要求:①确保足够的粮食供给总量;②最大限度地保持粮食价格的稳定;③保障低收入贫困人口对基本食品的需要;④保持粮食流通的顺畅有序。

粮食安全与国防安全一样,属于典型的公共品,具备三个基本特征。一是非排他性。粮食安全是对全体国民而言的,具有整体性和不可分割性,是全体国民共同享有的安全保障。二是非竞争性。一个人享有国家粮食安全,不能排斥另外的人也享有这种安全保障。三是粮食生产投资利益外溢性,粮食生产投资的收益会让投资者以外的人获得分享。根据市场失灵理论,市场不能提供公共品,公共品只能由政府提供。这就要求政府通过一系列有效的调控措施,促进粮食生产,增加市场供应,保持粮食价格基本稳定,满足人们基本食品需要,实现粮食安全目标。

第二,产生外部效应。外部效应是指一个经济单位的经济行为对其他经济单位所产生的种种影响,而该经济单位又没有根据这种影响从其他经济单位获取报酬或向其他经济单位支付赔偿。在政府介入之前,农业投资和粮食生产主要依靠农民自己进行,但农业投资和粮食生产存在明显的利益外溢,农民投资规模越大,生产粮食越多,国家粮食安全就可得到更好的物质保障,但随之而来的是粮价下跌、农民利益受损。外溢利益的受益者主要是城镇居民。在市场机制的自发作用下,农民将趋于减少农业投资和粮食生产,从而使粮食资源配置不足,最终危及国家粮食安全。这样就需要政府的介入,对农民投资的外溢利益进行弥补或对粮食价格进行保护和调控,以纠正外部效应对粮食资源配置的不利影响。

第三,信息不充分。市场经济是分散决策的经济。而中国以家庭为单位的粮食生产方式又把分散决策推向了极致。由于受专业知识、中介组织发育、市场发展状况、社会服务体系等方面的限制,市场为农民和其他经济主体提供的信息是有限的或不完全的,农民得到的是局部的、片面的、零星的和近期的市场信息,很难对未来的粮食生产和市场形势作出正确判断,只能跟风随潮,因此农民的生产决策成为一种同进同退的"潮汐"行为,进而对粮食价格形成多方面的负面影响。政府应弥补市场的缺陷,提供充分、及时、权威的信息,为粮食生产和经营决策提供可靠依据。

第四,分配不公平。粮食生产受自然条件限制多,季节性强,风险大、周期长、收益低,具有明显的弱质性特征。按照市场要素收入分配的法则,难免使城乡差别、工农差别越拉越大。市场自身不能解决分配不公平。保障农民收入的稳定增长也是各国政府所面临的重要问题。政府可以通过二次分配和财政转移支付来解决公平问题,但从根本上说,只有科学合理的价格机制才能使农民利益得到真正保护,增加农民收入的主要途径是提高粮食生产的收益率,而不是政府补贴。因而政府对粮食价格的调控也是调节分配不公、增加农民收入的重要手段。

粮食市场存在失灵,也就有了政府介入粮食市场实施支持保护价的理由。

3. 粮食产业属于弱质产业

粮食的弱质性是指粮食生存在市场竞争中处于弱势地位(肖国安,2005),如果完全依靠市场来进行,则粮食生产将受到极大限制。因此,我们应该着眼长远对粮食的弱质性特征有一个清晰认识。粮食的弱质性表现为粮食耕地资源紧、自然风险大、比较利益低、市场风险大、体制制约强、外部市场冲击大。作为弱质产业,政府需要通过价格保护对粮食生产予以支持,这虽然在学术上存在一定争论,但在实践中却成为各国尤其是发达国家的共同做法。随着我国经济的发展,过去以剥夺农业剩余积累来发展工业的政策也必然向农业保护方向逐步转变,而农业保护的领域首先也应当是选择粮食。但是,对粮食的保护是否就意味着保护价方式是唯一选择,这非常值得我们慎重考虑。即使在发达国家,农业保护实践得出的教训也是价格保护存在着一定的局限性。一方面,扭曲了市场价格信号,造成不合理的资源配置;另一方面,在保障农民收入方面,效率也很低,存在中间环节流失大的问题,国家要为此花费大量的财力。

综合来看,粮食商品的特殊性、粮食市场的局限性、粮食产业的弱质性,都决定了政府需要实施粮食价格支持保护政策。

(二)粮食最低收购价与收购保护价比较

1. 相同点

市场化条件下的粮食最低收购价和"三项政策"条件下的粮食收购保护价同属于国家粮食价格支持政策范畴。两者的相同点是:都有市场化改革的背景;都是在粮食价格市场化改革条件下,政府出台的粮食价格保护政策;政策的目的具有部分相同的内容,政策的出台都是为了保护粮食生产,保护农民的种粮收益,保护国家的粮食安全。粮食市场放开后,粮食价格会出现更大幅度的波动,农民的收益也会受到更大的影响,如果没有粮食保护价格政策的实施,最终会危及国家粮食的安全,因此,在粮食市场化改革中有必要对粮食价格实施保护政策。

可以说,保护价是20世纪90年代市场化改革的产物,其主要包括三方面内容:按保护价敞开收购农民余粮;粮食收储企业实行顺价销售;粮食收购资金封闭运行。1992年10月,中共十四大召开,会议明确提出我国经济体制改革的目标是建立社会主义市场经济体制。以中共十四大为标志,我国改革开放和现代化建设事业进入了一个新的发展阶段。在建立社会主义市场经济体制大背景下,我国明显加快了粮食流通体制改革的步伐,1993年2月,国务院发布了《关于加快粮食流通体制改革的通知》,围绕粮食价格改革,通知突出如下改革精神:①提出在国家宏观调控下放开价格的改革目标。按照中共十四大提出的建立社会主义市场经济体制的总目标,提出必须加快全国粮食市场体系建设,在国家宏观调控下放开价格。②明确粮食价格改革是粮食流通体制改革的核心。提出争取在两三年内全部放开粮食价格。③放开粮价需加强粮食宏观调控体系建设。强调建立以国家储备为中心,中央和省、自治区、直辖市两级为主的多层次粮食储备体系,加快以全国性大型批发市场为中心的三级粮油市场体系的建设,继续加强和完善国家对粮食的宏观调控。④建立最低保护价或最高限价制度。为防止"谷贱伤农"或粮价暴涨,保护生产者和消费者利益,各地在必要时应制定粮食收购的最低保护价或销售的最高限价。1993年在放开粮食收购价格和经营的前提下,我国开始建立粮食收购保护价格制度。通知提出全部放开粮食价格,无疑是在建立社会主义市场经济体制背景下对粮食流通体制改革的一次大胆尝试,也构成保护价出台的大背景。

随后几年,我国不断调整粮食定购价格、销售价格,实施保护价敞开收购政策,推进定购价格与市场价格并轨。1998年《国务院关于进一步深化粮食流通体制改革的决定》发布,提出现行粮食流通体制已越来越不适应社会主义市场经济的要求,到了非改不可、不改不行、刻不容缓的时候了,并提出"四分开一完善"的改革原则,即实行政企分开、中央与地方责任分开、储备与经营分开、新老财务账目分开,完善粮食价格机制;强调继续实行粮食定购制度,定购粮数量大体保持稳定,品种可根据市场需求作适当调整;继续实行按保护价敞开收购农民余粮的政策,建立和完善政府调控下市场形成粮食价格的机制。

1998年也是我国改革开放20周年,面对亚洲金融危机的冲击和经济全球化的挑战,中共十五届三中全会集中研究农业和农村问题,会议审议通过了《中共中央关于农业和农村工作若干重大问题的决定》,提出管好粮食收购市场,放开粮食零售市场,国家建立粮食风险基金、储备和保护价收购制度。伴随着各项粮食政策的实施,1998年我国粮食产量创历史新高,达到51 230万吨。粮食丰收为农业结构调整打下了基础。2000年中央决定大力推进农业和农村经济结构战略性调整,国务院办公厅也发出《关于部分粮食品种退出保护价收购范围的有关通知》,调整保护价收购范围。

2001年7月,国务院出台《关于进一步深化粮食流通体制改革的意见》(简称《意见》),《意见》认为,1998年以来,党中央、国务院确定的以"三项政策、一项改革"为主要内容的粮食流通体制改革,经过3年多的改革,我国粮食流通体制发生了很大变化,粮食收购渠道逐步拓宽,销售市场完全放开,除收购市场在粮价过低时实行保护价收购外,粮食购销价格基本由市场调节。《意见》认为,加入世界贸易组织后将给粮食产销带来的机遇与挑战,必须进一步深化粮食流通体制改革。强调粮食主销区要加快粮食购销市场化改革，放开粮食收购，粮食价格由市场供求形成。浙江、上海、福建、广东、海南、江苏和北京、天津等省市先后放开粮食收购，粮食价格由市场调节。2003 年 6 月，粮食主产区的安徽全面放开粮食价格与购销市场。至此，粮食购销市场化改革从粮食主销区起步开始延展到粮食主产区。

1992—2003 年，我国粮食价格政策经历了从全面放开粮食价格，到回归粮食双轨价格，再到粮食收购放开销区、试点产区的改革的过程，粮食市场化改革的程度不断提升，为全面放开粮食价格和购销市场奠定了很好的基础。

粮食最低收购价格政策的实施应该说是在前期保护价政策基础之上对粮食政策价格的再次改革。2004 年，在我国粮食流通体制改革的历程中具有里程碑意义。在前期试点和探索的基础上，2004 年 1 月，中共中央出台"一号文件"，文件提出，从 2004 年开始，国家将全面放开粮食收购和销售市场。2004 年 5 月，国务院出台了《国务院关于进一步深化粮食流通体制改革的意见》（国发〔2004〕17 号），对全面推进粮食购销市场化改革进行部署。在该意见和本年度国务院通过的《粮食流通管理条例》中都明确提出，当粮食供求关系发生重大变化，必要时可由国务院决定对短缺的重点粮食品种在粮食主产区实行最低收购价，这为粮食最低收购价格政策的出台，提供了法规政策基础。可见，最低收购价格政策正是政府在市场放开后对粮食价格进行保护的重要选择。

粮食最低收购价格政策自 2004 年出台至今，经历了启动阶段、拓展阶段、调整完善阶段。2004 年是我国出台粮食最低收购价政策的第一年，粮食最低收购价政策的内容主要通过每年的执行预案体现出来，预案根据《粮食流通管理条例》等有关规定制定，主要对预案执行省份、收购价格、执行企业、收储库点、执行时间、收购贷款、主体责任等进行安排，其核心内容是粮食最低收购价格。

2. 不同点

（1）市场放开的程度不同。最低收购价是在全面放开粮食市场价格、粮食市场化改革的前提下，引导农民种好粮，发挥价格的导向作用，在用市场手段配置农业资源的要求下出台的政策，这时的市场基础条件更好。而保护价是在社会主义市场经济提出的初期实施的粮食价格保护政策，是为了避免谷贱伤农、稳定粮价、保护种粮农民利益而制定的政策。

（2）价格存在质的区别。有学者认为两种价格本质存在不同（周学忠，2005）。最低收购价是建立在放开收购价格，收购主体多元化，收购市场充分竞争的市场机制基础上的，引入了市场机制。粮食最低收购价政策是严格坚持市场定价原则，在充分发挥市场机制作用的前提下，对市场机制的缺陷进行必要的补充。而粮食收购保护价政策则是由政府定价，并主要是由国有粮食购销企业进行垄断收购，它在很大程度上排斥了市场机制的作用。

（3）政策规定多有不同。第一，执行范围不同。最低收购价只是当主产省的稻谷、小麦等品种低于国家出台的最低收购价时,相关企业受政府委托在一定区域内入市收购,当收购到一定数量,市场价格回升到最低收购价以上时则停止收购。而粮食收购保护价不受时间和地点限制,政策开始实施的区域则是全国,只要是保护价范围内的粮食品种必须坚持敞开收购。尽管后来逐步缩小到主产区,但与粮食最低收购价政策实施区域相比仍然宽得多。第二,执行时间不同。最低收购价预案一般都规定收购政策执行的时间,只有当主产省区相关粮食品种收购价低于国家出台的最低收购价时,为了保护种粮农民利益,防止谷贱伤农现象发生,政府才委托相关国有粮食购销企业入市收购,当收购到一定数量,价格回升到合理区间时,即停止收购。而保护价政策规定必须坚持常年、常时敞开收购农民余粮,不受时间地点限制。第三,执行主体不同。粮食最低收购价政策实施区域仅限规定品种的重点主产区,执行主体是政府指定的粮食经营企业(包括国有粮食购销企业),2005 年的中央政府指定企业是中国储备粮管理总公司。粮食收购保护价执行主体是所有的国有粮食购销企业。第四,补贴的方式不同。最低价收购的粮食数量有限,由收购企业进行营销,如因高进低出发生亏损,国家可按有关规定采取补贴销售等多种方式给予处理。而国有粮食购销企业按保护价收购的粮食,政府以超储补贴的方式储存起来。保管费用和利息从粮食风险基金中列支,由购销企业销售,不准发生亏损。第五,收购数量不同。粮食最低收购价政策的执行具有不确定性,不是敞开收购,只有在出现市场收购价下跌到最低收购价以下时,政府才启动这一政策,启动之后,在收购一定数量、市场收购价格回升到最低收购价格以上时则停止收购。如果市场运行正常,粮食市场收购价保持在最低收购价之上,这一政策也就只能是备而不用了。而粮食收购保护价政策则是农发行敞开供应收购贷款给所有的国有粮食购销企业,实行敞开收购,政策是必须执行的,收购数量没有任何限制,只要农民卖粮,国有粮食购销企业就必须按保护价收购(朱远洋、郑先富,2006)。第六,粮食的经营管理方式不同。按最低收购价格收购粮食是指定企业接受政府委托为政府代办的粮食购销业务,与自身业务是严格分开的,粮权属于政府,政府采取多种手段,择机销售处理。收购费用、储存费用、贷款利息、经营盈亏由政府财政统包,加之收购数量有限,一般不会给政府造成过大财政负担。而保护价粮食经营则是国有粮食购销企业的一项政策性业务,与自身的其他业务统一进行核算,粮权属于企业,政府通过建立粮食风险基金对国有粮食购销企业经营保护价粮食进行补贴,经营盈余归企业,亏损实行挂账。由于收购数量大,加之企业经营管理责任心不强,因此很容易给政府造成过大的财政负担。第七,贷款管理办法不同。最低收购价格收购的粮食贷款执行国家调控贷款,由委托方明确利息、费用及可能发生亏损的补贴办法后,农发行审核同意,按照政府委托粮食企业入市收购粮食的有关文件和计划全额提供,未受委托收购的粮食贷款执行粮食流转贷款办法。而保护价粮食贷款由农发行按照"收一斤粮贷一斤粮款"的贷款管理办法,收多少粮食贷多少粮食的货款，不受计划和时间的限制。

（三）粮食最低收购价与目标价格比较

1. 相同点

粮食最低收购价是指当粮食供求关系发生重大变化，市场粮价低于政府制定的最低收购价格水平时，为保障市场供应、保护种粮农民利益，由国务院决定对短缺的重点粮食品种在粮食主产区实行的价格支持政策。目标价格是指农产品价格主要由市场形成的基础上，国家有关部门制定能够保障农民获得一定收益的政策价格，当采价期内实际市场价格低于目标价格时，国家对农民进行补贴，当市场价格高于目标价格时，不启动补贴的政策。

从两种政策的基本含义看，其相同点主要表现为：从原理上看，最低收购价政策和目标价格政策，都是政府事先制定一个政策价格，当市场价格低于政策价格时，目标价格政策的操作方式是政府补给农民政策价格和市场价格之间的差价，而最低收购价政策的方式是政府进入市场参与收购（耿仲钟、肖海峰，2015）；粮食最低收购价、目标价格都是国家实施的粮食支持价格政策，都构成粮食支持价格政策的重要内容；都是在粮食流通体制市场化改革背景下实施的粮食支持价格政策；政策目标具有一定的相同性，都具有保障农民收入、稳定农产品市场、维护国家粮食安全的目标。

2. 不同点

（1）政策实施背景有所不同。目标价格政策是在最低收购价政策实施基础之上，针对最低收购价政策实施存在的问题，重在探索农产品市场价格形成机制与财政补贴机制。中共十八届三中全会通过的《中共中央关于全面深化改革若干重大问题的决定》明确提出，"经济体制改革是全面深化改革的重点，核心问题是处理好政府和市场的关系，使市场在资源配置中起决定性作用和更好发挥政府作用"。而以粮食为主的农产品是政府介入比较深、干预比较强的领域，在这一领域如何处理好政府和市场的关系是摆在我们面前的重大课题。2014年中共中央"一号文件"提出，完善粮食等重要农产品价格形成机制，坚持市场定价原则，探索推进农产品价格形成机制与政府补贴脱钩的改革，逐步建立农产品目标价格制度。按中共中央"一号文件"要求和国务院部署，2014年，我国启动新疆棉花、东北（辽宁、吉林、黑龙江）和内蒙古大豆目标价格改革试点，并在试点省（区）取消相关农产品的临时收储政策。这意味着农产品领域政府和市场的关系的重大调整，由最低收购价、临时收储政策向目标价格政策转换是市场化改革的重要选择。最低收购价政策则是在粮食收购保护价政策基础之上，是在粮食流通体制市场化改革背景下，国家全面放开粮食收购和销售市场，为维持市场稳定、保障农民收入而实施的粮食支持价格政策。所以，两种政策实施的历史时段不同，要完成的历史使命也不同。

（2）政府对农民进行补贴的方式不同。最低收购价政策是基于政府对农民粮食的收购而给予农民补贴，只有销售粮食才能获得政府价格支持收益，但农民到底从政府手中获得多少补贴收益并不明晰，属于暗补形式或间接补贴方式。目标价格政策则是按照市场价格低于目标价格的差价，国家对农民进行补贴，种植面积、生产数量、销售数量是对种植者进行补贴分配的主要依据，不进行销售同样可以获得政府补贴。该种政策使农民能够非常清晰地知道从政府手中获得多少补贴收益，属于明补形式或直接补贴方式。国内外的实践均证明，财政明补比暗补方式的补贴效率更高。换句话说，目标价格补贴比最低收购价补贴效率会更高。

（3）对市场粮食价格的干预程度不同。由于最低收购价是政府所规定的、允许市场价格合理波动的最低价格，它相当于一个市场"托底价格"。此时，农产品的市场价格主要不是由供求关系决定，而是由最低收购价进行"托底"，市场价格会随着最低收购价的不断提高而提高。因此，最低收购价政策对市场的干预程度强。在目标价格政策下，不管市场价格高于还是低于目标价格，农民都是按照市场价格来销售农产品。目标价格政策不会影响到市场价格的内在形成机制，市场价格主要由供求关系决定，目标价格只是政府进行价格保护的一种政策价格，因而目标价格政策对市场价格的干预程度相对较弱。

（4）对政府粮食市场调控能力影响不同。在最低收购价政策背景下，政府收购了市场上很大份额的粮食，库存逐步达到历史高位。2017年1月全国粮食流通工作会议相关资料显示，我国粮食库存大部分集中在政府手中，占到85%以上，其中属于中央事权的粮食又占88%。因此，在最低收购价政策，政府掌握了大部分库存粮源，也使得政府对粮食市场有很强的调控能力。而在目标价格政策下，可能会使政府减少对粮源的控制，同时也降低了政府对粮食市场的调控能力。尤其在市场形势比较复杂的情况下，会增加国家粮食安全的风险。

（5）对生产者和消费者的影响不同。在十几年的实践中，最低收购价有一个不断上升的态势，如早籼稻最低收购价由2005年0.70元/斤，到2019年上升到1.2元/斤，小麦等品种也表现出同样态势。随着最低收购价不断上升，农产品价格也不断上涨，这增加了收购加工企业的收购成本，对其生产经营造成一定的压力。不断上涨的农产品价格同时也造成了消费者食品消费支出的增加，尤其是对一些低收入群体、城乡贫困人口来说，其日常生活受到了一定程度的不利影响。最低收购价不断上升，还带来了国内外粮食价格倒挂问题，大量农产品的进口，不利于粮食产业的长期发展。而目标价格政策并不直接对农产品的市场价格产生影响，农产品的市场价格仍然是由市场供求关系所决定，加工企业或者消费者不会受到明显的影响。

（6）对政府财政的压力不同。最低收购价政策的支持极大地调动了农民种粮积极性。根据中国统计年鉴资料，2004—2015年，我国粮食产量保持了连续增长的态势,实现了 12 连增,2012—2018 年连续 6 年保持在 6 亿吨以上的历史高位。伴随粮食增产丰收,各类粮食经营企业粮食收购量从 2005 年的 3 643 亿吨上升到 2016 年的 9 200 亿吨,这意味仓储量要增加 1.5 倍;粮食收购率也在不断攀升,从 2005 年的 37.6% 上升到 2016 年的 74.6%。粮食收购量、收购率不断提高,从根本上解决了农民卖粮难的问题,在某种程度上保障了种粮农民的收益,但也带来了粮食库存的巨大压力。当前我国粮食库存处于历史高位。粮食超高库存会引发一系列问题:第一,政府收购、储存粮食要付出巨额的成本,长此以往难以承受;第二,政府的仓储设施远不能满足收储的需求,仓储建设的任务巨大;第三,容易扭曲粮食市场价格,不利于结构调整和粮食市场对粮食资源的合理配置。因此,积极推进粮食供给侧结构性改革势在必行,最低收购价政策也到了必须改革的时候了。就目标价格政策而言,主要是对农民进行现金的差价补贴,不需要把粮食收购到自己的手中,这样对政府的压力会小一些。

二、改革开放以来粮食支持价格政策演变历程

长期以来,我国属于农业大国,"三农"问题一直是全党工作的重中之重。粮食既是关系国家安全的战略资源,也是关乎国计民生的特殊商品。这注定了我国改革开放要从农村拉开序幕,粮食价格改革会成为焦点。

（一）计划价格主导时期粮食价格政策的延续与调整时期（1978—1984）

1. 统购统销政策的延续

改革不可能一蹴而就,改革开放之初,我国经济的本质还是计划经济,这种本质也会体现在粮食领域。1978—1984 年,粮食价格政策表现出延续与调整两大特质。

统购统销是我国计划经济条件下长期实行的粮食政策,这一政策具有明显的时代背景,是中国政府在特殊历史条件下,处理国家同农民关系,控制粮食资源的计划经济政策。统购统销政策,包括计划收购政策、计划供应政策以及由国家严格控制粮食市场的政策和中央对粮食统一管理的政策（《当代中国》编委会,1988）。1953 年 10 月,中共中央作出了《关于实行粮食计划收购和计划供应的决议》;11 月政务院颁布《关于实行粮食的计划收购和计划供应的命令》。这两个文件规定从 1953 年 12 月起,在全国范围内对粮食实行计划收购和计划销售即统购统销。其中,决议明确提出:在农村向余粮户实行粮食计划收购的政策（简称统购）;对城市人民和农村缺粮人民,实行粮食计划供应的政策（简称统销）;实行由国家严格控制粮食市场,对私营粮食工商业进行严格管制,并严禁私

商自由经营粮食的政策。统购统销的范围又继续扩大到棉花、纱布和食油。这一政策取消了原有的农业产品自由市场,初期有稳定粮价和保障供应的作用,但长期实行,其阻碍农业经济发展的问题日益显现。改革开放之初,我国延续了统购统销政策。到 1985 年取消统购之前,统购统销制度在我国实施了 32 年之久。

2. 粮食价格政策的调整

1978 年注定是不平凡的一年,如果说安徽小岗村在全国率先实施农业"大包干",无意中拉开了中国农村改革的序幕,那么,中共十一届三中全会的召开,则是向全世界发出的改革开放的正式宣言。改革开放之初,统购统销政策尽管在延续,但是严格的粮食计划价格已经开始有所松动。

1978 年 12 月 18～22 日中共十一届三中全会在北京召开。全会明确提出:把全党工作的着重点和全国人民的注意力转移到社会主义现代化建设上来。全会认为,全党必须集中主要精力把农业尽快搞上去。会议深入讨论了农业问题,同意将《中共中央关于加快农业发展若干问题的决定(草案)》发到各省、市、自治区讨论和试行。全会提出了发展农业生产的一系列政策措施和经济措施。1979 年中共十一届四中全会正式通过《中共中央关于加快农业发展若干问题的决定》,决定提出了发展农业生产力的二十五项政策和措施。粮食统购价格从1979 年夏粮上市起提高 20%,超购部分在这个基础上再加价 50%。棉花、油料、糖料、畜产品、水产品、林产品等的收购价格,也要分别情况,逐步作相应的提高。农产品收购价格提高以后,粮食销价一律不动。同时,决定明确指出,农村集市贸易是社会主义经济的附属和补充。这为粮食市场交易打开了一扇窗。此后几年,国家陆续放开了粮食初级市场,允许农民在完成国家征购任务后,实行政府与农民间的议价交易;重新放开了粮食集市贸易,允许农民可以随行就市交易余粮。也就是说,在不触动计划经济体制的前提下,在粮食领域引入部分市场因素。

为了落实党中央关于加快农业发展的决定,1982—1986 年,中共中央连续5 年发布以农业农村工作为主题的中共中央"一号文件"。一系列利好政策极大地调动了农民生产的积极性,粮食连年增产丰收。1984 年我国粮食产量达到40 731 万吨,创历史新高。

这一时期,尽管还在实行统购统销政策,但政策实施的背景已经发生很大变化,而且根据新形势对统购统销政策作出很大调整,为取消统购统销政策奠定了基础。

(二)双轨价格并行时期粮食支持价格政策的反复与探索(1985—2004)

中共十一届三中全会之后,由于家庭联产承包责任制的全面实施,中共中央"一号文件"的贯彻与执行,粮食收购价格的提高,极大解放了农村生产力,农村粮食生产与购销都出现了喜人局面。但是新的问题也随之而来。一是1984年我国粮食产量创历史新高的同时,也出现了全国性的卖粮难;二是财政负担日益加重。由于粮食购价提高,销价不动,购销价格出现倒挂,加上超购粮食数量越来越多,国家财政对粮食的补贴不断增加。1984年,国家财政对粮棉油价格补贴201.67亿元,占当年财政支出的11.86%。三是粮食价格下跌,农民生产积极性随之下降,1985年粮食产量为37 911万吨,比上年减产7.44%。这些情况表明,传统的统购统销的体制已经很难适应新的经济形势,必须进行改革。但改革的进程非常艰难,粮食价格政策也出现了反复的过程。

1. 取消粮食统购,实行粮食定购

面对农村生产向商品经济转化中还存在着种种不协调现象,1985年,中共中央、国务院发布《关于进一步活跃农村经济的十项政策》,文件明确指出改革农产品统购派购制度(唐正芒,2011),决定从1985年起,除个别品种外,国家不再向农民下达农产品统购派购任务,按照不同情况,分别实行合同定购和市场收购。粮食、棉花取消统购,改为合同定购。由商业部门在播种季节前与农民协商,签订定购合同。对定购的粮食,国家确定按"倒三七"比例计价(即三成按原统购价,七成按原超购价)。定购以外的粮食可以自由上市。如果市场粮价低于原统购价,国家仍按原统购价敞开收购,保护农民的利益。取消统购派购以后,农产品不再受原来经营分工的限制,实行多渠道直线流通。任何单位都不得再向农民下达指令性生产计划。可见,在国家计划指导下,粮食市场调节的范围不断扩大。1985年粮食价格改革可能是改革开放后第一次具有里程碑意义的改革,开始打破粮食计划价格的坚冰,粮食出现了政府定购价格和市场议购价格,双轨价格并行的机制逐步形成。

伴随粮食价格双轨制的确立,政府逐步进行一系列改革,逐步扩大粮食市场调节的范围,进一步培育粮食市场元素,构建粮食市场关系。

一是解决粮食购销价格倒挂,并让购销价格接近市场价。这一时期,粮食市场存在三种价格:粮食定购价、粮食统销价、粮食市场价。一方面,政府通过减少定购价粮食数量,提高定购粮食价格,扩大市场调节量,逐步使粮食定购价接近市场价格;另一方面,提高粮食统销价格,逐步实现购销同价。改革开放之后,政府多次提高粮食收购价格,但是没有调整统销价格,导致购销价格倒挂。为此,国务院决定,1991年对26年未调整的统销价格进行大幅调整,1992年再次大幅调整粮食统销价格,通过两次提价,基本实现购销同价。通过系列改革,粮食定购价、粮食统销价、粮食市场价三价开始趋同,这为进一步的粮食市场化改革奠定了基础。

二是积极培育粮食市场体系。伴随粮食市场交易规模的扩大,各种类型的粮食市场开始产生与发展。1990年经国务院批准,中国第一个规范化的粮食批发市场——郑州粮食批发市场成立,"郑州市场"从规范化的现货市场起步,向发现未来价格的期货市场过渡,为中国粮食市场搭建了一个规范载体,其示范效应,带动了全国各级各类市场的发展,逐步形成了以全国性粮食批发市场为龙头,以区域性粮食批发市场为骨干,以基层粮食市场为基础的粮食市场体系。"郑州市场"起到了带动和示范作用,全国出现了粮食批发市场的建设热潮,甚至出现盲目发展的情况。但在很短时间内粮食批发市场盲目发展问题得到了有效控制。1993年,我国出现了较为严重的通货膨胀。从广东开始,粮食价格在全国范围内出现大幅上涨的局面。为了平抑粮价,稳定市场,粮食政策开始收紧,批发市场发展基本陷入停顿状态。但以郑州粮食批发市场为代表的一批粮食批发市场并没有停止探索和创新,在国家有关部委的支持下,多次举办中央储备粮等国家政策粮油的竞价销售,充分发挥了粮食批发市场的功能和作用,初步形成了国家政策粮油通过粮食批发市场进行规范交易的新局面。

三是建立国家粮食储备制度。1990年,国务院决定建立国家专项粮食储备制度,成立国家粮食储备局,负责国家粮食储备的管理工作。1999年对国家粮食储备局进行改组,成立中国储备粮管理总公司。粮食市场体系的构建、国家粮食储备制度的建立,大大增强了国家粮食宏观调控的能力,粮食宏观调控体系开始形成。

2. 在国家宏观调控下全部放开粮食价格的改革尝试

1992年10月中共十四大召开,会议明确提出我国经济体制改革的目标是建立社会主义市场经济体制,以中共十四大为标志,我国改革开放和现代化建设事业进入了一个新的发展阶段。1993年11月,中共十四届三中全会通过《中共中央关于建立社会主义市场经济体制若干问题的决定》,决定提出,建立社会主义市场经济体制,就是要使市场在国家宏观调控下对资源配置起基础性作用,为此我们必须培育和发展全国统一开放的市场体系,推进价格改革,建立主要由市场形成价格的机制。同时,我们必须转变政府管理经济的职能,建立以间接手段为主的完善的宏观调控体系。

在建立社会主义市场经济体制大背景下,我国明显加快了粮食流通体制改革的步伐,1993年2月发布了《国务院关于加快粮食流通体制改革的通知》,围绕粮食价格改革,通知体现了如下重要内容:①提出在国家宏观调控下放开价格的改革目标。按照党的十四大提出的建立社会主义市场经济体制的总目标,必须加快全国粮食市场体系建设,在国家宏观调控下放开价格。②突出粮食价格改革是粮食流通体制改革的核心。提出争取在两三年内全部放开粮食价格。③放开粮价需加强粮食宏观调控体系建设。强调以国家储备为中心,中央和省、自治区、直辖市两级为主的多层次粮食储备体系,加快以全国性大型批发市场为中心的三级粮油市场体系的建设,继续加强和完善国家对粮食的宏观调控。④要建立最低保护价或最高限价制度。为防止"谷贱伤农"或粮价暴涨,保护生产者和消费者利益,各地在必要时应制定粮食收购的最低保护价或销售的最高限价。这意味着 1993 年放开了粮食收购价格和经营,我国开始建立粮食收购保护价格制度。《国务院关于加快粮食流通体制改革的通知》提出全部放开粮食价格,无疑是在建立社会主义市场经济体制背景下对粮食流通体制改革的一次大胆尝试,但由于条件还存在局限,改革难免走些弯路,但这并不否认此次改革具有标志性意义。

实践证明,粮价放开不久,一些地区遭受了严重的自然灾害,1994 年粮食出现减产,同时由于宏观调控不力,1994 年我国出现了改革开放以来最为严重的通货膨胀,居民消费价格指数比上年上涨 24.1%,粮食价格更是出现暴涨,1994 年我国粮食收购价格指数比上年上涨 46.6%,粮价也出现了改革开放以来最为严重的上涨。

面对粮食市场的大幅波动,1994 年《国务院关于深化粮食购销体制改革的通知》恢复了国家定购,强调确保国家掌握必要的粮源。通知要求粮食部门必须收购社会商品粮的 70%~80%,即 900 亿公斤左右(贸易粮)。其中,500 亿公斤为国家下达的任务(含农业税征实),也是农民应尽的义务。各级政府要落实到生产单位和农户,确保完成。收购价格由国家根据粮食市场的供求情况,按照既能调动农民种粮的积极性、缩小工农产品的剪刀差,又能使城镇居民承受的原则,合理确定。其余 400 亿公斤由各省、自治区、直辖市政府按照价格随行就市的原则组织收购。

随后几年,我国不断调整定购价格、销售价格,实施保护价敞开收购政策,推进定购价格与市场价格并轨,但总体上都是在双轨价格框架下开展的改革尝试。1998 年《国务院关于进一步深化粮食流通体制改革的决定》发布,提出现行粮食流通体制已越来越不适应社会主义市场经济的要求,到了非改不可、不改不行、刻不容缓的时候了;提出"四分开一完善"的改革原则,即实行政企分开、中央与地方责任分开、储备与经营分开、新老财务账目分开,完善粮食价格机制,更好地保护农民的生产积极性和消费者的利益,真正建立起适应社会主义市场经济要求、符合我国国情的粮食流通体制。决定强调,继续实行粮食定购制度,定购粮数量大体保持稳定,品种可根据市场需求作适当调整;继续实行按保持价敞开收购农民余粮的政策,以保护农民种粮的积极性,并且掌握足够的商品粮源,以稳定市场粮价;建立和完善政府调控下市场形成粮食价格的机制。

从《国务院关于进一步深化粮食流通体制改革的决定》的内容看,它强调继续实行粮食定购制度,粮食双轨价格继续执行,但改革更加关注国有粮食企业改革、粮食价格形成机制。随后几年,粮食市场化改革的程度不断提升。

我国改革率先从农村突破,1998 年在改革开放 20 周年之际,面对亚洲金融危机的冲击和经济全球化的挑战,中共十五届三中全会集中研究农业和农村问题,会议审议通过了《中共中央关于农业和农村工作若干重大问题的决定》,提出管好粮食收购市场,放开粮食零售市场,国家建立粮食风险基金、储备和保护价收购制度。1998 年十五届三中全会提出"三项政策,一项改革"。伴随着这些粮食政策的实施,1998 年我国粮食产量创历史新高,达到 51 230 万吨。粮食丰收为农业结构调整打下了基础。2000 年中央决定大力推进农业和农村经济结构战略性调整,国务院办公厅也发出《关于部分粮食品种退出保护价收购范围的有关通知》,调整保护价收购范围。

2001 年 7 月,国务院出台《关于进一步深化粮食流通体制改革的意见》,意见认为,1998 年以来,党中央、国务院确定的以"三项政策、一项改革"为主要内容的粮食流通体制改革,经过 3 年多的改革,我国粮食流通体制发生了很大变化,粮食收购渠道逐步拓宽,销售市场完全放开,除收购市场在粮价过低时实行保护价收购外,粮食购销价格基本由市场调节。意见提出加入世界贸易组织后将给粮食产销带来机遇与挑战,必须进一步深化粮食流通体制改革。深化改革的总体目标是:在国家宏观调控下,充分发挥市场机制对粮食购销和价格形成的作用,完善粮食价格形成机制,稳定粮食生产能力,建立完善的国家粮食储备体系和粮食市场体系,逐步建立适应社会主义市场经济发展要求和我国国情的粮食流通体制。意见强调粮食主销区要加快粮食购销市场化改革,放开粮食收购,粮食价格由市场供求形成。浙江、上海、福建、广东、海南、江苏和北京、天津等省市先后放开粮食收购,粮食价格由市场调节。2001 年国务院提出"放开销区、保护产区、省长负责、加强调控"的改革思路。2003 年 6 月,粮食主产区的安徽全面放开粮食价格与购销市场。

1992—2003 年,我国粮食价格政策经过提出全面放开粮食价格,到回归粮食双轨价格,再到粮食收购放开销区、试点产区的改革,粮食市场化改革的程度不断提升,为全面放开粮食价格和购销市场奠定了很好的基础。

(三)粮食市场放开背景下粮食支持价格政策的调整与探索(2004 年至今)

1. 粮食最低收购价格政策的实施

粮食最低收购价格政策于 2004 年出台,至 2020 年已经实施了 16 年。应该说,粮食最低收购价政策是市场化改革的产物。2004 年,在我国粮食流通体制改革的历程中具有里程碑意义。在前期试点和探索的基础上,2004 年 1 月,中共中央"一号文件"明确提出,从 2004 年开始,国家将全面放开粮食收购和销售市场。2004 年 5 月,国务院出台了《国务院关于进一步深化粮食流通体制改革的意见》(国发〔2004〕17 号),对全面推进粮食购销市场化改革进行部署。在该意见和本年度国务院通过的《粮食流通管理条例》中都明确提出,当粮食供求关系发生重大变化,必要时可由国务院决定对短缺的重点粮食品种在粮食主产区实行最低收购价,这为粮食最低收购价格政策的出台提供了法规政策基础。可见,最低收购价格政策正是政府在市场放开后对粮食价格进行保护的重要选择。

粮食最低收购价格政策 2004 年出台至今,政策经历了启动阶段、拓展阶段、调整改革阶段。2004 年是我国出台粮食最低收购价政策的第一年,粮食最低收购价政策的内容主要通过每年的执行预案体现出来,预案根据《粮食流通管理条例》的有关规定制定,主要对预案执行省份、收购价格、执行企业、收储库点、执行时间、收购贷款、主体责任等进行安排,其核心内容是粮食最低收购价格。

从历年最低收购价格执行预案的基本内容看,主要表现出以下几个特点:最低收购价格总体上保持了上升趋势;最低收购价粮食品种有所拓展;最低收购价政策实施省份扩大;最低收购价政策执行主体增多;最低收购价政策执行费用更加规范。但近年最低收购价政策已开始悄然发生变化,尤其是对最低收购价格。综合考虑粮食生产成本、市场供求、国内外市场价格和产业发展等各方面因素,经国务院批准,2017 年生产的早籼稻(三等)、中晚籼稻和粳稻最低收购价格分别为每 50 公斤 130 元、136 元和 150 元。2017 年早籼稻、中晚籼稻和粳稻最低收购价格每 50 公斤分别较 2016 年下调了 3 元、2 元和 5 元。这是 2004 年我国实行稻谷最低收购价格以来的首次下调。2018 年、2019 年生产的早籼稻(三等)、中晚籼稻和粳稻最低收购价格进一步下调,两年均保持分别为每 50 公斤 120 元、126 元和 130 元。同样,经国务院批准,2018 年生产的小麦(三等)最低收购价为每 50 公斤 115 元,比 2017 年下调 3 元,这是 2006 年我国实行小麦最低收购价以来的首次下调。2019 年生产的小麦(三等)最低收购价为每 50 公斤 112 元,比 2018 年又下调 3 元。价格下调这可能也是我国粮食最低收购价格进一步改革的信号。

在我国粮食市场放开后粮食最低收购价格政策,在保护种粮农民利益、稳定粮食价格和粮食市场、增强政府粮食宏观调控能力、保障国家粮食安全等方面都起到了重要作用。

但是从实践来看,粮食最低收购价政策还存在不少问题,既有政策设计方面的问题,也有政策执行方面的问题。毫无疑问,政策设计方面的问题是主要问题。应该说行政干预、价格扭曲、成本高趋是现行粮食最低收购价政策本身的缺陷,政策调整只能做到在某种程度上减轻上述问题,并不能从根本上消除问题。这决定了粮食最低收购价政策可能需要进行更深层次的改革。

专栏 3-1

2005 年中晚稻最低收购价执行预案

第一条 为认真贯彻落实中晚稻最低收购价政策,切实保护种粮农民利益,根据《粮食流通管理条例》和《国务院关于进一步深化粮食流通体制改革的意见》(国发〔2004〕17 号),以及《关于进一步加强农村工作提高农业综合生产能力若干政策的意见》(中发〔2005〕1 号)精神,制定本预案。

第二条　在中晚稻（包括中晚籼稻和粳稻）主产区吉林、黑龙江、安徽、江西、湖北、湖南、四川等7省中晚稻上市后，当中晚籼稻市场价格低于公布的最低收购价每市斤0.72元，粳稻市场价格低于每市斤0.75元时，执行本预案。其他中晚稻产区是否实行最低收购价格政策由省级人民政府决定。

第三条　中晚籼稻最低收购价每市斤0.72元，粳稻最低收购价每市斤0.75元，是指2005年生产的国标三等质量标准的中晚稻，具体标准为：籼稻出糙率75%以上，杂质1%以内，水分13.5%以内；粳稻出糙率77%以上，杂质1%以内，水分14.5%以内。今年整精米率指标暂按籼稻不低于44%、粳稻不低于55%掌握。中晚稻最低收购价是指直接承担向农民收购的库点到库收购价。等外的中晚稻不得收购。

非标准品的中晚稻具体收购价格，除根据等级、水分、杂质等情况，须按照《国家计委、国家粮食局、国家质检总局关于发布〈关于执行粮油质量标准有关问题的规定〉的通知》（国粮发〔2001〕146号）规定扣价扣量外，对中晚籼稻整精米率低于44%、粳稻整精米率低于55%的稻谷也按上述规定执行。

中晚稻相邻等级之间的等级差价按每市斤0.02元掌握。

第四条　在吉林、黑龙江、安徽、江西、湖北、湖南、四川等7省中晚稻主产区执行最低收购价格的企业为中储粮总公司及其有关分公司，上述7省地方储备粮公司以及北京、天津、上海、浙江、福建、广东、海南等7个主销区省级地方储备粮公司。中央和地方储备粮公司要按照合理布点、方便农民售粮、便于监管的原则，委托当地具有农发行贷款资格的粮食企业作为执行中晚稻最低收购价的指定库点。作为指定库点的粮食企业应当具备良好的仓储设施、较高的管理水平和良好的信誉。中储粮分公司拟定的收购库点和地方储备粮公司拟定的收购库点，要按照统筹兼顾、合理布局的原则，由中储粮有关分公司会同省级粮食行政管理部门和农发行省级分行进行衔接，报经省级人民政府审核后，由省级粮食行政管理部门上报国家粮食局会同有关部门和单位审定后向社会公布。

第五条　中晚稻上市后，上述中晚稻主产省地方粮食行政管理部门要会同地方有关部门及时了解和掌握市场价格的动态情况。当局部地区中晚籼稻市场价格低于每市斤0.72元，粳稻市场价格低于每市斤0.75元时，有关省级粮食行政管理部门商相关部门及时报告国家粮食局，并抄国家有关部门（国家发展改革委、财政部、农业部、农业发展银行，下同）；由国家粮食局商有关部门作出相关决定。如决定启动本预案，即由国家粮食局通知中储粮总公司和有关省地方储备粮公司按中晚籼稻每市斤0.72元、粳稻每市斤0.75元的最低收购价格，在上述中晚稻主产区挂牌收购农民交售的中晚稻，以使中晚稻市场价格稳定在最低收购价格以上。

第六条　中晚稻上市后，各地粮食行政管理部门要引导和鼓励所有取得粮食收购资格的经营者按市场价格积极入市收购农民交售的稻谷，并按照《粮食流通管理条例》督促从事粮食收购、加工、销售的经营者，保持必要的库存量。

第七条　预案启动后，中央和地方储备轮入的中晚稻应不低于国家规定的最低收购价格水平。主销区地方储备粮公司也应按照不低于国家规定的最低收购价格，在主产区积极收购中晚稻，用于地方储备稻谷的轮换。

第八条　预案启动期间，原则上停止中央和地方储备中晚稻的销售。

第九条　在中晚稻主产省最低收购价预案启动后，当农民售粮高峰过后，市场价格仍稳定在国家规定的最低收购价格以上时，中储粮总公司及有关分公司和有关地方储备粮公司指定收购库点可以停止按最低收购价收购中晚稻，并及时报告国家粮食局，同时抄送国家有关部门。

第十条　中储粮总公司及其有关分公司按最低收购价收购中晚稻所需贷款，由农业发展银行按照国家规定的最低收购价格和合理收购费用及时足额发放。具体贷款企业由中储粮有关分公司与农发行省级分行根据当地实际情况协商确定，并报中储粮总公司和农发行总行备案。收购费用为每市斤2.5分（含县内集并费），由中央财政对中储粮总公司包干使用。

第十一条　地方储备粮公司按最低收购价收购的中晚稻，除地方储备稻谷轮换所需粮源外，主要用于充实地方储备，所需收购贷款由农业发展银行按照国家规定的最低收购价格及时足额发放。有关收购、保管费用和利息按地方储备粮管理的有关规定执行。

第十二条　预案启动后，中储粮总公司和有关省粮食局每五日将指定库点按最低收购价收购的中晚稻数量和价格汇总后报国家粮食局。具体报送时间为逢五日、十日期后第二天中午12时之前。

第十三条　中晚稻最低收购价执行情况，分别由中储粮总公司和省级粮食行政管理部门于终止执行最低收购价格收购的一个月内报告国家发展改革委、财政部、农业部、国家粮食局、中国农业发展银行。

第十四条　中储粮总公司所属企业以及受其委托的指定库点执行最低收购价预案收购的中晚稻，由中储粮公司负责就地临时储存，一般情况下不进行跨县集并，由国家有关部门根据市场情况择机安排销售，公开拍卖，单独核算，盈利上缴中央财政，亏损由中央财政负担。临时存储中晚稻保管费用补贴标准为每市斤3.5分/年，贷款利息根据入库结算价与同期银行贷款利率计算，由中央财政支付，并由中储粮公司将利息和保管费用按规定标准及时拨付给指定收购库点。具体财政财务处理问题，按财建〔2004〕226号文件执行。

（续上）

第十五条　执行最低收购价的企业及其指定库点,要按时结算农民交售中晚稻的价款,不得给农民打白条,不得压级压价和代扣各种收费,不得将农业发展银行贷款挪作它用。各储存库点要加强保管,确保新收购稻谷的储存安全。按最低收购价收购的中晚稻销售后要及时归还农业发展银行贷款。对违反规定的,由当地工商、物价、粮食、农业发展银行等有关部门按照《价格法》《粮食流通管理条例》等有关规定查处。

第十六条　国家发展改革委负责协调落实中晚稻最低收购价政策的工作,监测中晚稻收购价格变化情况,会同有关部门解决最低收购价政策执行中的矛盾和问题。财政部负责及时拨付中储粮总公司按最低收购价格收购中晚稻所需的费用和利息补贴。农业部负责了解各地执行最低收购价政策情况,监测中晚稻市场价格,反映农民的意见和要求。国家粮食局负责监督中储粮总公司和地方储备粮公司收购库点的布局和国家最低收购价政策执行情况,督促国有粮食企业积极入市收购。农业发展银行负责向执行最低收购价任务的企业及时提供收购资金贷款。省级人民政府及有关部门负责监督地方储备粮公司最低收购价政策执行情况,并为中储粮总公司执行最低收购价任务创造必要的条件,保证按照国家规定充实地方储备。

第十七条　本办法由国家发展改革委、财政部和国家粮食局负责解释。

资料来源:《关于印发2005年中晚稻最低收购价执行预案的通知》。

2. 农产品目标价格改革试点

2013年11月,中共十八届三中全会通过《中共中央关于全面深化改革若干重大问题的决定》,提出全面深化改革的总目标是完善和发展中国特色社会主义制度,推进国家治理体系和治理能力现代化。经济体制改革是全面深化改革的重点,核心问题是处理好政府和市场的关系,使市场在资源配置中起决定性作用和更好地发挥政府作用。

而以粮食为主的农产品是政府介入比较深、干预比较强的领域,在这一领域如何处理好政府和市场的关系是摆在我们面前的重大课题。2014年中共中央"一号文件"提出,完善粮食等重要农产品价格形成机制,坚持市场定价原则,探索推进农产品价格形成机制与政府补贴脱钩的改革,逐步建立农产品目标价格制度。按中共中央"一号文件"要求和国务院部署,2014年,我国启动新疆棉花、东北(辽宁、吉林、黑龙江)和内蒙古大豆目标价格改革试点,并在试点省(区)取消相关农产品的临时收储政策。这意味着农产品领域政府和市场的关系的重大调整,由最低收购价、临时收储政策向目标价格政策转换是市场化改革的必然选择。

经过2014—2016年3年的试点,我国对大豆、棉花目标价格政策进行了进一步调整。按照党中央、国务院深入推进农业供给侧结构性改革、完善粮食等重要农产品收储制度有关部署,2017 年国家坚持市场定价、价补分离、主体多元的改革方向,在东北三省和内蒙古自治区调整大豆目标价格政策,实行市场化收购加补贴机制。这意味着大豆退出目标价格政策,这种退出应该说符合我国重要农产品价格形成机制改革的大方向。

2017 年 3 月,国家发展改革委、财政部发布《关于深化棉花目标价格改革的通知》,2014—2016 年,国家在新疆启动了为期 3 年的棉花目标价格改革试点,改革试点取得了明显成效,探索出一条农产品价格由市场供求形成、价格与政府补贴脱钩的新路子。通知决定,2017 年起在新疆深化棉花目标价格改革,并确定 2017—2019 年新疆棉花目标价格水平为每吨 18 600 元。

此前,在 2016 年,国家在内蒙古和东北三省按照"市场定价、价补分离"的原则,将以往的玉米临时收储政策调整为"市场化收购"加"补贴"的新机制。玉米价格由市场形成,供求关系靠市场调节,生产者随行就市出售玉米,鼓励各类市场主体自主入市收购。同时,政府实施玉米生产者补贴,对玉米生产者给予一定的直接补贴,保障玉米种植者的基本收益。2017 年,内蒙古和东北三省的玉米继续实施"市场化收购"加"补贴"的新机制。

至 2018 年,在我国主要农产品中,稻谷、小麦继续实行粮食最低收购价政策,大豆、玉米在内蒙古和东北三省实行"市场化收购"加"补贴"的新机制,新疆棉花继续深化目标价格改革。这些探索是推进农业供给侧结构性改革的重大举措,对优化种植业结构、保障国家粮食安全、促进农民持续增收具有重要意义。

三、粮食支持价格政策改革的几点启示

(一)粮食支持价格政策演进从一个侧面反映我国经济体制改革的进程

粮食流通体制是整个经济体制的重要组成部分,粮食价格改革是整个价格改革的重要内容,粮食价格政策不可能脱离经济体制改革的要求而存在。因此,粮食价格政策的调整必须与经济体制改革的进程相吻合。改革开放 40 余年,我国的经济体制经历了计划经济、双轨经济、市场经济体制的演变,从大的方面看,粮食价格政策也经历了统购统销、双轨价格、市场定价的改革。而中共十九大的召开,则标志中国特色社会主义建设进入新时代,在决胜全面建成小康社会、夺取新时代中国特色社会主义伟大胜利、实现中华民族伟大复兴的大背景下,如何推进粮食流通体制改革又是摆在我们目前的重大课题。

(二)粮食支持价格改革总的趋势与方向是市场化改革

1978 年,中共十一届三中全会吹响了改革开放的号角,1992 年,中共十四大

提出我国经济体制改革的目标是建立社会主义市场经济体制,中共十八届三中全会则作出了全面深化改革的决定。中共十八届三中全会通过的《中共中央关于全面深化改革若干重大问题的决定》提出,经济体制改革是全面深化改革的重点,核心问题是处理好政府和市场的关系,使市场在资源配置中起决定性作用和更好发挥政府作用。决定强调,必须积极稳妥地从广度和深度上推进市场化改革,大幅度减少政府对资源的直接配置,推动资源配置依据市场规则、市场价格、市场竞争实现效益最大化和效率最优化。因此,40余年改革,实际是社会主义市场经济体制建立和完善的过程。回顾40余年政府粮食价格的改革,从统购统销、保护价收购、最低收购价,到目标价格试点,"市场化收购"加"补贴"新机制的形成,我们看到,粮食价格改革有反复、有曲折,但总的方向没有脱离市场化。因此,在大豆、玉米两大主粮实施"市场化收购"加"补贴"新机制后,稻谷、小麦进一步的市场化改革又摆在我们面前。

(三)粮食支持价格改革存在多目标权衡的问题

粮价是百价之基,牵一发而动全身。即使在发达国家,粮食价格也是政府保护和支持的重点。在我国,农业农村农民问题是关系国计民生的根本性问题,解决好"三农"问题是全党工作重中之重。实际上,粮食价格改革一直承担着维护国家粮食安全、增加农民收入、保障粮食价格稳定、强化宏观调控的重任。在不同时期面临的主要矛盾和任务不同,在今天我国社会主要矛盾已经转化为人民日益增长的美好生活需要和不平衡不充分的发展之间的矛盾,在全面建成小康社会决胜阶段,如何权衡粮食价格改革的目标需要我们进一步思考。

(四)粮食价格市场化改革存在条件限制应循序渐进

中国经济体制改革取得成功的一条重要经验就是循序渐进,通过试点取得成功经验,然后加以推广,这可极大地降低改革的风险。实际上,粮食价格改革也走过弯路,如1993年,我国提出争取在两三年内全部放开粮食价格。从现在看,那时并不具备全面放开粮食价格的条件,存在急于求成的问题,最后不得不又重回粮食定购的老路。因此,对稻谷、小麦两大主粮价格政策还需要进一步深化改革。

(五)粮食支持价格改革应抓住关键节点促成飞跃

改革开放以来,我国经济体制改革和粮食流通体制改革经历了一些重要的时间窗口或时间节点,在这样一些关键时期,国家召开了一些重要的会议,对改革开放进行了一些重大部署,往往具有重要意义。1978年12月18~22日中共十一届三中全会在北京举行,全会中心议题是讨论把全党工作重点转移到社会主义现代化建设上来。十一届三中全会标志着中国从此进入了改革开放和社会主义现代化建设的历史新时期,中国共产党从此开始了建设中国特色社会主义的新探索。以农村经济体制改革作为突破口,我国从此拉开了改革开放的大幕。

1992年10月12～18日,中国共产党第十四次全国代表大会在北京举行。大会总结了十一届三中全会以来14年的实践经验,决定抓住机遇,加快发展,确定我国经济体制改革的目标是建立社会主义市场经济体制,党的历史上第一次明确提出了建立社会主义市场经济体制的目标模式。把社会主义基本制度和市场经济结合起来,建立社会主义市场经济体制,这是我们党的一个伟大创举,是多年来党进行理论探索得出的最重要的结论之一,也是社会主义认识史上一次历史性的飞跃。大会认为,将我国经济体制改革的目标,确定为建立社会主义市场经济体制,是有中国特色社会主义理论的丰富和发展。建立社会主义市场经济体制,涉及经济基础和上层建筑的许多领域,要有一系列相应的体制改革和政策调整,必须抓紧制定总体规划,有计划、有步骤地实施。从此,建立社会主义市场经济体制的大幕拉开。如何在粮食领域建立与社会主义市场经济体制相适应的体制成为摆在人们面前的重大课题。

2004年《国务院关于进一步深化粮食流通体制改革的意见》(国发〔2004〕17号)出台,意见认为,随着国民经济市场化程度的提高,粮食流通体制改革的深入和农村税费改革的全面实行,当前进一步推进粮食购销市场化改革的条件已经基本具备。按照中共十六届三中全会精神,国务院决定,在总结经验、完善政策的基础上,2004年全面放开粮食收购市场,积极稳妥推进粮食流通体制改革。意见提出,深化粮食流通体制改革的总体目标是:在国家宏观调控下,充分发挥市场机制在配置粮食资源中的基础性作用,实现粮食购销市场化和市场主体多元化;建立对种粮农民直接补贴的机制,保护粮食主产区和种粮农民的利益,加强粮食综合生产能力建设;深化国有粮食购销企业改革,切实转换经营机制,发挥国有粮食购销企业的主渠道作用;加强粮食市场管理,维护粮食正常流通秩序;加强粮食工作省长负责制,建立健全适应社会主义市场经济发展要求和符合我国国情的粮食流通体制,确保国家粮食安全。粮食最低收购价政策正是在此背景下出台的,从此我国真正开始拉开了全面放开粮食收购市场的大幕。

2017年10月18～24日中国共产党第十九次全国代表大会在北京召开。大会的主题是:不忘初心,牢记使命,高举中国特色社会主义伟大旗帜,决胜全面建成小康社会,夺取新时代中国特色社会主义伟大胜利,为实现中华民族伟大复兴的中国梦不懈奋斗。中共十九大是在全面建成小康社会决胜阶段、中国特色社会主义发展关键时期召开的一次十分重要的大会。它承担着谋划决胜全面建成小康社会、深入推进社会主义现代化建设的重大任务。中国特色社会主义进入了新时代,中共十九大报告明确了新时代的总任务是实现社会主义现代化和中华民族伟大复兴,在全面建成小康社会的基础上,分两步走,在21世纪中叶建成富强民主文明和谐美丽的社会主义现代化强国。同时在综合分析国际国内形势和我国发展条件的基础上,提出了从2020年到2035年,在全面建成小康社会的基础上,再奋斗15年,基本实现社会主义现代化。从2035年到21世纪中叶,在基本实现现代化的基础上,再奋斗15年,把我国建成富强民主文明和谐美丽的社会主义现代化强国。中共十九大报告提出要"确保国家粮食安全,把中国人的饭碗牢牢端在自己手中。构建现代农业产业体系、生产体系、经营体系,完善农业支持保护制度,发展多种形式适度规模经营,培育新型农业经营主体,健全农业社会化服务体系,实现小农户和现代农业发展有机衔接"。这为新时期现代粮食流通体制与粮食支持保护制度改革指明了方向。

因此,粮食支持价格改革必须抓住关键时间节点,促成改革的飞跃。中共十九大报告指出,农业农村农民问题是关系国计民生的根本性问题,必须始终把解决好"三农"问题作为全党工作的重中之重。2018年中共中央"一号文件"——《中共中央 国务院关于实施乡村振兴战略的意见》提出,完善农业支持保护制度;以提升农业质量效益和竞争力为目标,强化绿色生态导向,创新完善政策工具和手段,扩大"绿箱"政策的实施范围和规模,加快建立新型农业支持保护政策体系;深化农产品收储制度和价格形成机制改革,加快培育多元市场购销主体,改革完善中央储备粮管理体制。通过完善拍卖机制、定向销售、包干销售等,加快消化政策性粮食库存;落实和完善对农民直接补贴制度,提高补贴效能,健全粮食主产区利益补偿机制;探索开展稻谷、小麦、玉米三大粮食作物完全成本保险和收入保险试点,加快建立多层次农业保险体系。这意味着在2004年我国开始实施粮食最低收购价制度改革,在经历16年的改革历程后,粮食最低收购价制度改革进入了一个深化农产品收储制度和价格形成机制的阶段。

第四章　粮食最低收购价：基于粮食宏观调控的分析

一、市场放开后加强粮食宏观调控的必要性

近几年，随着粮食市场化的程度不断提高，粮食供求的关系正在发生新的变化。一方面，农业生产的结构正在发生变化，影响粮食市场的内部因素更加多样；另一方面，国际经济贸易关系更加复杂，国内市场受国际市场的影响更加强烈，在粮食连年丰收增产的情况下，蕴藏着潜在的粮食安全问题。但是由于粮食宏观调控涉及政府、企业、农民和市场等方方面面的因素，粮食宏观调控还面临着很多矛盾，在粮食最低收购价背景下，健全和完善粮食宏观调控的长效机制是我们当前应该研究的重要课题。

（一）由粮食市场存在失灵决定

在市场经济条件下，粮食市场不是万能的，往往存在失灵问题，加之农业属于弱质产业，带有公益性；农业投资的低盈利和高风险性，存在利益外溢问题；粮食带有公共品和私人品的特征，因此，粮食安全不能完全依靠市场自发调节来保证。特别是粮食生产的基础设施建设、大江大河的治理、科学技术的研究和推广、农民职业技术的教育和培训、农业生产的投资以及农民收入增长等不能完全依靠市场来调节。

同时，由于价值规律的自发作用，粮食市场的调节往往带有盲目性和滞后性，粮食价格也存在扭曲问题，这都会给粮食资源的合理配置带来影响。加强和完善粮食宏观调控则能够有效弥补市场失灵。

（二）由粮食市场发展的阶段决定

我国粮食市场放开时间不长，粮食市场体系还不健全，与发达国家成熟的市场相比，存在残缺问题。在这种条件下，真正发挥粮食市场在粮食资源配置中的决定作用，还任重道远，粮食市场作用发挥会受到各种条件的限制。同时，粮食市场放开后，市场的格局正在发生急剧变化：国内、国际市场一体化进程在加快；

市场主体日益多元化;随着粮食流通体制改革向纵深推进,各种矛盾在累积,风险在加大;市场价格波动的幅度在加剧,等等。改革的历史经验教训说明,市场愈是放开,愈需要加强宏观调控。放开粮食市场,完善粮食流通体制,就是要使粮食市场在国家宏观调控下对粮食资源配置起决定性作用。"市场对资源配置的决定性作用"和"国家对市场的宏观调控",两者内在统一,相辅相成,共同构成社会主义粮食流通体制的本质内容。

(三)由当前粮食市场的形势决定

市场放开必然会带来我国粮食供求关系出现新的变化,并会引发粮食价格的大幅波动。粮食增产丰收保障了国家粮食安全,但会形成粮食供过于求与粮食价格下行压力。国内外粮食价格倒挂,粮食进口量的大幅增加,有利于优质农产品进口,但会对国内粮食产业安全形成冲击。粮食供求的形势的变化,会带来粮食价格频繁大幅波动,客观需要加强粮食宏观调控。市场放开后粮价波动表现出一些新的特点。波动频率会不同,波动的时间间隔明显缩短,频率明显提高。波动原因更复杂,以前的粮价波动主要是在封闭的经济条件下由短缺造成的,原因单一,目前引起粮价波动的原因非常复杂,涉及国内与国际、市场与政府等多方面的因素。波动带有突发性,市场放开后由于影响粮价的因素众多,任何一种因素的变化都可能会带来粮价的突发性涨跌,粮价放开后就存在一些粮食品种价格在短时间内上涨超过 40% 的情况,带有暴涨暴跌性质。因此,政府对粮价的调控应该考虑这些新的变化,做到有的放矢。

粮食价格频繁大幅波动会带来系列风险。首先,危及国家粮食安全。粮食价格异常波动,会向市场主体发出扭曲的价格信号,导致粮食资源不合理配置,危及国家粮食安全。粮食价格不稳定本身就是供求关系失衡的一种反映,折射出粮食可能处于不安全状态。其次,引发通货膨胀或通货紧缩。粮价是百价之基。粮食价格大幅波动会导致整个社会物价不稳。最后,对低收入或无收入群体冲击大,容易引发社会问题。粮价上涨对城市低收入阶层或学生消费产生较大负面影响,粮价下跌则对农民收入增长形成抑制。但是我们应该认识到,市场经济条件下的粮食宏观调控,无论是在要实现的目标、使用的手段还是在效应上,与计划经济条件下的行政干预完全不同。

二、粮食最低收购价是粮食宏观调控的重要手段

粮食最低收购价格政策 2004 年出台,其本身就是粮食流通体制市场化改革的产物。2004 年 1 月,中共中央"一号文件"明确提出:从 2004 年开始,国家将全面放开粮食收购和销售市场。2004 年 5 月,国务院出台了《国务院关于进一

步深化粮食流通体制改革的意见》(国发〔2004〕17号),对全面推进粮食购销市场化改革进行部署。在该意见和2004年国务院通过的《粮食流通管理条例》中都明确提出,当粮食供求关系发生重大变化,必要时可由国务院决定对短缺的重点粮食品种在粮食主产区实行最低收购价格,这为粮食最低收购价格政策的出台,提供了法规政策基础。可见,最低收购价格政策正是政府在市场放开后对粮食价格进行保护的重要选择,是粮食宏观调控的重要手段。

粮食宏观调控就是要通过各种粮食调控的手段实现粮食供求总量与结构平衡,保障国家粮食安全。粮食最低收购价可以从多方面影响粮食供求及其平衡关系:

第一,粮食最低收购价是对财政金融政策手段的综合运用。中储粮总公司及其有关分公司保管的临时存储最低收购价粮食的保管费用补贴和贷款利息补贴,由中央财政负担,先预拨,后清算。中晚稻委托收储库点的保管费用补贴标准为每市斤3.5分钱/年,自中晚稻收购入库当月起根据月末库存数量进行补贴;贷款利息根据入库结算价与同期银行贷款利率计算。中储粮总公司及其有关分公司执行中晚稻最低收购价政策发生的质检、监管等日常费用标准,按《财政部关于调整完善中储粮公司最低收购价粮食质检、监管、省内跨县集并及跨省移库包干政策的通知》(财建〔2007〕405号)执行。中央财政根据中储粮总公司上报的最低收购价利息费用补贴的申请报告,按季度将保管费用、贷款利息及质检、监管等日常费用拨付给中储粮总公司。中储粮总公司及其分公司要将保管费用按每市斤3.5分钱/年标准及时足额拨付到委托收储库点。中储粮总公司要规范储粮行为,各直属企业不得在其监管区域外租仓储粮,不得向已确定为委托收储库点的企业再租仓储粮,也不得变相租仓降低保管费用补贴标准,以确保安全储粮的需要。事后,由中央财政根据实际保管数量、等级和核定的库存成本等对中储粮总公司进行清算。

中储粮总公司及其有关分公司保管的临时存储最低收购价中晚稻,由国家有关部门按照顺价销售的原则,在粮食批发市场或网上公开竞价销售,销售盈利上交中央财政,亏损由中央财政负担。中储粮总公司对销售盈亏进行单独核算,中央财政对中储粮总公司及时办理盈亏决算。

最低收购价粮食收购费用、保管费用、贷款利息补贴及销售盈亏负担等事项,按照《财政部关于印发最低收购价、临时收储粮食财政财务管理暂行办法的通知》(财建〔2013〕203号)、《财政部关于批复最低收购价等中央政策性粮食库存保管费用补贴拨付方案的通知》(财建〔2011〕996号)和《财政部关于调整中央临时收储和最低收购价粮食保管费补贴标准的通知》(财建〔2017〕1号)执行。中储粮公司要自粮食入库当月起,按季足额将补贴拨付到委托收储库点。

委托收储库点收购最低收购价粮食所需贷款(收购资金和收购费用),由所在地中储粮直属企业统一向当地农业发展银行分支机构承贷,并根据收购情况和入库进度及时将资金直接支付给售粮者。农业发展银行分支机构要按照国家规定及时足额发放贷款,保证收购资金供应。对于没有中储粮直属企业的市(地)区域,为保证收购需要,可暂由中储粮分公司会同省级粮食主管部门、农业发展银行省级分行指定该区域内具有农业发展银行贷款资格、资质较好的收储企业接受委托并承贷;收购结束并经验收合格后,贷款要及时划转到中储粮直属企业统一管理。中国人民银行、中国银行保险监督管理委员会指导有关金融机构做好粮食收购资金保障工作。中国农业发展银行及时足额安排、拨付执行粮食最低收购价收储任务所需的贷款,组织指导农业发展银行分支机构按照封闭管理要求,实施信贷资金监管。

因此,粮食最低收购价是对财政金融政策手段综合运用,而财政金融政策本身就是国家宏观调控的两大支柱,通过对这两大政策支柱的运用,可以有效调节粮食供求关系。

第二,粮食最低收购价可以有效影响粮食供给。在市场经济条件下,影响粮食供给量的因素很多,粮食价格预期、粮食政策、投入品的价格、替代品的状况都是影响粮食供给的因素。为降低粮食生产经营的风险,粮食生产者会根据自己对价格的预期来作出自己的生产经营决策(张爽,2013)。粮食最低收购价格是按照粮食生产成本加适当的收益的原则来确定价格,每年的粮食最低收购价在新粮上市前公布,这样就会给农民一个确定的价格预期和收入预期。粮食最低收购价是一个托底价格,会给粮食生产者一个明确的信号,有利于降低农业投入的风险,保护农民的种粮积极性。影响了粮食生产者的行为,就影响了粮食供给。2004年实施的粮食最低收购价,一举扭转了粮食产量连年下降的局面,到2015年我国粮食连续12年实现增产丰收,近年粮食产量一直稳定在历史高位,充分体现了粮食最低收购价政策的实施可以有效影响粮食供给。结合粮食供求情况,合理调整粮食最低收购价是调节粮食供求关系的有效手段。

第三,粮食最低收购价可以有效影响粮食需求。理论界对粮食最低收购价的生产影响研究有一定的成果,但对消费的影响研究明显不够。实际上粮食价格一头关系到种粮农民的切身利益,影响生产,另一头关系到消费者的承受能力,影响消费。因此,国家实施粮食最低收购价,会把价格稳定在合理的水平上,不会过度调高最低收购价,从而影响消费者的利益。政府也可以根据粮食市场的状况,进行相机选择,合理制定最低收购价,引导消费者的选择,如可根据不同粮食品种的供求状况,通过制定最低收购价的品种差,来调节消费者偏好,平衡供求关系。

第四,粮食最低收购价可以有效稳定粮食价格。首先,稳定收购市场价格。最低收购价政策规定了只有当市场价格达到或低于最低收购价时,才进行收购,并且收购有一定的期限性。同时,其他收购主体都可以完全放开收购,体现了国家在市场机制的基础上保护粮食价格的意向,它引导了粮食收购市场的价格。

而且一旦市场价格低于最低收购价,政府果断入市收购,可有效稳定收购市场,保护生产者利益。其次,稳定销售市场上价格。最低收购价粮食的粮权属国务院,未经国家批准任何单位不得动用,不得用最低收购价粮食为任何单位和个人提供担保。最低收购价的粮食实行的是拍卖政策,其基本原则是在收购价基础上加价拍卖,最低收购价粮食通过国家粮食电子交易平台公开竞价销售。当粮食市场价格出现上涨,国家可通过统一国家粮食电子交易平台向市场投放粮食,有利于稳定市场粮价,可保护消费者利益。电子交易平台可实现规范交易,形成了全国统一的粮食市场(张智先,2008)。

三、粮食宏观调控的原则和目标

粮食宏观调控总的原则是弥补市场失灵。中共十八届三中全会提出,经济体制改革是全面深化改革的重点,核心问题是处理好政府和市场的关系,使市场在资源配置中起决定性作用和更好地发挥政府作用。市场决定资源配置是市场经济的一般规律,健全社会主义市场经济体制必须遵循这条规律,着力解决市场体系不完善、政府干预过多和监管不到位问题。选择了市场经济,选择了粮食市场放开,那么用市场的办法解决市场问题,让市场在粮食资源配置中起决定性作用,就成为必然选择。但市场存在失灵问题,这就需要政府宏观调控来进行弥补。政府粮食宏观调控主要应是通过规范化的制度建设,健全法律、法规,运用经济手段、法律手段进行,坚决摒弃宏观调控就是行政干预的错误认识,减少不必要的行政干预。因此,在粮食宏观调控领域必须正确处理政府宏观调控与市场调节的关系。

在实施粮食最低收购价背景下,粮食宏观调控的目标就是要通过耕地保护、休耕、补贴、储备粮吞吐、委托收购、粮食进出口等多种经济手段,及合理的政策制定和必要的价格干预等手段,实现粮食供求总量平衡和结构平衡,保证国家粮食安全,具体来说,粮食宏观调控的目标应包括以下几方面:

第一,实现粮食供求总量与结构平衡。这是粮食宏观调控其他各项目标实现的基础。从整个国民经济的角度,宏观调控的主要任务是保持经济总量平衡,促进重大经济结构协调和生产力布局优化,减缓经济周期波动影响,防范区域性、系统性风险,稳定市场预期,实现经济持续健康发展。具体到粮食领域,粮食宏观调控的目标是保持粮食供求总量和结构的平衡,控制粮食风险。在粮食短缺时代,我国形成了以生产为核心的粮食产销体系,强调人人有饭吃,要保障低水平的总量平衡。目前情况已发生了很大变化:一是生活水平提高,粮食品种结构问题突出了,在总量平衡之外,还有结构平衡问题;二是粮食消费有了选择性,生产更多地受制于消费,产品适销不对路就没有销路。因此,在新形势下研究粮食供需平衡问题,就必须研究结构平衡和消费需求问题。

第二,保障国家粮食安全。这是粮食宏观调控最重要和最关键的指标(邓亦武,2004)。习近平总书记在中共十九大报告中指出:"确保国家粮食安全,把中国人的饭碗牢牢端在自己手中。构建现代农业产业体系、生产体系、经营体系,完善农业支持保护制度,发展多种形式适度规模经营,培育新型农业经营主体。"农业、农村、农民问题是关系国计民生的根本性问题,必须始终把解决好"三农"问题作为全党工作的重中之重。不同时期我国的粮食安全战略在不断调整。1996年发布的《中国的粮食问题》白皮书首次明确提出,"立足国内资源,实现粮食基本自给,是中国解决粮食供需问题的基本方针";"中国将努力促进国内粮食增产,在正常情况下,粮食自给率不低于95%,净进口量不超过国内消费量的5%"。2008年,国务院审议批准的《国家粮食安全中长期规划纲要(2008—2020)》重申,"粮食自给率稳定在95%以上"。农业部制定并发布的《全国种植业发展第十二个五年规划(2011—2015)》提出,"确保自给率95%以上","水稻、小麦、玉米三大粮食作物自给率达到100%"。可以说,"粮食自给率95%以上"是主导我国粮食生产政策乃至耕地保护政策近20年的重大方针。与这个方针相比,中央提出的国家粮食安全新战略,既保持了必要的稳定性、连续性,又有新的发展,不再强调多年坚持的粮食自给率要达到95%以上。

2013年年底召开的中央农村工作会议明确要求实施"以我为主、立足国内、确保产能、适度进口、科技支撑"的国家粮食安全新战略,明确提出确保"谷物基本自给、口粮绝对安全"的国家粮食安全新目标。这是综合考虑我国未来粮食供求格局、农业资源环境承载能力,以及保持政策稳定性、连续性等因素后作出的重大战略决策。在使市场在资源配置中起决定性作用、构建开放型经济新体制的时代背景下,保障国家粮食安全要更新理念、拓展视野。新的国家粮食安全战略不仅首次将"粮食基本自给"调整为"谷物基本自给、口粮绝对安全",而且首次将"适度进口"视作粮食安全战略的重要组成部分。在提高国内产能的同时,积极参与国际贸易,广辟粮食进口渠道,将使我国粮食供给更加可靠、市场更加稳定。但需注意的是,与以前将粮食安全标准界定为"自给率95%以上"不同,这次并没有为"谷物基本自给、口粮绝对安全"给出一个量化概念。在新的时代背景下,为确保粮食安全,政府与市场、中央与地方各自的作用边界需要重新划分。粮食安全属于公共产品,中央和地方要共同负责,中央承担首要责任,各级地方政府要树立大局意识,增加粮食生产投入,自觉承担维护国家粮食安全责任。

第三,保护种粮农民收益。中国是农业大国,解决"三农"问题是重中之重,目前,种粮收入还是农民的主要收入来源。粮食市场放开后,粮食市场的波动会明显增加,农民种粮的风险会明显提升,必须要考虑农民的增收问题。确保农民收入的稳定和增长,保护农民的种粮利益,有利于提高农民粮食生产的积极性,有效增加粮食供给,确保国家粮食安全。保护农民的种粮收益就是要保证农民种出来的粮食能够及时销售,而且能够以合理的价格销售。如果没有政府粮食保护价格政策的出台,在市场机制的自发调节下,就有可能会出现粮食价格大幅下跌,从而损害种粮农民的利益,进而影响国家粮食安全。因此,国家在进行宏观调控时,尤其是当粮食市场价格低迷时,必须通过粮食最低收购价或者是其他价格保护措施,保证农民的收入不因粮食价格下跌而减少。

第四,保护粮食综合生产能力。《国家粮食安全中长期规划纲要》在对2020 年我国粮食需求预测的基础上,提出到 2020 年我国粮食生产能力达到5 500 亿公斤以上,产能增加 500 亿公斤。保护了粮食综合生产能力,就可有力保障我国粮食安全。习近平总书记在中共十九大报告中明确指出:"完善天然林保护制度,扩大退耕还林还草。严格保护耕地,扩大轮作休耕试点,健全耕地草原森林河流湖泊休养生息制度,建立市场化、多元化生态补偿机制。"为此,我国需要深入推进农业供给侧结构性改革,毫不松懈地抓好粮食生产,实施"藏粮于地""藏粮于技"战略,加强农田基础设施和农机装备建设,强化科技支撑,不断推广粮食作物新品种新技术,加大农民合作社等农业新型经营主体培育力度,发展多种形式的农业适度规模经营,不断提升粮食的综合生产能力,为确保国家粮食安全作出应有的贡献。

强化生产能力建设,需要严格保护耕地特别是基本农田,加强农田基础设施建设,提高粮食生产科技创新能力,强化科技支撑,着力提高粮食单产水平,优化粮食品种结构;合理利用非耕地资源,增加食物供给来源,稳定粮食播种面积。到 2020 年,耕地保有量不低于 1.2 亿公顷,基本农田数量不减少、质量有提高。全国谷物播种面积稳定在 0.84 亿公顷以上,其中稻谷稳定在 0.3 亿公顷左右。我国特别要重视加强主产区粮食综合生产能力建设,按照资源禀赋、生产条件和增产潜力等因素,科学谋划粮食生产布局,明确分区功能和发展目标,集中力量建设一批基础条件好、生产水平高和粮食调出量大的核心产区。

四、粮食宏观调控的机制

(一)粮食安全监控机制

粮食安全监控机制的内容包括:确定主要粮食品种的合理价格区间,制定阶段性粮价警戒线及最高限价和最低限价,达到最高限价和最低限价时按事先制定的预案进行调控;确定自给率及正常国际进出口量并通过一些警戒线指标对粮食安全进行监控。具体指标可包括:

(1)粮食库存安全系数。粮食库存量的多少是衡量一个国家粮食安全与否的一项重要指标。一般以一个粮食年度结束时,粮食结转库存量占下年预计粮食消费量的比例作为粮食库存安全系数。粮食结转库存量包括周转库存和后备库存两部分。联合国粮食及农业组织认为,一个国家粮食库存安全系数最低范围为 17%～18%。如果低于这个系数,结合其他因素分析,可以认为这个国家粮食不安全。

(2)粮食产量波动系数。粮食生产受自然、经济双重因素影响,年度间会出现波动,波动幅度大小在一定程度上反映了粮食的安全程度。粮食产量年度间的波动幅度可用粮食产量波动系数来表示。

(3)粮食外贸依存系数。粮食外贸依存系数是指年度内一个国家粮食需求出现缺口或富余时,假定缺口(富余)量全由进口(出口)量来实现,粮食进口(出口)量占粮食总需求量的比例。

国内研究粮食安全问题的一些专家建议,粮食库存安全系数保持在 20%～25%,粮食产量波动系数要稳定在 2%左右,粮食(谷物,不包括大豆)外贸依存系数一般在 5%左右。实际上,粮食安全监控指标应是双向的,既要有高限指标,也应有低限指标。一旦确定了粮食安全监控机制,当实际指标超过控制指标时,应考虑采取必要的宏观调控措施。针对传统粮食安全指标体系的现状,在保证粮食存量的基本条件下,还可从优化结构、发展潜力、提高效率等角度完善粮食安全体系的指标(杨晓婷,2019)。

(二)粮食安全预警机制

粮食安全预警机制是依据各种信息,由专门的研究预测机构和人员对未来国家及世界粮食安全供求形势进行的分析和判断的工作方式及活动。当前世界很多国家都建立了预警机制,我国建立粮食安全预警可从以下几个方面进行:首先建立专门的粮食安全预警机构;其次建立灵敏、准确的价格预警体系;再次建立预警级别制度及相应预案。可根据粮食供求状况、波及的范围、价格涨落幅度和危害程度等,将预警级别分为紧张状态级、紧急状态级、特急状态级等级别,并分别制定与之相对应的预案,使地方储备粮、中央储备粮的动用程序化。

(三)粮食宏观调控体系

粮食宏观调控可从不同角度进行,概括起来可分为如下四大类:

第一类:粮食生产调控体系。粮食生产调控体系是保障国家粮食安全和实现宏观调控目标的根本性、基础性、长期性措施,可分为限制性措施和鼓励性措施。限制性措施主要是,当粮食产量过度增加,出现供大于求,会导致粮食价格长期或大幅度下跌趋势情况时,可采取休耕、种植结构调整、减少农业支持政策。鼓励性措施主要是,当粮食产量过度减少,出现供不应求,会导致粮食长期或大幅度上涨趋势情况时,可采取提高最低收购价、农业补贴、保护耕地和复耕等措施。

第二类:粮食流通调控体系。粮食流通调控体系是应对临时、突发、短期事件造成粮食供求失衡的措施。应对粮食短缺的措施主要包括增加进口、减少出口、减少国家储备、增加市场供给等。应对粮食过剩的措施主要包括减少进口，增加出口及出口补贴，增加国家储备等。

第三类：粮食消费调控体系。粮食消费调控体系可以引导社会需求，从需求角度调整供求关系。从生产消费角度，可要求加工企业保持合理库存；从生活消费角度，可倡导健康消费，保持良好的消费心态，引导居民消费结构调整等。

第四类：价格干预政策。当粮食供求严重失衡、发生重大突出事件（如战争、严重持续重大自然灾害等），靠正常的经济和法律手段无法控制局面，可能危及社会稳定及国家安全的情况时，国家可以宣布粮食紧急状态，制定最高或最低限价。

五、粮食最低收购价宏观调控面临的主要矛盾

在实施粮食最低收购价的背景下，粮食宏观调控还面临不少矛盾，这不仅会影响宏观调控的效果，也对粮食最低收购价运行形成一些障碍。

（一）行政惯性与市场主导的矛盾

这主要表现在粮食宏观调控手段的使用上。在计划经济时期，面对粮食短缺，我国主要实行计划收购、计划供应，即统购统销的管理办法。应该说，我们应对计划经济条件下的粮食短缺有十分丰富的经验。但是，我们在粮食购销市场全面放开条件下进行粮食宏观调控的考验还不够丰富，市场化的手段在使用上还不熟练。

从粮食宏观调控使用的手段看，由于历史的惯性，我们还是习惯于使用各种各样的行政手段，如对土地供应采取"一刀切"的办法、进行粮食禁售、规定粮食经营者必须保持一定的库存量、对粮食经营者进行资格限制等。尽管行政手段的使用可以起到立竿见影的作用，但是往往成本较高，过多地使用会影响市场在粮食资源配置中的决定性作用。而且，有些措施的使用，由于缺乏充分论证，社会疑义较大。行政手段的使用必须以市场为基础，才能更好地发挥作用。

另外，我国粮食立法工作滞后，存在层次低、不统一的问题。中央和地方尽管出台了一些与粮食相关的管理条例，但这多是一些行政性法规，带有很强的行政色彩，而且往往只涉及某一方面的粮食问题，会造成人为的问题割裂。这使得宏观调控中法律手段的使用受到限制。

因此，如何尽快转换角色，合理使用与市场经济相适应的手段来进行粮食宏观调控，并为粮食最低收购价的实施创造更好的条件，充分发挥其粮食宏观调控的作用，对政府来说是一个严峻的考验。

（二）政出多门与全面统筹的矛盾

粮食宏观调控是一个系统工程，涉及国家发展改革部门和农业、粮食、财政、税收、金融、土地资源等部门，在利用粮食最低收购价手段进行宏观调控中客观要求各个部门步调一致，形成合力。但是由于各部门职能不同，工作重点不同，没有一个统筹机构，难免会在工作中夹杂过多的部门利益，出现目标不一致、措施不协调、作用相抵消，甚至逆向调控的问题。例如，农业农村部门主管粮食生产，国家粮食和物资储备局部门主管粮食流通，粮食储备主要涉及中国储备粮总公司，粮食进出口主要涉及发改委、商务部，土地资源则主要涉及自然资源部门。可见，我国粮食问题涉及部门过多，这会影响粮食最低收购价的实施与粮食宏观调控效果。

（三）地方责任与综合平衡的矛盾

在实施粮食最低收购的背景下，我国进一步强化粮食安全省长负责制。应该说，在实行粮食安全省长负责制以来，它在推进我国粮食流通体制改革，保障国家粮食安全方面发挥了非常巨大的作用。但应看到，粮食安全是国家公共安全的重要组成部分，是一种公共产品（杜志雄等，2013）。按照公共产品理论，粮食安全应该有国家提供，如果需要某个地方承担国家粮食安全责任就需要向其进行转移支付或补贴。在粮食最低收购价宏观调控过程中，中央政府和地方政府职责有明显不同。政策由中央政府制定，地方政府执行。但在政策执行过程中，很多层面涉及粮食安全省长责任制。这包括省级人民政府负责组织地方有关部门和中储粮分公司开展最低收购价粮食收储工作，协调解决政策执行过程中出现的矛盾和问题。地方各级人民政府对辖区内中央和地方企业收储国家最低收购价粮食的数量、质量、储存安全依法履行属地行政监管职责，对食品安全和安全生产依法履行属地管理职责，做好收购期间收购秩序维护和宣传工作。要建立各级人民政府牵头、相关部门分工负责的常态化工作协调机制，协调解决最低收购价粮食管理和销售出库等问题，对各种违规违法行为依法严肃查处，把有关落实情况纳入粮食安全省长责任制考核范围。对验收发现入库粮食重金属、真菌毒素等食品安全指标超标的，由中储粮集团公司按品种在规定期限内汇总审核报国家粮食和物资储备局、财政部、中国农业发展银行等有关部门和单位，国家有关部门和单位按照粮食安全省长责任制和食品安全地方政府负责制要求，划转给有关省级人民政府处置。

我国在粮食市场放开后，进一步强化省长（主席、市长）在维护国家粮食安全方面承担的责任：稳定发展粮食生产，巩固和提高粮食生产能力；落实和完善粮食扶持政策，抓好粮食收购，保护农民种粮积极性；管好地方粮食储备，确保储备粮数量充足、结构合理、质量良好、调用高效；实施粮食收储供应安全保障工程，加强粮食流通能力建设；深化国有粮食企业改革，促进粮食产业健康发展；完善区域粮食市场调控机制，维护粮食市场稳定；健全粮食质量安全保障体系，落实监管责任；大力推进节粮减损，引导城乡居民健康消费。国务院还制定了严格的《粮食安全省长责任制考核办法》，对各省（自治区、直辖市）人民政府粮食安全省长责任制落实情况进行年度考核。但是，宏观调控强调的是全国粮食的综合平衡，粮食安全省长责任制更强调各省（自治区、直辖市）人民政府必须切实承担起保障本地区粮食安全的主体责任，负责本辖区的供求平衡，因此在实施过程中难免会出现一些问题：

首先，粮食作为一种具有全国性公共产品性质的特殊商品，其宏观调控权利和责任应该属于中央政府，中央政府应是宏观调控的主体。但是按照粮食安全省长责任制的要求，各省（自治区、直辖市）要负责本地区粮食的总量平衡。因此粮食安全省长责任制实际是希望用各个省份的供求平衡来保证全国的粮食供求平衡。这种做法的初衷是好的，但在实际操作过程中，中央政府将保障粮食安全的大部分责任予以下压，分给了省级政府，省级政府又按照中央政府的模式，将粮食安全责任下压，建立市长负责制、县长负责制。这样权利和责任层层下压，使地方政府替代中央政府充当宏观调控的主体。粮食安全是实现经济发展、社会稳定和国家安全的重要基础。而实际上地方政府很难承担全国性粮食调控的权利和义务，必然出现中央与地方权力责任错位，进而引发一系列问题。

其次，不利于发挥地区比较优势，增加粮食安全的成本。粮食主产区和主销区各有优势，主产区能以更低的成本生产粮食，主销区拥有更广阔的市场。但粮食安全省长责任制，强调各自保持本辖区的供求平衡，势必推动主产区减少粮食生产，主销区加大粮食生产，这实际加大了全国供求平衡的难度，提高了粮食安全的成本。

最后，不利于形成全国统一的粮食市场。各地为了保持粮食平衡，避免承担责任，在粮食流通上难免会采取画地为牢、分割市场的做法。在粮食过剩时，主销区不愿意多买，不利于粮食流入；粮食短缺时主产区不愿意多卖，限制粮食流出，这都不利于形成全国统一的粮食大市场，导致粮食资源不能在全国范围内有效流通。

（四）利益外溢与成本分担的矛盾

粮食宏观调控实际涉及利益关系调整，如果不能很好地协调中央与地方、地方与地方之间的利益关系，势必影响宏观调控效果。当前利益关系协调中，突出地面临两个问题：

（1）农业或粮食生产的投资关系没理顺。从理论上讲，粮食宏观调控是中央政府的职责，在投资上它也应该承担相应的责任。但从我国情况看，这种投资的责任主要落在地方政府的头上。长期来中央政府投入占国家对农业总投入的比重很低,地方政府在农业投入中占主导地位。但农业属于公益性产业,农业投资具有低盈利性、高风险性、利益外溢性,这必然会影响地方政府对农业投资的积极性,各地方政府都希望其他地方增加对农业的投资,自己免费搭车,从而导致我国农业投资不足,农业支出占财政支出的比重下降的局面。这一比重已由1978年的13.43%下降到2003年的7.12%,到2019年农林水支出占一般公共预算支出的比重为9.4%。同时,农民作为农业投资的重要主体,同样存在投资利益外溢问题,这个问题不解决会直接削弱农业内部自我积累能力。出现这种问题,说明我们没能处理好中央和地方在农业投资方面的利益关系。农产品带有全国性公共产品性质,中央政府和地方政府在农业投入上各自究竟应该扮演一个什么角色值得我们思考。

(2)粮食主产区和主销区的利益关系不协调。保护和提高了主产区的粮食生产能力,就稳住了全国粮食的大局。《国务院关于进一步深化粮食流通体制改革的意见》(国发〔2004〕17号)强调:"粮食主产区要稳定并逐步增加粮食生产,保障国家粮食安全。"这实际是在一定程度上赋予粮食主产区保障国家粮食安全的义务。

从实际情况看,粮食主产区在全国粮食生产占有决定性地位。主要表现为:主产区粮食生产量占全国总产量70%以上;粮食主产区集中了全国80%以上的商品粮;从粮食销售情况看,粮食主产区农民人均出售数量高,占全国整体粮食出售量的80%以上。可以看出,粮食主产区确实肩负着我国粮食安全的责任。

换句话说,粮食主产区在很大程度上承担了为主销区提供粮食的义务。但是现实中,却出现了权利和义务关系不对等的问题。一方面,粮食主产区为了保证粮食产量需要在生产和流通方面进行大量投资;另一方面,粮食价格低位徘徊,投资收益率较低,甚至出现亏本现象。而且,粮食越丰收,主产区的收储压力越大,财政负担越重。就粮食主销区而言,在粮食供应紧张时,它们往往愿意加强同主产区的合作,加大粮食购买力度,增加粮食储存;在粮食供应过剩时,它们往往减少粮食储存,与主产区合作愿意下降。在粮食主产区和主销区的关系中,主产区实际处于被动状态。这种状况直接影响了粮食主产区的生产积极性。

既然粮食主产区在很大程度上承担了为主销区提供粮食的义务,那么粮食的生产成本、流通成本完全由粮食主产区负担就很不合理。寻求一种有效的办法,让粮食的生产成本、流通成本在主产区和主销区之间合理分担,理顺它们之间的利益关系,是当前应该考虑的重要问题。

(五)制度缺陷与补贴目标的矛盾

粮食补贴既要能够增加农民收入,又要能有效调动主产区及主产区农民的种粮积极性,体现宏观调控目的。我国粮食补贴种类繁多,粮食最低收购价本身就是属于间接的暗补方式,在此基础上,面向生产环节的粮食综合性补贴体系逐步形成,主要包括直接补贴(简称直补)、良种补贴、农业生产资料补贴、农机具补贴等。不同类型的补贴目标不同,其中粮食直接补贴将实惠真正分配给了广大生产者,起到了"明补"效果;良种补贴是引导农民提高生产品质、采纳新的生产技术、提高粮食品质;农业生产资料补贴是降低农民生产成本,减少农业生产资料的快速上涨造成的成本压力;农机具补贴是为提高农业的机械化水平,促进了农地的规模化经营(李利英、刘威,2015)。但直补是一项复杂的工作,面对亿万分散的农户,工作具有复杂性、艰巨性,还需要考虑直接补贴与间接补贴等多种形式的协同,当前还面临着很多问题:

(1) 补贴办法过多,容易导致与政策目标的偏离。在试点的基础上,国务院明确补贴办法可以按农业计税面积、计税常产、粮食种植面积或者与种粮农民出售的商品粮数量挂钩进行补贴。应该说,不同的补贴办法各有优劣,实施所要求的宏观条件不同。那么在存在潜在粮食安全的情况下,究竟应该选择什么样的补贴方式值得我们思考。否则补贴办法过多,各地自行其是,名义是因地制宜,实则会导致补贴过程中的混乱,补贴的结果可能会与政策目标偏差。同时,补贴办法过多容易造成操作中出现一些问题。

(2) 产销区补贴标准差异过大,可能会带来负面效应。在粮食主销区,直补标准普遍较高。如在补贴初期上海对水稻种植每亩补贴 60～80 元;北京对小麦种植每亩补贴 50～60 元,对玉米种植每亩补贴 30～40 元;天津、江苏等主销省(市)每亩补贴多在 20 元上下。

而在粮食主产区,由于补贴任务重,财政比较困难,补贴标准普遍较低。如2004 年,河南省制定了 11.6 亿元的粮食补贴方案,全省农民亩均补贴 12.33 元;黑龙江制定了 18.52 亿元直补方案,亩均补贴 13.25 元;其他很多主产区省份亩均补贴在 10 元左右。可见,在主销区的上海、北京等粮食补贴较高,加上良种补贴,最高每亩将近百元。而主产区补贴标准普遍较低,多在 10 元左右。高补贴固然能够较大幅度提高农民收入,但如果主销区普遍实行高补贴,并且与主产区的补贴水平长期拉大的话,可能会导致下列问题产生:

第一,主销区高标准的补贴,加大了粮食安全的成本。以合理成本维护粮食安全是我们应该考虑的重要问题。第二,压缩了产区市场空间,不利于发挥主产区的比较优势。第三,在高补贴下,有些地方甚至已出现毁林种粮、毁草种粮的现象,不利于农业结构调整和结构调整成果的稳定。在粮食安全省长责任制条件下,强调粮食生产中如何避免矫枉过正是值得认真思考的问题。第四,形成攀比效应,会增加中央财政和主产区财政压力。第五,高补贴实际意味着降低了销区农民种粮成本,扭曲了粮食价格,不利于市场竞争,不利于促进粮食资源在全国范围流通。

WTO 的有关协议对农业的高补贴进行限制,在我们这样一个大国也应考虑地区间的补贴差异问题。

（3）粮食直补资金来源存在一定问题。粮食直补资金主要来源于粮食风险基金，而粮食风险基金主要由中央补助和地方配套。从实际情况看，粮食主产区财政本来就非常困难，一些粮食产区特别是吉林、黑龙江、河南等省份，地方配套的粮食风险资金就难以到位。如果长此以往，粮食补贴资金的来源在主产区会遇到越来越大的问题。

（4）粮食补贴种类多，管理部门分散。最低收购价、直接补贴、良种补贴、农机具补贴、农业生产资料补贴等，由于补贴种类众多，补贴资金多元，并归属不同管理机构，至少涉及国家发展改革委、财政部、农业农村部、粮食和储备局、中国农业发展银行、中储粮等，这会增加政策协调难度，增加政策执行的成本，影响政策执行的效果。

（六）政策业务与自主经营的矛盾

国有粮食购销企业改革就是要使其真正成为自主经营、自负盈亏的市场主体。作为独立的市场主体，国有粮食购销企业就要同其他经济成分一样平等地参与市场竞争，其经营目标就是追求利润最大化。

但是在宏观调控中，把国有粮食企业作为政府宏观调控的载体，要发挥市场主渠道的作用，这实际是赋予国企更多的社会责任，承担更多的政策性业务。经营性业务要求企业盈利，政策性业务要求企业注重社会效益，粮食企业要扮演两个角色，必然会出现目标上的冲突。企业作为独立的利益主体，追求自身利益可能会导致某些政策执行中的扭曲，甚至是逆向操作，影响宏观调控的效果。在粮食最低收购价政策执行中，中储粮集团公司作为最低收购价政策执行主体，负责组织指导有关分公司按照规定进行收购，做好政策执行和粮食库存管理等工作。具体从事最低收购价收储业务的各类企业，承担企业收储和管理主体责任，对其收购最低收购价粮食数量、质量、库存管理、销售出库以及出现风险造成的损失等负全部责任。但是出于自身利益的考虑，企业还是存在有不严格执行最低收购质价标准、压级压价、抬级抬价、"克扣斤两""以陈顶新""转圈粮"、先收后转、虚购增库等问题。

因此，在粮食最低收购价宏观调控中如何协调好国家的全局利益和企业的个体利益、宏观调控目标与企业经营目标，是值得认真思考的问题。

（七）信息缺失与科学决策的矛盾

是否进行粮食宏观调控、粮食宏观调控的决策是否有效，要取决于对粮食市场形势的正确判断，这又是以获得充分、准确的粮食信息为前提。当前粮食信息主要存在以下问题：一是不全面。统计局等官方部门发布的信息权威，但主要发布生产方面信息，不发布需求方面的数字，且库存等数据保密。这样必然导致人们的各种猜测，出现对供求形势判断的巨大反差。甚至很多研究以美国农业部提供的中国粮食产量、库存数据作为分析基础，这会导致产生很多混乱，也同我们粮食生产和消费的大国地位不相符。二是不及时。官方数字一般发布时间滞后，时效性差，不利于指导生产和流通。三是不权威。非官方发布的市场信息具有及时、超前特点，并形成官方信息的基础。但由于自身的局限性，往往不够权威，信息不够准确，价格混乱现象十分严重。这些问题的存在，会严重影响政府宏观调控和决策的水平。

六、完善粮食最低收购价宏观调控

（一）加强法制建设，构筑粮食宏观调控的法制保障

市场经济就是法制经济。加强粮食宏观调控，完善粮食最低收购价，客观需要建立健全粮食法规。建议在《中华人民共和国农业法》《中华人民共和国价格法》《中央储备粮管理条例》《粮食流通管理条例》及其他现有政府法律、法规的基础上，制订《粮食法》，对粮食安全及宏观调控有关的内容进行法律安排，将不同部门出台的有关粮食生产、流通、消费、进出口、粮食储备等有关的内容进行统一规范。目前，我国正在加紧起草《粮食安全保障法》。《粮食安全保障法》主要集中围绕国家粮食安全问题，统筹考虑粮食生产、流通、储备、加工、消费等各个环节，建立周期性的调节机制，把保障国家粮食安全作为底线，与加快农业供给侧结构性改革和实施乡村振兴战略相衔接，将会为我国粮食安全、粮食宏观调控提供法律保障。

（二）强化机构改革，建立粮食宏观调控的组织保证

鉴于在粮食宏观调控上政出多门、统筹不够等问题，建议进一步完善机构改革，可考虑把主管粮食生产、流通、储备等部门机构合并，或者成立由国家发改委、农业农村部、财政部、人民银行、国家粮食和物资储备局等部门共同组成粮食宏观调控中心，并在此基础上完善粮食安全省长负责制。机构可设置在国家发改委。

国家粮食宏观调控中心的主要职责是对中长期粮食供求关系进行动态研究；对粮食价格的变动及其趋势进行监测；对粮食安全形势进行评估和预警；向国务院、发改委提出粮食宏观调控的建议；全面监测和评估粮食最低收购价运行状况；统筹制定粮食生产、流通、进口、储备等方面的宏观调控措施；检查、协调、监督粮食宏观调控措施的落实。

建议粮食省长安全负责制要在粮食宏观调控管理中心协调下，履行自己的职责，配合国家粮食宏观调控中心实现宏观调控目标。粮食的宏观调控权利必须集中在中央，不能搞"分权制"。粮食省长安全负责制的主要职责不仅应是搞

73

好本地区的粮食供求总量平衡,更应强调在中央的协调下,发挥产销区的各自优势。

(三) 合理成本分担,健全粮食宏观调控的利益机制

粮食最低收购价政策主要在主产区实施,为了充分发挥政策对保障国家粮食安全的作用,我们必须处理好种粮成本的分担问题。

一是明确各级政府的投资责任,建立农业支出的长效稳定机制。可通过立法程序确定农业支出占政府预算的比例及增长幅度,尤其要注重加大对农业科技的投入。在人均耕地面积低,粮食播种面积下降的条件下,要充分认识农业科技在提高粮食单产、保障国家粮食安全方面的重要性,通过加大粮食科技投入,不断提高粮食科技对粮食安全的贡献率。

二是协调中央与产区、产区与销区之间的利益关系,打破种粮成本主要由产区承担的不合理格局,建立合理的农业转移支付制度,包括中央与产区之间的纵向转移支付制度以及产区与销区之间的横向转移支付制度。从纵向转移支付制度来看,应该加大中央政府对粮食主产区的转移支付力度;从横向转移支付制度来看,可考虑粮食主销区和主产区按照互利互惠的原则,在市场机制的基础上形成长期稳定的产销合作机制,在此基础上实现粮食补贴资金省际之间的转移。即主销区可与主产区签订长期粮食订单,并用粮食直补资金对签订订单的主产区农民进行补贴,打破粮食直补资金只对本区农民补贴的局限。这也有利于解决产销区直补标准差异过大带来的问题。

(四) 推进直补改革,凸显粮食宏观调控的实施目标

(1) 建立粮食最低收购价与粮食直补的协同机制。粮食生产主管部门可制定粮食耕作计划,并与直补及休耕等制度挂钩。粮食最低收购价政策的实施在调动农民种粮积极性的同时,也可能会带来粮食的阶段性的过剩情况,由此带来粮食资源配置的浪费,加大宏观调控的难度。粮食作为一种特殊商品,带有公共品的特征,粮食生产主管部门应该通过带有年度粮食宏观调控性质的耕作计划指导全社会的粮食生产。该计划的实施主要依靠经济杠杆进行调节,即加入该计划可以获得政府相关补贴或粮食最低收购价的保障。农民申请进入政府耕作计划需要提交自己的种植计划,该计划应符合加入政府耕作计划的基本要求,如应满足粮食生产结构调整或必要时休耕要求等。总体上粮食耕作计划是指导性的,农民可自己选择是否加入该计划。因为,在土地承包经营责任制下,农民有根据市场变化调整生产的权力。但因为计划是与政府相关补贴挂钩,放弃进入粮食耕作计划,也就是选择放弃政府补贴。这种制度的最大优点是政府可通过计划和补贴来对粮食生产进行宏观调控,补贴的政策意图更加明显,而农民也有了更多的选择余地。但是农民一旦选择加入政府的耕作计划,政府与农民之间

就要签订协议,计划就具有指令性。未加入政府耕作计划,不享受生产补贴或粮食最低收购价的保障,可自由耕种,但不能违反耕地保护等相关法律。

(2)正确选择现阶段粮食直补的最佳方式。经历十多年的实施,粮食最低收购价政策运行的环境已发生很大变化。当前,国内粮食市场运行多重矛盾交织、新老问题叠加,部分粮食品种阶段性供过于求特征明显,粮食流通服务和加工转化产品有效供给不足,粮食"去库存"任务艰巨,现行收储制度须加快改革完善等,这些充分说明我国粮食领域的主要矛盾已经由总量矛盾转变为结构性矛盾,矛盾的主要方面在供给侧。为此,在粮食最低收购价政策的同时,必须重视供给侧改革,优化现阶段的粮食直补方式的选择,既要有利于保障国家粮食安全,又要考虑财政的负担能力。鉴于当前粮食直补方式较多,主导方式不明显,我国应加强粮食直补的综合改革,确立主导补贴方式,便于各地规范推行,有利于更好地维护国家粮食安全,推动粮食供求平衡。

(3)建立专门粮食直补基金,稳定直补资金来源。随着粮食直补改革的深入,对粮食直补资金的需求会越来越大,依靠粮食风险基金,很难保证资金供给,而且把直补资金与风险基金混在一起,对两者的管理都不利。1994年建立的粮食风险基金是中央和地方政府用于平抑粮食市场价格、维护粮食正常流通秩序、实施经济调控的专项资金,主要是为了用经济手段稳定粮食市场,防止粮食价格大幅度波动,保护生产者和消费者利益,促进粮食生产稳定增长和粮食流通体制改革。其目标与直补目标有一定差异。专门粮食直补基金可来源于如下几个方面:粮食风险基金的划拨;中央财政提供;地方财政安排;国债或地方债资金的转入及其他来源。

(五)培育市场主体,拓宽粮食宏观调控的载体

市场放开后,国有粮食企业与其他市场主体处于平等的地位,都可以成为粮食宏观调控的载体,可以成为粮食最低收购价政策的执行主体。因此,不仅可由国有粮食企业承担政策性业务,一些优秀的民营企业同样可以承担政策性业务,履行一定的社会责任。但在处理粮食企业政策性业务和经营性业务的关系时,可采用两种办法:一是把政策性业务从经营性公司中分离出来,根据需要保留一定数量的国有独资公司,专门承担政策性业务;二是政府委托经营性公司代理政策性业务,由此产生的后果由政府承担,政府对企业进行必要的补偿,企业保持政策性业务和经营性业务的独立性。但是粮食市场主体是承担政策性业务或粮食宏观调控的载体,政府必须建立更加严格的监督管理机制。

(六)整合粮食信息,坚实粮食宏观调控的前提

针对粮食宏观调控的信息缺失问题,需要整合我国粮食信息资源:①建立粮食公共信息的综合平台。针对粮食公共信息多渠道分散流通、获取难、成本高、

效率低的现状,最经济、最具效率的改进办法应该是建立粮食公共信息的综合平台。该平台是一个全国性的公共服务平台,最具权威性,主要提供粮食基本公共信息。第一,平台构建。该平台的建设应该在政府综合部门的协调下,由涉及粮食公共信息供给的农业、粮食、统计等相关部门共同建设,建设资金应由中央财政安排。第二,主要功能。它包括权威发布、沟通交流、研究预测等功能。平台下可设高质量的研究中心,提高收集、加工、研究粮食信息的能力。第三,信息来源。一方面,由相关部门按照规定要求提供。该平台为粮食公共信息的指定发布平台,需要发布的粮食公共信息的类型、数量等,可在研究的基础上,通过制度来规定。另一方面,平台自身收集、加工粮食信息和研究的成果。另外,通过国际合作等方式,获得并提供国际市场粮食信息。该平台是指定政府权威机构,定期发布我国的粮食生产、流通、消费、库存、进出口的数据,提高粮食信息的透明度。②以现有的粮食期货与现货市场为基础,积极培育我国具有影响力的粮食价格中心,通过价格中心及时向社会发布市场价格信息。

第五章　粮食最低收购价：基于供给侧结构性改革分析

推进供给侧结构性改革，是以习近平同志为首的党中央深刻把握我国经济发展大势后作出的战略部署，是适应和引领经济发展新常态的重大理论与实践创新，具有很强的现实意义和深远的战略意义。

一、供给侧结构性改革概述

（一）供给侧结构性改革的提出

在 2015 年 11 月 10 日中央财经领导小组第十一次会议上，习近平总书记首次提出要"在适度扩大总需求的同时，着力加强供给侧结构性改革，着力提高供给体系质量和效率，增强经济持续增长动力，推动我国社会生产力水平实现整体跃升"。此后，习近平多次在不同场合，围绕"供给侧结构性改革"发表重要论述。2015 年 12 月 18 日至 21 日，习近平在中央经济工作会议上的讲话指出，推进供给侧结构性改革，是适应和引领经济发展新常态的重大创新，是适应国际金融危机发生后综合国力竞争新形势的主动选择，是适应我国经济发展新常态的必然要求。

2016 年 1 月 18 日，习近平在省部级主要领导干部学习贯彻党的十八届五中全会精神专题研讨班上的讲话指出，供给侧结构性改革，重点是解放和发展社会生产力，用改革的办法推进结构调整，减少无效和低端供给，扩大有效和中高端供给，增强供给结构对需求变化的适应性和灵活性，提高全要素生产率。习近平总书记 2016 年 1 月 26 日主持召开中央财经领导小组第十二次会议，研究供给侧结构性改革方案、长江经济带发展规划、森林生态安全工作。他强调，供给侧结构性改革的根本目的是提高社会生产力水平，落实好以人民为中心的发展思想。要在适度扩大总需求的同时，去产能、去库存、去杠杆、降成本、补短板，从生产领域加强优质供给，减少无效供给，扩大有效供给，提高供给结构适应性和灵活性，提高全要素生产率，使供给体系更好地适应需求结构变化。习近平在讲话中指出，制定好方案是做好供给侧结构性改革的基础。要把思想认识统一到党中央关于推进供给侧结构性改革的决策部署上来。去产能、去库存、去杠杆、降成本、补短板是工作重点,关系到供给侧结构性改革的开局、关系到"十三五"的开局。各地区各部门要坚定信心、坚决行动,抓紧抓好抓实,切实取得实效。2016年3月8日,习近平在参加湖南代表团审议时强调,推进供给侧结构性改革是一场硬仗,要把握好"加法"和"减法",增加要素投入,促进经济总量增加,减少无效和低端供给,扩大有效和中高端供给,提高全要素生产率。2016年5月16日,习近平在中央财经领导小组第十三次会议上的讲话指出,供给侧结构性改革本质属性是深化改革,根本目的是提高供给质量满足需要,使供给能力更好地满足人民日益增长的物质文化的需要,主攻方向是减少无效供给、扩大有效供给,当前的重点是落实好去产能、去库存、去杠杆、降成本、补短板"三去一降一补"五大任务。2016年12月14日,习近平在中央经济工作会议上的讲话指出,振兴实体经济是供给侧结构性改革的主要任务,供给侧结构性改革要向振兴实体经济发力、聚力。不论经济发展到什么时候,实体经济都是我国经济发展、我们在国际经济竞争中赢得主动的根基。我国经济是靠实体经济起家的,也要靠实体经济走向未来。

2017年1月22日,习近平在中共十八届中央政治局第三十八次集体学习时的讲话指出,必须把改善供给侧结构作为主攻方向,从生产端入手,提高供给体系质量和效率,扩大有效和中高端供给,增强供给侧结构对需求变化的适应性,推动我国经济朝着更高质量、更有效率、更加公平、更可持续的方向发展。2017年10月18日,习近平在中共十九大的报告中指出,必须坚持质量第一、效益优先,以供给侧结构性改革为主线,推动经济发展质量变革、效率变革、动力变革,提高全要素生产率,着力加快建设实体经济、科技创新、现代金融、人力资源协同发展的产业体系,着力构建市场机制有效、微观主体有活力、宏观调控有度的经济体制,不断增强我国经济创新力和竞争力。2017年12月12~13日,习近平在江苏徐州市考察时强调,国有企业要成为深化供给侧结构性改革的生力军,瞄准国际标准提高发展水平,促进我国产业迈向全球价值链中的高端。

深入推进供给侧结构性改革,是中央作出的一个重大决策部署。从2015年11月在中央财经领导小组第十一次会议上首次提出着力加强供给侧结构性改革,到2017年年底,习近平总书记多次深入阐述供给侧结构性改革的现实依据、深刻内涵、根本目的和工作要求。可以说,供给侧结构性改革战略的实施标志着中国经济的转型与发展正在迈向新境界、新阶段,其现实意义和理论价值不容低估。

习近平总书记在中共十九大报告中指出,我国经济已由高速增长阶段转向高质量发展阶段,正处在转变发展方式、优化经济结构、转换增长动力的攻关期。粗放型经济发展方式曾经在我国发挥了很大作用,但现在再按照过去那种粗放型发展方式来做,不仅国内条件不支持,国际条件也不支持,是不可持续的。不抓紧转变,总有一天会走进死胡同。要发挥我国经济巨大潜能和强大优势,必须加快转变经济发展方式,加快调整经济结构,加快培育形成新的增长动力。推进供给侧结构性改革,正是我们正确认识经济形势后所作出的正确选择。中共十九大党章修正案在总纲部分,增写推进供给侧结构性改革的内容。

综合来看,供给侧结构性改革的最终目的是满足需求,主攻方向是提高供给质量,根本途径是深化改革。最终目的是满足需求,就是要深入研究市场变化,理解现实需求和潜在需求,在解放和发展社会生产力中更好地满足人民日益增长的物质文化需要。主攻方向是提高供给质量,就是要减少无效供给、扩大有效供给,着力提升整个供给体系质量,提高供给结构对需求结构的适应性。根本途径是深化改革,就是要完善市场在资源配置中起决定性作用的体制机制,深化行政管理体制改革,打破垄断,健全要素市场,使价格机制真正引导资源配置。

(二)供给侧结构性改革的内涵

供给侧结构性改革,就是从提高供给质量出发,用改革的办法推进结构调整,矫正要素配置扭曲,扩大有效供给,提高供给结构对需求变化的适应性和灵活性,提高全要素生产率,更好地满足广大人民群众的需要,促进经济社会持续健康发展。供给侧结构性改革,就是用改革的办法推进供给结构调整,更好地满足需求,促进经济社会持续健康发展。

对供给侧结构性改革的理解,至少包括三个关键词:供给侧、结构性、改革。"供给侧"包括生产要素、生产者和产业等层次,构成经济增长的供给体系;"结构性"是指生产要素在不同企业和产业如何配置,不同的组合决定了经济增长的质量和效率;"改革"是指通过制度创新建设来调整生产关系,改变生产要素、企业和产业的重大比例关系,从而优化结构,实现改革目的。供给侧结构性改革主要是从供给侧入手,针对结构性问题而推进的改革,供给侧改革的首要任务是淘汰落后产能、提高有效供给,供给侧改革核心内涵是解决有效制度供给问题,深化改革解放生产力。

推进供给侧结构性改革是大势所趋。供给和需求是市场经济内在关系的两个基本方面,是既对立又统一的辩证关系。与此相对应,供给侧管理和需求侧管理是调控宏观经济的两个基本手段。需求侧管理,重在解决总量性问题,注重短期调控,主要是通过调节税收、财政支出、货币信贷等来刺激或抑制需求,进而推动经济增长。供给侧管理,重在解决结构性问题,注重激发经济增长动力,主要通过优化要素配置和调整生产结构来提高供给体系质量和效率,进而推动经济增长。

(三)供给侧结构性改革的目标

供给侧结构性改革的目标,就是要通过改革,提高社会生产力水平,提高供给体系的质量和效率,进一步完善供求关系,实现供求关系新的平衡。我国经济运行面临的突出矛盾和问题,有周期性、总量性因素,但根源是重大结构性失衡,导致经济循环不畅,必须从供给侧、结构性方面进行改革,努力实现供求关系新的动态均衡。因此,这决定了供给侧结构性改革着眼于供给侧,但最终目的是满足需求,就是要深入研究市场变化,理解现实需求和潜在需求,在解放和发展社会生产力中更好地满足人民日益增长的物质文化需要。

(四) 供给侧结构性改革的内容

供给侧结构性改革的主要内容就是用改革的办法推进结构调整,减少无效和低端供给,扩大有效和中高端供给,增强供给结构对需求变化的适应性和灵活性,提高全要素生产率,使供给体系更好适应需求结构变化。提高要素质量和配置效率是推进供给侧结构性改革的基石(王昌林等,2017),推进供给侧结构性改革,必须着力提高生产要素的质量和配置效率,包括提高劳动力素质,提高技术有效供给能力,提升金融服务实体经济能力,推进土地制度、资源环境制度等改革。提升企业发展水平和素质是推进供给侧结构性改革的关键环节,企业是最重要的市场主体,是生产要素的组织者和产品与服务的提供者,是创新的发动机,处于供给体系的关键位置。它既直接影响产品和服务的生产能力,也影响生产要素配置效率。因此,推进供给侧结构性改革,必须紧紧抓住企业这个关键环节,推进国有企业改革,大力发展集体经济和非公有制企业,优化企业所有制结构;要提升大企业素质,大力发展中小企业,着力提升企业创新能力和竞争力。推进供给侧结构性改革根本要靠创新。创新通过加速前沿技术突破和现有技术的应用提高生产率,是推动供给增长的核心力量。大量研究和实践表明,创新的水平决定供给的能力。习近平总书记多次强调,创新是引领发展的第一动力。抓创新就是抓发展、谋创新就是谋未来。适应和引领经济发展新常态,推进供给侧结构性改革,根本要靠创新。

(五) 供给侧结构性改革的任务

2016年中央经济工作会议明确提出推进供给侧结构性改革,必须抓好去产能、去库存、去杠杆、降成本、补短板五大任务,可简称"三去一降一补"。不同年份五大任务的侧重点可能有所不同,供给侧结构性改革的五大任务始终不变。

1. 去产能

去产能即化解产能过剩,是指为了解决产品供过于求而引起产品恶性竞争的不利局面,寻求对生产设备及产品进行转型和升级的方法。受国际金融危机的深层次影响,国际市场持续低迷,国内需求增速趋缓,我国部分产业供过于求矛盾日益凸显,传统制造业产能普遍过剩,特别是钢铁、水泥、电解铝等高消耗、高排放行业尤为突出。当前,我国出现产能严重过剩主要受发展阶段、发展理念和体制机制等多种因素的影响。中央经济工作会议把"去产能"列为2016年五大结构性改革任务之首。

去产能要按照企业主体、政府推动、市场引导、依法处置的办法，研究制定全面配套的政策体系，因地制宜、分类有序处置，妥善处理保持社会稳定和推进结构性改革的关系；要依法为实施市场化破产程序创造条件，加快破产清算案件审理；要提出和落实财税支持、不良资产处置、失业人员再就业和生活保障以及专项奖补等政策，资本市场要配合企业兼并重组；要尽可能多兼并重组、少破产清算，做好职工安置工作；要严格控制增量，防止新的产能过剩。

2. 去库存

去库存主要是化解房地产库存。按照加快提高户籍人口城镇化率和深化住房制度改革的要求，通过加快农民工市民化，扩大有效需求，打通供需通道，消化库存，稳定房地产市场；落实户籍制度改革方案，允许农业转移人口等非户籍人口在就业地落户，使他们形成在就业地买房或长期租房的预期和需求；明确深化住房制度改革方向，以满足新市民住房需求为主要出发点，以建立购租并举的住房制度为主要方向，把公租房扩大到非户籍人口。发展住房租赁市场，鼓励自然人和各类机构投资者购买库存商品房，成为租赁市场的房源提供者，鼓励发展以住房租赁为主营业务的专业化企业；鼓励房地产开发企业顺应市场规律调整营销策略，适当降低商品住房价格，促进房地产业兼并重组，提高产业集中度，取消过时的限制性措施。

3. 去杠杆

"杠杆"是指特定主体通过借入债务，以较小规模的自有资金撬动大量资金，以此扩大经营规模。比如，个人、企业和政府等主体向金融机构借贷或发债等，都是加杠杆的行为。微观上一般以总资产与权益资本的比率衡量杠杆率水平，宏观上一般以"债务/GDP"衡量杠杆率水平。适度加杠杆有利于企业盈利和经济发展，但如果杠杆率过高，债务增速过快，还债的压力就会反过来增大金融风险甚至拖累发展。中央经济工作会议把"去杠杆"列为2016年结构性改革的重点任务之一。

积极推动在提高生产效率、推动经济增长的过程中改善债务结构，增加权益资本比重，以可控方式和可控节奏逐步减少杠杆，防范金融风险压力，促进经济持续健康发展；对信用违约要依法处置，有效化解地方政府债务风险，做好地方政府存量债务置换工作，完善全口径政府债务管理，改进地方政府债券发行办法；要加强全方位监管，规范各类融资行为，抓紧开展金融风险专项整治，坚决遏制非法集资蔓延势头，加强风险监测预警，妥善处理风险案件，坚决守住不发生系统性和区域性风险的底线。

我国非金融企业杠杆率较高，这与储蓄率高、以信贷为主的融资结构有关。我们要在控制总杠杆率的前提下，把降低企业杠杆率作为重中之重；促进企业盘活存量资产，推进资产证券化，支持市场化法治化债转股，发展多层次资本市场，加大股权融资力度,强化企业特别是国有企业财务杠杆约束,逐步将企业负债降到合理水平。

4. 降成本

降成本即帮助企业降低成本。开展降低实体经济企业成本行动,需要打出"组合拳":降低制度性交易成本,转变政府职能、简政放权,进一步清理规范中介服务;降低企业税费负担,进一步正税清费,清理各种不合理收费,营造公平的税负环境,研究降低制造业增值税税率。降低社会保险费,研究精简归并"五险一金";降低企业财务成本,金融部门要创造利率正常化的政策环境,为实体经济让利;降低电力价格,推进电价市场化改革,完善煤电价格联动机制;降低物流成本,推进流通体制改革。

要多措并举降成本,扩大小微企业享受减半征收所得税优惠的范围,提高科技型中小企业研发费用加计扣除比例,千方百计使结构性减税力度和效应进一步显现。名目繁多的收费使许多企业不堪重负,要大幅降低非税负担:一是全面清理规范政府性基金,取消城市公用事业附加等基金,授权地方政府自主减免部分基金。二是取消或停征中央涉企行政事业性收费项目,保留的项目要尽可能降低收费标准。各地也要削减涉企行政事业性收费。三是减少政府定价的涉企经营性收费,清理取消行政审批中介服务违规收费,推动降低金融、铁路货运等领域涉企经营性收费,加强对市场调节类经营服务性收费的监管。四是继续适当降低"五险一金"有关缴费比例。五是通过深化改革、完善政策,降低企业制度性交易成本,降低用能、物流等成本。各有关部门和单位都要舍小利顾大义,使企业轻装上阵,创造条件形成我国竞争新优势。

5. 补短板

补基础设施建设短板,解决城市基础设施和公共服务设施建设滞后,中心城区地下管网老旧、水电气暖及环卫设施不配套等问题。补经济持续健康发展短板,解决结构优化调整缓慢,实体经济发展不快,金融产品有效供给不足,企业融资成本过高,产业投资增量减少,增长新动力不足,投资需求降低等问题。补科技创新进步短板,解决创新能力不强,创新活力不足,科技研发投入偏低,科技成果转化缓慢,高新技术产业规模较小等问题。补城乡统筹发展短板,解决新农村建设标准不高,都市现代农业规模不大,农民生产生活条件相对落后,城乡差别较大等问题。补民生建设短板,解决公共服务体系不完善,基本公共服务不均衡,教育、医疗、卫生、文化、就业和社会保障服务水平不高等问题。补对外开放短板,解决国际交流合作不活跃、投资贸易规模不大、市场辐射力不强和城市开放度不高等问题。补环保生态建设短板,解决发展受水、土地等资源硬约束加剧,"城市病"较为突出,环境容量和生态承载力严重不足,环保基础设施欠缺,大气污染区域联防联控不到位等问题。补人才队伍建设短板,解决人力资源管理政策不活,人才管理体制机制改革相对滞后,各领域人才特别是企业科技、管理人才相对匮乏,各类人才待遇较低等问题。

当前贫困地区和贫困人口是全面建成小康社会最大的短板,要深入实施精准扶贫精准脱贫。中央财政专项扶贫资金要保持较快增长。我们要加强集中连片特困地区、革命老区、边疆和民族地区开发,改善基础设施和公共服务,推动特色产业发展、劳务输出、教育和健康扶贫,做好对因病等致贫返贫群众的帮扶工作,实施贫困村整体提升工程,增强贫困地区和贫困群众自我发展能力;推进贫困县涉农资金整合,强化资金和项目监管,创新扶贫协作机制,支持和引导社会力量参与扶贫;切实落实脱贫攻坚责任制,实施最严格的评估考核,严肃查处假脱贫、"被脱贫"、数字脱贫。

二、粮食供给侧结构性改革的主要目标

近年来,在粮食最低收购价等政策的支持下,我国粮食连年丰收,为保障国家粮食安全、促进经济社会发展奠定了坚实基础。当前,国内粮食市场运行多重矛盾交织、新老问题叠加,粮食供给由总量不足转为结构性矛盾,部分粮食品种阶段性供过于求特征明显,粮食流通服务和加工转化产品有效供给不足,粮食"去库存"任务艰巨,现行收储制度需加快改革完善等,充分说明我国粮食领域的主要矛盾已经由总量矛盾转变为结构性矛盾,矛盾的主要方面在供给侧。推进粮食行业供给侧结构性改革,是破解当前粮食领域结构性、体制性矛盾,促进粮食产业转型发展提质增效,构筑高层次国家粮食安全保障体系的迫切要求和必然选择。为加快推进农业供给侧结构性改革,大力发展粮食产业经济,促进农业提质增效、农民就业增收和经济社会发展,我国政府于 2016 年 12 月、2017 年 9 月先后发布了《国家粮食局关于加快推进粮食行业供给侧结构性改革的指导意见》(国粮政〔2016〕152 号)、《国务院办公厅关于加快推进农业供给侧结构性改革大力发展粮食产业经济的意见》(国办发〔2017〕78 号)。

粮食行业供给侧结构性改革,应认真落实党中央、国务院决策部署,统筹推进"五位一体"总体布局和协调推进"四个全面"战略布局,牢固树立创新、协调、绿色、开放、共享的发展理念,全面落实国家粮食安全战略,以加快推进农业供给侧结构性改革为主线,以粮食核心产区生产能力建设、增加绿色优质粮食产品供给、有效解决市场化形势下农民卖粮问题、促进农民持续增收和保障粮食质量安全为重点,以推动粮食流通领域转方式、调结构、去库存、降成本、强产业、补短板为方向,大力实施优质粮食工程,推动粮食产业创新发展、转型升级和提质增效,为构建更高层次、更高质量、更有效率、更可持续的粮食安全保障体系夯实产业基础。在实施粮食最低收购价政策的背景下,粮食供给侧结构性改革应该实现如下主要目标:

（1）粮食安全保障能力明显增强。加强粮食核心产区生产能力建设，加快推进粮食收储制度改革，充分发挥流通对生产的引导和反馈作用，推动粮食种植结构调整优化；健全完善相关制度保障体系，保障农民种粮合理收益，促进粮食生产稳定发展；着力提升粮食流通社会化服务水平，加强粮食科技创新，加快构建更高层次、更高质量、更高效率的国家粮食安全保障体系。

（2）粮食流通能力现代化水平显著提升。加快实施"粮安工程"，加强现代粮食仓储物流设施建设和行业信息化建设，补齐粮食流通短板，降低成本，提升效率，更好地满足粮食资源快速集散、顺畅流通、高效配送的需要。

（3）粮食产业经济持续健康发展。以粮食加工转化为引擎，促进产收储加销有机融合，激发粮食产业经济发展活力，推动粮食行业转型升级、提质增效，加快实现抓收储、管库存、保供应、稳市场，和强产业、活经济、稳增长、促发展"双轮驱动"。

（4）粮食产品供给结构更加优化。以市场需求为导向，加快产品供给结构调整，强化中高端产品和精深加工产品等有效供给，提供适销对路、品种丰富、质量安全、营养健康的粮油产品，满足人民群众日益增长的优质粮油产品消费需求。

专栏 5-1

加快推进农业供给侧结构性改革
大力发展粮食产业经济的总体要求

（一）指导思想。全面贯彻中共十八大和十八届三中、四中、五中、六中全会精神，深入贯彻习近平总书记系列重要讲话精神和治国理政新理念新思想新战略，认真落实党中央、国务院决策部署，统筹推进"五位一体"总体布局和协调推进"四个全面"战略布局，牢固树立创新、协调、绿色、开放、共享的发展理念，全面落实国家粮食安全战略，以加快推进农业供给侧结构性改革为主线，以增加绿色优质粮食产品供给、有效解决市场化形势下农民卖粮问题、促进农民持续增收和保障粮食质量安全为重点，大力实施优质粮食工程，推动粮食产业创新发展、转型升级和提质增效，为构建更高层次、更高质量、更有效率、更可持续的粮食安全保障体系夯实产业基础。

（二）基本原则。坚持市场主导，政府引导。以市场需求为导向，突出市场主体地位，激发市场活力和企业创新动力，发挥市场在资源配置中的决定性作用。针对粮食产业发展的薄弱环节和制约瓶颈，强化政府规划引导、政策扶持、监管服务等作用，着力营造产业发展良好环境。

坚持产业融合，协调发展。树立"大粮食""大产业""大市场""大流通"理念，充分发挥粮食加工转化的引擎作用，推动仓储、物流、加工等粮食流通各环节有机衔接，以相关利益联结机制为纽带，培育全产业链经营模式，促进一二三产业融合发展。

　　坚持创新驱动，提质增效。围绕市场需求，发挥科技创新的支撑引领作用，深入推进大众创业、万众创新，加快体制机制、经营方式和商业模式创新，积极培育新产业、新业态等新动能，提升粮食产业发展质量和效益。

　　坚持因地制宜，分类指导。结合不同区域、不同领域、不同主体的实际情况，选择适合自身特点的粮食产业发展模式。加强统筹协调和政策引导，推进产业发展方式转变，及时总结推广典型经验，注重整体效能和可持续性。

　　（三）主要目标。到 2020 年，初步建成适应我国国情和粮情的现代粮食产业体系，产业发展的质量和效益明显提升，更好地保障国家粮食安全和带动农民增收。绿色优质粮食产品有效供给稳定增加，全国粮食优质品率提高10 个百分点左右；粮食产业增加值年均增长 7％左右，粮食加工转化率达到88％，主食品工业化率提高到 25％以上；主营业务收入过百亿元的粮食企业数量达到 50 个以上，大型粮食产业化龙头企业和粮食产业集群辐射带动能力持续增强；粮食科技创新能力和粮食质量安全保障能力进一步提升。

　　资料来源：《国务院办公厅关于加快推进农业供给侧结构性改革大力发展粮食产业经济的意见》(国办发〔2017〕78 号)。

三、粮食核心产区建设的理论探索与实践创新

　　粮食供给侧结构性改革既涉及供给总量改革，也涉及结构性改革，供给总量改革是结构性改革的前提和基础，结构性改革是对总量改革的优化与深化，两者相辅相成，互为支持。因此粮食供给侧总量改革是结构性改革的应有之意。因此，粮食安全保障能力明显增强就构成粮食供给侧结构性改革的首要目标。粮食核心产区建设是粮食安全保障能力的重中之重，围绕此问题进行探讨十分必要。

　　粮食核心产区是指按照主体功能区划分，集聚粮食优势资源，重点建设的基础条件好、生产水平高、商品量大的粮食产区，主要包括黑龙江、吉林、河南等粮食主产区以及非粮食主产区的粮食生产大县。强化粮食核心产区建设，在实施国家粮食安全战略，推进粮食供给侧结构性改革，促进农业结构和区域布局优化，提高粮食综合生产能力，稳步增加农民收入等方面都具有非常重大的现实意义。

　　（一）粮食核心产区建设的理论基础

　　粮食核心产区建设是粮食市场放开后我国进行的一项重要的粮食实践创新，这种创新具有重要的理论支撑。

　　1. 主体功能区理论

　　近年来，我国在国土空间规划和区域经济发展中逐步引入主体功能区理论，

实际也构成粮食核心产区建设的主要理论支撑。主体功能区是为了推进区域协调发展,规范空间开发秩序,形成合理的空间开发结构,根据资源环境承载能力、现有开发密度和发展潜力,统筹考虑未来人口分布、经济布局、国土利用和城镇化格局,按照国土空间整体功能最大化和各空间单元协调发展的原则,将特定区域进行特定主体功能定位并形成特定的空间单元。主体功能区可分层分级,全国主体功能区由国家主体功能区和省级主体功能区组成,功能区要突出主要功能和主导作用,同时不排斥其他辅助或附属功能。

当前我国将国土空间划分为优化开发、重点开发、限制开发和禁止开发四类,进行主体功能定位,明确开发方向,逐步形成人口、经济、资源环境相协调的空间开发格局。全国主体功能区规划是战略性、基础性、约束性的规划,是国民经济和社会发展的各种规划在空间开发和布局的基本依据。而粮食核心产区建设正是在主体功能区划分的基础上所进行的重要实践探索。我们可按照粮食比较优势、现有资源条件和生产水平、商品粮供给能力等,把全国粮食生产区域划分为核心主产区、战略储备区等功能区,并确定相应的功能定位、主攻方向和建设目标,进一步明确其在国家粮食安全战略中的地位。

2. 粮食市场失灵理论

伴随粮食市场化改革,我国从 2004 年开始全面放开粮食购销市场,粮食市场在粮食资源的配置中开始发挥基础性作用,但是市场具有其自身的局限性,尤其是我国的粮食市场还很不完善,市场失灵问题会更加严重。粮食市场失灵主要表现为:不能有效提供"粮食安全"这种公共品;外部效应导致主产区政府和农民农业投资利益外溢;粮食信息不充分,影响粮食生产者、经营者、消费者的决策;粮食市场分配不公平,很难保障种粮农民合理收入。

有粮食市场失灵,就需要政府调控,粮食核心产区建设正是政府以综合方式弥补市场失灵的重要途径。综合生产能力提升,粮食产量提高,使政府可以有效向社会提供"粮食安全"这种公共品;政府直接投资、粮食补贴等政策的实施,可以有效增加或引导社会资源对农业的投入;综合信息平台和农业服务体系的建设,可以向生产者、经营者、消费者提供及时、准确的信息;政策支持、粮食产业发展,必将为农民收入稳定增长提供保障。

3. 区域优势理论

区域优势是指由区域差异形成的一个区域在某些方面相对于其他区域的优越性,包括自然条件、经济社会发展水平、技术和环境等方面,以及在这些条件基础上形成的专业化生产部门。区域优势包括绝对优势、比较优势和竞争优势,最终会通过产业和产品表现为一个地方的具有竞争力的区域特色经济。

我国疆域辽阔,自然、资源条件不同,经济社会发展水平差别大,这决定了区域差异很大,而区域差异正是区域分工、贸易、合作的基础,不同区域刚好可以运用区域差异形成区域优势、区域优势经济。各区域可凭借、利用和发挥自身优势进行科学区域功能定位,合理进行经济布局,建立特色显著、具有明显竞争优势的区域经济结构,实现区域利益最大化。

而粮食核心产区建设正是在主体功能定位基础上,集聚经济资源,充分发挥相关区域在土地、人力、技术、自然等方面的优势,来生产粮食这种优势产品,发展粮食产业,从而在区域分工协作的基础上保障国家粮食安全,实现农民收入稳定增长。

(二)粮食核心产区建设的实践探索

伴随着农村改革向纵深推进,粮食增产,农民增收的难度越来越大,政策的效应出现递减,尤其是粮食主产区既要承担国家粮食安全的重大责任,又要解决长期困扰的"三农"问题,因此,如何实现存在矛盾的多极目标就成为摆在粮食主产区面前的重大课题。同时,我国粮食产业发展还面临着世界粮食市场的冲击。在这种背景下,客观需要粮食主产区进行实践创新,走出一条新路。因此,近年来一些粮食主产区不断强化农业综合开发,探索粮食核心产区建设,出台核心产区建设规划,取得了令人瞩目的成绩。

1. 河南的实践

从 2005 年开始,河南在全国率先探索农业综合开发的有效途径,进行粮食核心产区建设。其主要做法是:连续 3 年集中全省 70%以上的农业综合开发土地治理项目资金,专项用于 24 个农业综合开发重点县的中低产田改造,连续3 年投入,3 年内向每个重点县投入资金 3 000 万元,实行规模开发,每县改造中低产田 12 万亩,建设高标准基本农田;通过集中农业综合开发资金,向粮食产区倾斜,以粮食生产大县为重点,着力加强中低产田改造,改善农业基本生产条件,建设高标准基本农田,初步实现提高农业综合生产能力,促进粮食稳定增产、农业综合增效、农民持续增收,为保证国家粮食安全作出了贡献。

通过粮食核心产区建设,到 2007 年,河南省 24 个粮食核心产区已成为省内"产粮大户":粮食总产量达到 206 亿公斤,占全省粮食总产量的 39.7%;全省粮食增产 14 亿公斤,其中 98.6%来自核心产区。

2008 年,河南省开始编制《国家粮食战略工程河南核心区建设规划纲要》,提出采取措施使粮食年生产能力由 500 亿公斤增加到 650 亿公斤,成为全国重要的粮食生产核心地区。河南省粮食核心产区正在纳入国家粮食战略工程,将会在更高层次上进行建设。

2. 黑龙江的实践

作为全国粮食商品量和省际净调出商品粮的第一大省——黑龙江,被誉为中国的"战略粮仓",它也积极地进行粮食核心产区建设。黑龙江省政府于2008 年年初制定了《黑龙江省保障国家粮食安全战略工程规划》,规划明确,到2012 年,全省粮食综合生产能力达到 500 亿公斤以上,比 2007 年增加 100 亿公斤以上。规划中的项目付诸实施,会为保障国家粮食安全作出更大的贡献。

黑龙江省还提出加快推进农业大省向农业强省转变、传统农业向现代农业转变、粮食大省向食品工业大省转变,力争在全国率先实现农业现代化。

3. 吉林的实践

吉林省自 2008 年开始全面启动了增产百亿斤粮食工程,通过实施包括大型灌区建设和改造、西部土地开发整理、标准粮田建设等"十大工程",利用 5 年左右的时间,建成新增 50 亿公斤商品粮生产能力和基础设施支撑条件,粮食总产量将达 300 亿公斤的水平。《吉林省增产百亿斤商品粮能力建设总体规划》已于 2008 年 7 月月初在国务院常务会议上通过,这也是国家在保证粮食安全方面首次以省为单位确立的核心产区规划,必然会在全国形成示范效应。

4. 其他省、市的探索

作为全国 13 个粮食主产省之一的河北省,2008 年提出投入资金 81 160 万元,建设 267 万公顷粮食生产核心区。省农业综合开发将进一步向粮食主产区倾斜。选择 80 个粮食主产县(市、区)作为粮食生产核心区建设重点,河北省农开办在土地治理项目财政总投资的 90% 以上将投向这些地区,集中力量打造粮食高产稳产田。河北省还出台了《河北省人民政府关于加快粮食生产核心区建设的指导意见(2008—2010 年)》,提出了河北省粮食生产核心区建设的指导思想、原则、重点、措施。内蒙古、安徽、江西等省也制定了自己的核心区增产规划。

另外,一些销区也纷纷行动起来。2007 年,杭州开始推行粮食生产功能区建设,以建设工业开发区的思路,将资源要素统一调度,进行重点突破。销区粮食核心产区的建设必将能够分担国家粮食安全的责任。

综合来看,探索中的粮食核心产区建设具有以下特征:①战略性。国家提出实施粮食战略工程,粮食核心产区建设正是实施该战略工程的重要举措。②规划性。现正推进的粮食核心产区建设不是一时举措,而是基于长远考虑,一些省份制定了中长期建设规划,提出了建设目标、重点和措施,并且一些省份的粮食核心产区建设开始纳入国家相关建设规划。③综合性。通过合理功能定位,综合运用投资、补贴、金融、政策等多种手段,提高国家综合生产能力,实现粮食增产、农民增收、农业增效的多重建设目标。④层次性。从国家层面看,粮食核心产区建设的重点应放在粮食主产区,而且是产区中的一些核心省份。但是在粮食省长负责制下,各个省区也有必要建立自己的粮食核心产区。所以,当前不仅粮食主产区的省份,而且主销区、产销平衡区的一些省、市也纷纷提出了自己的粮食核心产区建设规划。

(三)粮食核心产区建设的政策支持

我国粮食核心产区建设起步时间不长,但引起了各方的高度关注。它开始纳入国家粮食战略工程,相关政策的出台为粮食核心产区建设提供了必要支持。

　　一些新的粮食政策的出台,源于"十一五"规划经济发展思路的变化。2006 年颁布的《中华人民共和国国民经济和社会发展第十一个五年规划纲要》,首次提出主体功能区概念,提出要"统筹考虑未来我国人口分布、经济布局、国土利用和城镇化格局,将国土空间划分为优化开发、重点开发、限制开发和禁止开发四类主体功能区,按照主体功能定位调整完善区域政策"。同时,我国明确提出要分层次推进主体功能区规划工作,分国家和省级两个层面制定规划,为促进区域协调发展提供科学依据。根据 2007 年 7 月发布的《国务院关于编制全国主体功能区规划的意见》,国家主体功能区规划要在 2007 年 9 月形成初稿,于 12 月报国务院审议。各省级主体功能区规划要在 2008 年 6 月形成初稿,11 月报省(区、市)人民政府审议。这意味围绕区域经济发展的财政政策、投资政策、产业政策、土地政策、粮食政策、人口管理政策等都要作出重大调整,以规范空间开发秩序,促进区域协调发展。2007 年 10 月,中共十七大报告进一步强调"加强国土规划,按照形成主体功能区的要求,完善区域政策,调整经济布局"。在主体功能区规划的背景下,对粮食产业进行合理的空间布局就成为需要考虑的重大课题。

　　2008 年 10 月 12 日,中共十七届三中全会通过的《中共中央关于推进农村改革发展若干重大问题的决定》,提出"抓紧实施粮食战略工程,推进国家粮食核心产区和后备产区建设,加快落实全国新增千亿斤粮食生产能力建设规划,以县为单位集中投入、整体开发,今年起组织实施"。2008 年中共中央"一号文件"——《中共中央　国务院关于切实加强农业基础建设,进一步促进农业发展农民增收的若干意见》,强调高度重视发展粮食生产,提出"实施粮食战略工程,集中力量建设一批基础条件好、生产水平高和调出量大的粮食核心产区;在保护生态前提下,着手开发一批资源有优势、增产有潜力的粮食后备产区"。这两个重要文件,都把实施国家粮食战略工程与粮食核心产区建设联系在一起,粮食核心产区建设已成为实施国家粮食战略工程的重要举措。

　　2008 年 11 月,我国发布《国家粮食安全中长期规划纲要(2008—2020 年)》,这是我国编制的第一个中长期粮食安全规划纲要,对保障我国粮食安全和经济社会发展具有重大战略意义。纲要分析了我国粮食安全面临的形势出现的一些新情况和新问题,强调"加强主产区粮食综合生产能力建设。按照资源禀赋、生产条件和增产潜力等因素,科学谋划粮食生产布局,明确分区功能和发展目标。集中力量建设一批基础条件好、生产水平高和粮食调出量大的核心产区;在保护生态前提下,着手开发一批有资源优势和增产潜力的后备产区。核心产区、后备产区等粮食增产潜力较大的地区要抓紧研究增加本地区粮食生产的规划和措施"。纲要强调在"明确分区功能"的基础上来进行粮食核心产区建设,反映了国家主体功能区规划的思想,具有十分重要的意义。

依据《国家粮食安全中长期规划纲要（2008—2020 年）》，国家又出台了《全国新增 1 000 亿斤粮食生产能力规划（2009—2020 年）》，该规划提出粮食综合生产能力稳步提高，到 2020 年全国粮食生产能力达到 5 500 亿公斤以上。为此，我国在围绕粮食增产目标，统筹规划粮食主产区、主销区和产销平衡区的粮食生产能力建设的同时，必须优化布局，突出重点，不断增强粮食综合生产能力；综合考虑区域自然资源条件、经济社会发展水平和粮食生产基础，进一步优化粮食生产布局，着力打造粮食生产核心区，围绕大型灌区，依托产粮大县所在市（地），打破行政区域界限，划定重点建设片区，集中投入，整体推进，形成集中连片、高产稳产的国家商品粮生产基地。

从主体功能区的提出，到粮食战略工程的实施，在国民经济整体布局和协调发展中保障国家粮食安全的思路越来越清晰。政府相继出台的这些有关粮食核心产区的政策，必将有力地促进我国粮食核心产区的建设。因此，在推进粮食供给侧结构性改革的过程中，必须高度重视粮食核心产区建设。

（四）加强粮食核心产区长效机制建设

1. 科学界定粮食核心产区的内涵

现在从国家层面，到省、市甚至到乡，都在谈粮食核心产区建设，而且各自有各自的理解和做法，对粮食核心产区并没有一个权威和准确的界定。这样虽然可以充分发挥各地在粮食生产方面的积极性，但是不利于粮食核心产区的可持续发展，有必要对此加以科学界定。粮食核心产区的科学内涵至少应该包含以下几个层次的意思：

第一，粮食核心产区与国家粮食生产规划和粮食安全中长期规划纲要密切相关，它是提高粮食综合生产能力和保障国家粮食安全的战略举措。第二，粮食核心产区建设的目标，不仅仅是提高粮食产量，而且还包括农村基础设施建设、粮食科技进步等在内的系统工程，要探索一条工业化、城市化和粮食安全的共赢之路。第三，粮食核心产区的重点在粮食主产区，但产销平衡和主销区也应集聚资源，积极打造本区的粮食核心产区，共担粮食安全的责任。第四，粮食核心产区是分层的，可以从国家、省、市等层面进行建设，但各自功能定位有所不同。第五，粮食核心产区是粮食供给侧改革的重要内容，应放到供给改革与需求改革的综合考虑之中。

2. 制定粮食核心产区建设的中长期规划

粮食核心产区规划应以国家主体功能区建设规划、国家粮食安全中长期规划纲要为基本指导，实际也是对这些规划的落实；通过规划，科学界定粮食生产核心区建设的指导思想、建设原则、建设目标、建设重点、建设措施等，为粮食核心产区的建设提供必要的指导；通过规划，确定国家层面的粮食核心产区，并在资金、政策等方面给与重点支持，建立国家粮食安全的核心保障区域；通过规划，进行科学的指标分解，实现权责结合，保持粮食核心产区建设的可持续性。将粮食核心产区建设纳入国民经济和社会发展的中长期规划，使其成为规划的重要内容，结合全国新增千亿斤粮食生产能力建设，持续推动粮食生产核心区的中长期发展。

　　3. 重视粮食核心产区建设的机制构建

　　粮食核心产区建设是保障国家粮食安全的战略举措，意在长远，因此，我国必须构建推动粮食核心产区建设可持续发展的长效机制，其主要内容包括：

　　（1）投入保障机制。近几年，按照统筹城乡发展要求，我国切实加大了"三农"投入力度：提高了预算内固定资产投资用于农业农村的比重；新增国债使用向"三农"倾斜；大幅度提高政府土地出让收益、耕地占用税新增收入用于农业的比例；城市维护建设税新增部分主要用于乡村建设规划、农村基础设施建设和维护，等等。

　　但是我们看到，支农资金投入还存在不少问题：第一，支农资金来自多部门、多渠道，很容易导致财力分散，重复分配的问题。第二，一些资金具有临时性、不稳定的特点，影响对农业投入的稳定性。第三，资金使用分散，对粮食核心产区建设的直接资金安排有限。第四，没有必要的农业投入保障立法。

　　因此，随着支农资金规模的越来越大，必须加快农业投入立法，规范政府农业投入行为，保障农业投入尤其是对粮食核心产区投入的合理规模和增长幅度，通过资源集聚，重点支持粮食核心产区的建设。同时，国家要积极运用税收、价格、信贷等手段，鼓励和引导农民、农业生产经营组织增加农业生产经营性投入和小型农田水利等基本建设投入，形成财政投入、金融投入、单位投入和农民投入等对粮食核心产区建设的多元投入体系。

　　（2）收入保障机制。让种粮的地方政府不吃亏，让种粮的农民不吃亏，调动地方政府和农民的两个积极性，这才是粮食核心产区建设可持续的关键。但是粮食市场在收入分配方面存在失灵，不可能保证粮食核心产区的地方政府和农民获得合理收入。因此，中央政府、上级政府着力构建粮食核心产区的收入保障机制的重点表现在以下几个方面：第一，支持粮食生产的政策措施要向核心产区倾斜，加大对核心产粮大县一般性转移支付、财政奖励和粮食产业建设项目的扶持力度。第二，在粮食核心产区财政困难的情况下，加大对粮食核心产区基础设施投入力度，取消一些项目地方资金配套的要求，减轻产粮大县政府财政支出的压力。第三，整合对农民的补贴项目，对农民进行全面成本补贴，不断提高综合补贴水平，确保农民种粮合理收益。第四，适时提高粮食最低收购价，加强价格宏观调控，保持粮食等农产品价格合理水平，提高种粮农民的价格收入。第五，支持粮食产业化发展，培育产业化龙头企业，引导农民参加产业化经营，分享产业化成果。

　　（3）科技保障机制。长期来看，我国耕地面积有下降态势，粮食增产不能依靠种植面积扩大来保证,提高科技在粮食增产中的贡献率成为必然。因此,我国必须建立粮食产业发展的科技保障机制,加大科技投入,多渠道筹集资金,建立农业科技创新基金,重点支持关键领域、重要产品、核心技术的科学研究,为粮食核心产区建设提供科技保障;需要完善粮食科技服务体系,加强对农民的科技培训,及时把科技转化为生产力;深入实施"科技兴粮工程",建立粮食产业科技成果转化信息服务平台,定期发布粮食科技成果,促进粮食科技成果、科技人才、科研机构等与企业有效对接,推动科技成果产业化;发挥粮食领域国家工程实验室、重点实验室成果推广示范作用,加大粮食科技成果集成示范基地、科技协同创新共同体和技术创新联盟的建设力度,推进科技资源开放共享。

（4）产销合作机制。粮食安全的保障在产区,粮食风险的焦点在销区;粮食供给的保证在产区,粮食需求的市场在销区。因此,粮食核心产区的建设不仅仅是产区的事,同样也是销区的事,产销区都应在国家粮食安全中承担自己应该承担的责任。在合作共赢的基础上,产区和销区建立产销衔接机制十分必要。第一,签订长期稳定的产销粮食订单,稳定产销区之间的供求关系,避免产、销的大幅波动。第二,调整主销区粮食风险基金使用结构。可把更大部分粮食风险基金用于补贴销区到产区进行产、购、销,并服务于销区的粮食生产与经营者,或补贴产区到销区进行粮食储备、加工、销售的经营者。第三,探索建立产销区之间支农资金横向转移支付制度,逐步形成产区补贴农民,销区补贴产区（或产区农民）的机制。粮食主销区和主产区可按照互利互惠的原则,在市场机制的基础上形成长期稳定的产销合作机制,销区可用粮食直补等支农资金对签订订单的主产区农民进行补贴,或按一定标准对与之签订合同的主产区政府进行补贴,打破粮食直补等资金只对本区农民进行补贴的局限,实现省际间支农资金的横向转移支付。

（5）粮食流通机制。建立健全适应现代农业发展要求的大市场、大流通,加强粮食市场体系建设,落实全国粮食市场体系建设规划:加大重点产区和集散地农产品批发市场、集贸市场等流通基础设施建设的支持力度,充分发挥粮食批发市场在产销连接、价格指导、信息中心、调控载体等方面的作用,完善农产品期货市场,积极稳妥地发展农产品期货品种;推进粮食现代物流体系建设,完善现代粮食物流体系,加强粮食物流基础设施和应急供应体系建设,优化物流节点布局,完善物流通道,支持铁路班列运输,降低全产业链物流成本;鼓励产销区企业通过合资、重组等方式组成联合体,提高粮食物流组织化水平,加快粮食物流与信息化融合发展,促进粮食物流信息共享,提高物流效率,推动粮食物流标准化建设,推广原粮物流"四散化"（散储、散运、散装、散卸）、集装化、标准化,推动成品粮物流托盘等标准化装载单元器具的循环共用,带动粮食物流上下游设施设备及包装标准化水平提升,加强现代粮食港口与口岸建设。

四、粮食供给侧结构性改革与休耕制度分析

供给侧结构性改革、农业供给侧结构性改革、粮食供给侧结构性改革，无疑成为经济领域、农业领域、粮食领域改革的热点、难点，在这种大背景下，实施粮食最低收购价政策，推进休耕制度改革，是摆在我们面前的重大课题。

（一）粮食发展面临诸多供给侧矛盾的制约

推进粮食供给侧结构性改革既是落实中央经济工作会议精神的需要，也说明了我国粮食供给侧结构性矛盾非常尖锐，因而成为改革的重点。

1. 粮食出现阶段性与结构性过剩

长期以来，党和政府高度重视"三农"问题，尤其是 2004 年以来，我国连续16 年出台有关"三农"的中共中央"一号文件"，出台了种粮直贴、最低收购价、托市收购、取消农业税等一系列惠农政策，极大地调动了农民种粮的积极性。2004 年实际是我国农业发展的重要拐点，至 2016 年实现了粮食播种面积 12 连增、粮食产量 12 连增、粮食人均产量 11 连增（其中 2008、2009 年持平），这是新中国成立后我国农业发展史上从未取得的成就。2007—2017 年，我国的粮食产量连续 11 年稳定在 50 000 万吨以上，2012—2018 年连续 7 年跨上 60 000 万吨台阶，2019 年粮食产量达 66 384 万吨的历史最高水平（表 5-1）。

表 5-1　粮食播种面积、总产量及人均产量情况

年份	播种面积 （千公顷）	总产量 （万吨）	人均产量 （公斤）
2004	101 606	46 946.9	362
2013	111 956	63 048.2	464
2014	112 723	63 964.8	469
2015	113 343	66 060.3	482
2016	119 230	66 043.5	479
2017	117 989	66 160.7	477
2018	117 038	65 789.2	472
2019	116 060	66 384	—

资料来源：数据主要来源于历年《中国统计年鉴》。2019 年数据来源于《中华人民共和国 2019 年国民经济和社会发展统计公报》。

粮食连年增产丰收，粮食人均产量的不断提高，极大地提升了我国的粮食安全。但是应该看到，随之而来的问题是我国的粮食也出现了阶段性过剩与结构

性过剩,即粮食供给总量出现阶段性过剩,出现总供给大于总需求;某些粮食品种出现结构性过剩,实际上我国玉米和稻谷结构性过剩情况明显,尤以玉米最为突出。综合来看,我国粮食既出现了总量过剩情况,也出现了结构过剩问题。同时,粮食行业还存在高能耗、低水平、粗放式的落后加工产能,存在长期亏损、资产负债率高、停产半停产的"僵尸企业"。也就是说,粮食生产、粮食加工都存在去产能的问题。

如何在实施粮食最低收购价政策,保粮食安全的情况下,解决粮食供给的总量与供给结构的矛盾,去产能或者储产能是摆在粮食供给侧改革面前的重大课题。

2. 粮食面临巨大的库存压力

在粮食连年增产丰收、粮食最低收购价政府托市收购的大背景下,我国粮食库存面临巨大的压力。虽然我国粮食库存数据保密,但从各方面的数据综合看,粮食库存应在 2 亿吨以上,其严峻形势,在 2016 年全国粮食流通工作会议上能清晰体现出来。在本次会议上,国家发改委和国家粮食局的领导明确提出,"当前,全国粮食库存处于历史高位,安全储粮形势异常严峻、压力巨大""粮食高产量、高价格、高库存的'三高'特征更加明显""粮食产量、库存量均创历史最高,给粮食收购、安全储粮和消化库存带来前所未有的压力""面对粮食库存之高前所未有、简易仓囤储粮之多前所未有"。据联合国粮农组织预测,2016 年全球谷物产量、库存量将继续保持较高水平,分别达到 25.3 亿吨、6.4 亿吨。而我国的粮食库存至少应该占有全球谷物库存量的 1/3 以上,有行业专家说"全世界最庞大的库存已经建立起来了"。去库存也是我国粮食供给侧改革面临的重大问题。

3. 粮食面临降成本的艰巨任务

在多年粮食最低收购价、托市收购支撑下,当前国内粮食价格处于全球"高地",呈现产区与销区、原粮与成品粮、国内市场与国际市场粮食价格"三个倒挂"的局面。"十二五"期间(2011—2015 年),5 年累计粮食产量 29 911.85 亿公斤,其中谷物产量为 27 410.93 亿公斤,5 年累计托市收购粮食 4 230 亿公斤,占谷物产量的15.4%。粮食最低收购价、托市收购在有效保护种粮农民利益的同时,也带来了粮食补贴、粮食收购、粮食仓储成本的高趋。去成本是我国粮食供给侧改革面临的又一重大问题。

4. 粮食面临补短板的巨大压力

随着我国农业快速发展,制约农业与粮食的一些短板问题越来越突出。这些问题主要包括:农田水利、仓储等基础设施薄弱;农业生产方式粗放,农业资源利用效率低下;水土资源污染严重,农业可持续发展面临挑战;农业科技相对落后,制约农业现代化的进程;农民整体素质较低,缺少新型的职业化农民队伍,等等。农业在金融服务、保险服务、智能装备、信息技术等现代生产要素方面同样存在短板问题。补短板是我国粮食供给侧改革面临的另一重大问题。

（二）土地休耕是粮食供给侧结构性改革的重要选择

长期以来，我国对土地休耕有点讳莫如深，很少有人讨论。一个基本的看法是我国人多地少，粮食安全压力非常大，基本不具备土地休耕的条件。实际上，中国人历来非常崇尚人与自然的和谐，土地休耕制度在我国古已有之。班固在《汉书·食货志》中就记载了西周以来的休耕制度："民受田，上田夫百畮，中田夫二百畮，下田夫三百畮，岁耕种者为不易上田，休一岁者，为一易中田；休两岁者，为再易下田，三岁更耕之，自爰其处。"1999 年以来，我国启动的两轮退耕还林还草也可在某种程度上可视为土地休耕。而在美国、欧盟则有比较成熟的休耕制度。正是在粮食供给出现阶段性过剩、库存压力空前、生态环境恶化、全球供应过剩的情况下，中国政府开始建议在部分地区实施耕地轮作的土地休耕制度。因此，在粮食供给侧矛盾的倒逼下，不得不让我们重新审视土地休耕制度。

土地休耕制度是指在政府宏观调控下，土地所有者或使用者有计划、有组织、有步骤地将一部分耕地在一定时期内闲置起来或进行科学轮作，从而实现储粮于地、保护耕地、保护生态的制度安排。土地休耕有利于土地休养生息，对提高耕种效益、实现土地可持续有效利用，具有重要意义，可为粮食最低收购价政策实施创造更宽松的环境。在粮食过剩的情况下，土地休耕也是调整粮食供求关系的重要政策选择。中国实行土地休耕制度，将会在粮食去产能、去库存、降成本、补短板等方面发挥重要作用。

1. 土地休耕是粮食储产能的蓄水池

我国粮食出现阶段性过剩与结构性过剩，这意味着不仅要调整粮食供给总量，还要调整粮食供给结构。所以，我们应该正视这种矛盾，粮食阶段性去产能不容回避。但是粮食领域去产能与工业领域去产能应有很大的区别。工业领域去产能意味着要彻底淘汰部分落后与过剩产能，粮食领域去产能并不是要把耕地非农化，而是部分耕地暂时退出耕种，实现藏量于地，与其说是去产能，不如说是储产能。这取决于对我国粮食安全的形势与粮食生产的特点两个基本判断：一是人多地少的国情决定了我国粮食供需将长期处于紧平衡状态；二是人口增加、气候变暖、水资源短缺、环境恶化等因素决定了全球粮食供给在较长时间内将处于偏紧状态。同时，粮食的生产周期比较长，很容易出现"多了多了，少了少了"的情况。这决定了我国粮食领域去产能不可能把大量耕地非农化。因此，通过休耕实现粮食产能的暂时退出与储存将是一种合适的选择。

2. 土地休耕是粮食去库存的安全垫

伴随粮食产量的 12 连增，我国粮食库存量已创历史最高，给粮食收购和储存带来了前所未有的压力。中国的粮食库存消费比远高于联合国粮农组织规定的 17％粮食安全标准。因此，去库存是粮食供给侧改革的必然选择。在没有土地休耕制度的情况下，粮食安全实际只有一道安全垫，即库存（含进口粮食）。而在有土地休耕制度的情况下,粮食安全将会增加一道安全垫。去库存的同时进行休耕制度改革,则可以提高去库存的操作空间。土地休耕实际上是把粮食于库改为存粮于地,必要之时可以快速释放粮食产能,保障国家粮食安全。同时,它可以减轻粮食最低收购价政策的执行压力。

3. 土地休耕是粮食降成本的调节阀

粮食从生产到收购,从储存到流通要经过一系列的环节,从国家的角度,每个环节都要支付成本。从生产看,政府要支付生产资料补贴、良种补贴、种粮直补等;从收储看,政府要执行粮食最低收购价为托市收购付出巨大的财力;从储存看,政府要进行大量的仓储建设,要提供大量的仓储补贴;从流通环节看,政府要投入流通设施,建设流通市场,支付流通费用;等等。保障必要的粮食安全与必要的库存,相关的成本是政府必须要付出的。但超过粮食安全标准的生产与库存,必然给政府带来额外的支付,高成本必然带来市场的高价格,高价格又会形成粮食加工企业的高负担,进而降低我国粮食的竞争力。土地休耕则可对粮食高成本、高价格、高库存起到有效的缓解作用。

4. 土地休耕是粮食补短板的助推器

通过土地休耕,补粮食短板主要可体现在以下几个方面:使部分土地得到修养生息,可更好保护耕地资源;缓解地力透支,水土流失、污染加重等带来的环境问题,利于农业可持续发展;通过减量提质,可有效提升我国的粮食安全的质量;通过结构调整,可把更多的资源投向粮食科技创新,有效提升粮食产业的竞争力;有利于推进农民转型,培育新型农业经营主体,逐步建设职业化农民队伍,等等。

可见,粮食供给侧存在的诸多矛盾,既是对我们提出的挑战,也为土地休耕等制度创新提供了难得的机遇。

正是在这种大背景下,经党中央、国务院同意,2016年6月,农业部等多部委联合发布《探索实行耕地轮作休耕制度试点方案》。在部分地区探索实行耕地轮作休耕制度试点,是党中央、国务院着眼于我国农业发展突出矛盾和国内外粮食市场供求变化作出的重大决策部署,它既有利于耕地休养生息和农业可持续发展,又有利于平衡粮食供求矛盾、稳定农民收入、减轻财政压力,也是化解粮食最低收购价政策执行压力,推进粮食供给侧结构性改革的重要举措。

(三)积极开展土地休耕制度改革试点

1. 土地休耕制度试点应坚持的原则

(1)粮食安全原则。我国进行土地休耕制度试点必须要深入贯彻国家粮食安全战略,确保"谷物基本自给、口粮绝对安全"。保障国家粮食安全既是粮食供给侧改革的基本底线,也是土地休耕制度试点的基本底线,土地休耕一定要避免非农化倾向。坚守耕地保护红线,提升耕地质量,对休耕地采取保护性措施,禁止弃耕、严禁废耕,不能减少或破坏耕地、不能改变耕地性质、不能削弱农业综合生产能力,确保急用之时能够复耕,粮食能产得出、供得上。粮食安全原则界定了土地休耕制度的操作空间。

（2）循序渐进原则。对耕地进行轮作休耕情况比较复杂,尤其在中国这样一个人多地少的大国实施,情况更为复杂,改革不可能一步到位。渐进式改革是我国经济体制改革的成功经验。因此,要坚持先行试点,探索可复制可推广的成功经验。这决定了我国的土地休耕制度应该有计划、有步骤地实施。

（3）综合改革原则。土地休耕制度试点会涉及粮食生产、粮食收储、粮食流通、粮食监控等一系列体制机制、政策的调整,这决定了土地休耕制度试点不能单兵突进,应遵循综合改革的原则,突出问题导向,分区分类施策,以资源约束紧、生态保护压力大的地区为重点,防治结合、以防为主,因地制宜、突出重点,与地下水漏斗区、重金属污染区综合治理和生态退耕等相关规划衔接,统筹协调推进。

（4）自愿参加原则。我国生态类型多样、地区差异大,耕地轮作休耕情况复杂,要充分尊重农民意愿,发挥其主观能动性,不搞强迫命令、不搞"一刀切";鼓励以乡、村为单元,集中连片推进,确保有成效、可持续。目前我国耕地绝大部分为农户承包,土地承包人对其依法承包的土地享有占有、使用、收益和一定处分的权利。在试点期间,应坚持农民自愿,政府引导的原则。

（5）利益补偿原则。政府鼓励农民以市场为导向,调整优化种植结构,拓宽就业增收渠道。但土地休耕是执行政府政策的行为,必须强化政策扶持,建立利益补偿机制,对承担轮作休耕任务农户的原有种植作物收益和土地管护投入给予必要补助,确保试点不影响农民收入。同时,土地休耕事关国家粮食安全,补助资金主要应该由中央财政安排。

2. 科学设定休耕政策目标

（1）平衡粮食供求。从各国实施土地休耕制度的实践来看,实行该制度的一个基本原因,就是由于粮食供过于求,出现粮食过剩,通过土地休耕以达到储粮于地、调节粮食供求关系的目的。这是休耕政策的基本目标,基于此种目的的休耕可称为产能过剩休耕。

（2）保护生态环境。粮食产量的连增,实际上也带来我国耕地开发利用强度过大的问题,一些地方地力严重透支、水土流失、地下水严重超采、土壤退化、面源污染加重已成为制约农业可持续发展的突出矛盾。从各国实施土地休耕制度的实践来看,保护生态是土地休耕政策的另一基本目标,基于此种目的的土地休耕可称为生态休耕。

（3）稳定农民收入。土地休耕背景下,对参与政府土地休耕计划的农民的直接影响就是收入减少。因此,为了保障土地休耕计划的顺利实施,必须要对农民进行土地休耕补贴,以稳定农民收入。土地休耕补贴是土地休耕制度的核心内容之一,对政府来说是土地休耕成本,对农民来说是收入。补贴的方式可以采用粮食或现金补贴,补贴的标准应是基本能达到农民种粮收益水平。

(4) 优化财政支持。我国目前是按"成本加合理利润"和"成本加基本收益"的定价原则来制定托市价格和目标价格,这样做的结果必然使粮食价格长期高于市场均衡价格,出现"高产量、高收购、高库存、高进口、高亏损",财政支持"高成本"。因此,通过土地休耕调整供求关系,合理粮食价格形成机制,优化财政支持也是土地休耕应有之义。

《探索实行耕地轮作休耕制度试点方案》也对轮作土地休耕制度试点提出了要实现的主要目标,即力争用 3～5 年时间,初步建立耕地轮作休耕组织方式和政策体系,集成推广种地养地和综合治理相结合的生产技术模式,探索形成轮作休耕与调节粮食等主要农产品供求余缺的互动关系。在东北冷凉区、北方农牧交错区等地推广轮作 33.33 万公顷(其中,内蒙古自治区 6.67 万公顷、辽宁省 3.33 万公顷、吉林省 6.67 万公顷、黑龙江省 16.67 万公顷);在河北省黑龙港地下水漏斗区季节性休耕 6.67 万公顷,在湖南省长株潭重金属污染区连年休耕 0.67 万公顷,在西南石漠化区连年休耕 0.27 万公顷(其中,贵州省 0.13 万公顷、云南省 0.13 万公顷),在西北生态严重退化地区(甘肃省)连年休耕 0.13 万公顷。根据农业结构调整、国家财力和粮食供求状况,适时研究扩大试点规模。

3. 休耕制度试点的路径选择

(1) 优化制定休耕试点总体方案。我国可结合农业发展规划,在对国内、国际粮食供求形势分析判断的基础上,在前期试点方案的基础上,进一步优化制定土地休耕试点的总体方案,提出土地休耕的指导思想、目标、任务、试点周期,这样有利于粮食宏观调控,落实国家粮食安全战略。在总体规划的基础上,通过制订年度计划,利于试点的顺利推进。通过一个周期的试点,应该可以形成比较成熟的可推广、可复制的休耕经验。

(2) 合理选择土地休耕试点区域。我国疆域辽阔,各地的耕地情况、耕种制度有很大差别,这意味着可供选择的休耕区域很多。但土地休耕试点区域的选择要能够体现过剩土地休耕与生态土地休耕的不同要求。因此,根据我国不同粮食品种过剩的情况和生态面临的问题,建议重点选择两类区域进行试点:一是在粮食绝对过剩的品种种植区选择一定区域进行试点;二是在生态问题非常突出的地区选择一定区域进行试点。因为过剩土地休耕与生态土地休耕的要求会有所不同,土地休耕的时间、补贴的办法也会有所区别。这样通过试点就可以为我们积累过剩土地休耕与生态土地休耕的经验。

具体而言,面对玉米严重过剩的情况,玉米种植区可选择一定的区域进行过剩休耕试点;生态问题严重的区域可选择在地下水漏斗区、重金属污染区和生态严重退化区等区域开展生态休耕试点。在保障国家粮食安全的基础上,合理确定年度休耕减产的计划指标,通过减产指标来控制休耕面积。

(3) 合理确定土地休耕补贴标准与补贴方式。土地休耕试点要坚持自愿原则,同时土地休耕后不能降低农民收入。因此,这就需要合理制定补贴标准,补贴标准应体现以下要求:一是对农民自愿土地休耕有吸引力;二是政府可承受;三是与种粮收入保持合理比例。

从理论上讲,土地休耕补贴方式可采用实物补贴,也可采用货币补贴。实物补贴就是按土地休耕面积与单位面积补贴粮食数量对土地休耕农户补贴粮食;货币补贴就是按休耕面积与单位面积补贴现金对休耕农户补贴现金。根据我国粮食供求与库存的现状,建议采用补贴粮食的方式,这有利于减轻国内粮食供求与库存压力。补贴现金可能会出现农民把现金用于粮食的替代消费,会影响粮食供给侧改革的效果。

(4)与新一轮退耕还林规划协同联动。土地休耕与耕地退耕还林无论在目的,还是在实施的方式方法上都有所不同,但是也有相同的地方,如都会减少粮食产量,都需要补贴等。耕地退耕还林在某种程度上是对不适合种粮的一些陡坡地和沙化地等进行永久休耕。1999年我国启动了第一轮耕地退耕还林还草,截至2006年年底,累计完成退耕地造林0.10亿公顷,配套实施荒山荒地造林和封山育林0.15亿公顷,取得了较好的生态、经济和社会效益。从2014年开始,我国启动了新一轮耕地退耕还林还草,规划的基本目标是到2020年将全国具备条件的约282.67万公顷耕地退耕还林还草。因此,我国的土地休耕制度应该与耕地退耕还林还草规划衔接起来,这样才能更好地实施粮食安全战略,使土地休耕制度更好发挥效果。

(5)进一步完善国家粮食对外开放战略。随着经济全球化和贸易自由化向纵深推进,国内外粮食市场的关联度越来越强,国际粮食形势对我国粮食市场的影响更加直接。我们要进一步完善国家粮食对外开放战略,运用国际国内两种资源、国内国外两个市场,提高我国粮食安全的保障水平。因此,在土地休耕背景下,我国主动对接"一带一路"等国家对外开放战略,通过"引进来""走出去",加快形成互利共赢的国际合作关系,更好地保障国家粮食安全。

另外,土地休耕是一项政策性很强的改革,涉及国家、农民、企业利益关系的调整,政府要尽快出台相关法规、制度,以保证休耕改革的顺利推进。

(6)与粮食最低收购价实行联动改革。2018年,中共中央"一号文件"提出,推进耕地轮作休耕制度试点,合理设定补助标准。农业部要以开展耕地轮作休耕制度试点为平台,推动农业理念创新、技术模式创新、投入产出效益模式创新、补贴机制创新和以遥感技术为基础的农业经营管理体制创新。在土地休耕制度试点基础之上,政府可根据财政财力、粮食供求状况、环境资源状况,进一步扩大土地休耕试点。土地休耕制度试点要加强与粮食最低收购价实行联动改革,在减少粮食产量的基础之上,通过市场力量可拉升粮食价格,政府也可适时降低粮食最低收购价,降低最低收购价对市场价格的干预,逐步建立农民的市场收入保障机制。

第六章 粮食最低收购价：基于粮食收储体系的分析

一、2004年以来我国粮食收储政策的演变与特征

粮食收储政策历来是我国粮食政策的核心，新中国成立以来，我国粮食收储政策先后经历了新中国成立初期的"自由贸易"、计划经济时期的"统购统销"、转轨时期的"双轨制"、市场经济下的"市场化"几个阶段。

1992年，中共十四大明确提出我国经济体制改革的目标是建立社会主义市场经济体制。此后我国的改革开放事业开始进入向社会主义市场经济体制转变的新阶段。在此大背景下，1993年，国务院发出《关于加快粮食流通体制改革的通知》，并且提出在两三年内全部放开粮食价格，至此，我国自1953年开始实施时间长达40年之久的粮食统销政策正式宣告结束，由此也拉开了我国粮食市场化的序幕。应该说，我国粮食市场化经历了一个艰难的过程，但真正市场化还是从2004年开始。

2004年，在我国粮食流通体制改革的历程中具有里程碑意义。2004年5月，《国务院关于进一步深化粮食流通体制改革的意见》明确提出，在国家宏观调控下，充分发挥市场机制在配置粮食资源中的基础性作用，放开粮食收购市场和粮食收购价格，建立对种粮农民直接补贴的机制，形成公平竞争、规范有序、全国统一的粮食市场。伴随粮食市场化改革，从2004年开始，我国对粮食收储政策也进行了重大调整，逐步形成了目前粮食收储政策的基本格局。

（一）粮食收储政策的演变

1. 粮食最低收购价政策

应该说，粮食最低收购价政策是市场化改革的产物。伴随着全面推进粮食购销市场化改革，2004年发布的《国务院关于进一步深化粮食流通体制改革的意见》和《粮食流通管理条例》中都明确提出，若粮食供求关系发生重大变化，必要时可由国务院决定对短缺的重点粮食品种在粮食主产区实行最低收购价格，这为粮食最低收购价格政策的出台，提供了法规、政策基础。可见，最低收购价

格政策正是政府在市场放开后对粮食价格进行保护的重要选择。

2004年是我国出台粮食最低收购价政策的第一年，从政策出台到2020年，我国粮食最低收购价政策已经实施了17年。目前，我国纳入最低收购价政策的粮食品种主要包括粮食主产区的小麦、稻谷两个品种，政策在实施过程中体现如下特点：①最低收购价格保持了上升趋势。从小麦最低收购价看，从2006年最低的1.38元/公斤涨到2016年的2.36元/公斤，11年间，小麦最低收购价提高了71%；从稻谷最低收购价看，以粳稻为例，粳稻最低收购价从2004年的1.5元/公斤涨到2016年的3.1元/公斤，13年间，提高了107%。②最低收购价政策执行主体增多。中储粮总公司作为国家委托的最低收购价政策执行责任主体，对最低收购价政策收购的稻谷、小麦的数量、质量和库存管理等负总责。后来把受中储粮总公司委托的中粮集团有限公司、中国华粮物流集团公司所属企业也纳入政策执行企业中。2016年又增加了受中储粮总公司委托的中航工业、农垦集团所属企业及有关地方骨干企业。③最低收购价政策实施省份扩大。早籼稻由江西等4省调整到安徽等5省（区）；中晚稻则由吉林等7省调整到辽宁等11省（区）；小麦最低收购价政策则一直在河南等6省实施。最低收购价政策对保护国家粮食安全、稳定市场粮价、保障农民收入起到了重要作用。但是，扭曲市场粮价、加重收储压力、降低补贴效益等负面效应也使最低收购价政策有调整的必要。

2. 粮食临时收储政策

在主产区对小麦、稻谷实施最低收购价政策的同时，为了保护农产品种植面积和农民种植受益，稳定粮油市场价格，从2008年起，我国对玉米、大豆等农作物实行临时收储政策。玉米、大豆临时收储政策执行区域主要覆盖东北三省的黑龙江、吉林、辽宁和内蒙古。国家从2008年开始实行大豆临时收储政策，2008—2013年，临储价格分别为3700元/吨、3740元/吨、3800元/吨、4000元/吨、4600元/吨、4600元/吨。2013年比2008年大豆临储价格上升了24%。国家从2008年开始实行玉米临时收储政策，以黑龙江为例，2008年至2015年，玉米（国标三等质量标准）临储价格分别为1480元/吨、1480元/吨、1780元/吨、1960元/吨、2100元/吨、2220元/吨、2220元/吨、2000元/吨。2015年比2008年玉米临储价格提高了35%。粮食临时收储政策与最低收购价政策一样，都起到托市的作用，但也存在同样的负面效应。

3. 目标价格政策试点

伴随粮食最低收购价政策、临时收储政策的实施，政府托市收购的粮食规模越来越大，财政的压力越来越大，政府对粮食市场价格的干预程度越来越强，托市收购政策的正效应在下降，负效应在增加，如何调整粮食领域政府和市场的关系，完善粮食收购政策成为关键。2014年，中共中央"一号文件"提出，完善粮食等重要农产品价格形成机制，坚持市场定价原则，探索推进农产品价格形成机制与政府补贴脱钩的改革,逐步建立农产品目标价格制度。在这种背景下,2014年我国在农产品领域率先对东北(辽宁、吉林、黑龙江)、内蒙古大豆和新疆棉花的目标价格改革试点,并在试点省(区)取消相关农产品的临时收储政策。

大豆目标价格补贴政策就是指在大豆价格主要由市场形成的基础上,国家有关部门制定能够保障农民获得一定收益的目标价格,当采期内实际市场价格低于目标价格时,国家对农民进行补贴;当市场价格高于目标价格时,不启动补贴。目标价格政策试点已经取得初步成效。

2018年,新疆自治区人民政府决定启动2018年棉花"价格保险＋期货"试点工作,并于2018年9月21日印发《2018年自治区棉花"价格保险＋期货"试点方案(试行)的通知》。试点方案提出,通过开展棉花"价格保险＋期货"试点,探索形成可推广、可复制、可持续的市场运行模式,进一步完善棉花价格补贴机制,建立棉花目标价格改革补贴可替代路径;要立足保障棉花实际种植者收益不变,原则上确保棉花"价格保险＋期货"试点理赔水平与棉花目标价格补贴水平基本保持一致,力争试点县(市)棉花实际种植者获得保险理赔标准不低于棉花目标价格补贴标准。明确试点县(市)行政区城内所有符合棉花目标价格改革要求的实际种植者不再享受棉花目标价格产量补贴,参加棉花目标价格保险试点,履行保险合约义务,获得保险理赔。试点的基本做法是,在棉花目标价格补贴政策基础上,形成棉花价格保险机制。保险目标价格与低于此价格的棉花市场平均价格之间的价格区间为保险理赔区间,当棉花市场平均价格低于保险目标价格时,保险公司启动保险理赔,按照保险合同约定履行价格保险赔付义务。棉花价格保险费实行财政补贴支持政策,由自治区财政从中央棉花目标价格改革补贴资金中安排,棉农不缴纳保险费。通过改革试点,我国的保险体系将更多地参与到农产品的目标价格改革中,有利于减轻财政负担,完善农产品价格形成机制。

4. 生产者补贴制度改革

从当前看,我国粮食安全形势总体较好,但"三高"即高产量、高库存、高进口的特征明显,也面临诸多新情况、新矛盾。粮食领域供给侧改革的压力非常大。为此,国家坚持以粮食市场化改革为方向,2016年选择我国最大的粮食品种玉米,在内蒙古和东北三省推进收储制度改革。根据《财政部关于建立玉米生产者补贴制度的实施意见》,实施改革的各个省区分别出台了玉米生产者补贴制度实施方案。按照"市场定价、价补分离"的原则,将玉米临时收储政策调整为"市场化收购"加"政府补贴"的新机制,结束了实施8年的玉米临时收储政策。玉米生产者补贴制度改革后,玉米价格由市场形成,供求关系靠市场调节,生产者随行就市出售玉米,各类市场主体自主入市收购。为保护玉米生产者利益,由中央财政直接对玉米种植者给予补贴。

在建立玉米生产者补贴制度的基础上,《财政部、国家发展改革委、农业部关于调整完善玉米和大豆补贴政策的通知》(财建〔2017〕118号)的发布,进一步推进了玉米、大豆补贴改革。相关省份制定并印发了实施方案,如《黑龙江省玉米和大豆生产者补贴工作实施方案》等。方案明确市场定价、价补分离的原则,提出进一步完善玉米生产者补贴制度,自2017年起将大豆目标价格补贴政策调整为大豆生产者补贴政策,实现玉米和大豆补贴机制相衔接,玉米和大豆价格由市场决定,政府对玉米和大豆生产者给予一定补贴,生产者随行就市出售玉米和大豆,形成购销主体多元化和多渠道流通的市场格局。全省范围内施行统一的玉米和大豆生产者补贴政策,对玉米生产者和大豆生产者分别执行统一的玉米生产者补贴标准和大豆生产者补贴标准,充分发挥市场供求关系和价格机制对调整区域种植结构的决定性作用。对玉米生产者和大豆生产者实行差异化补贴标准,引导扩大大豆种植,促进种植结构优化调整,推动农业供给侧结构性改革。

(二)粮食收储政策的特征

2004年以来,伴随国内外粮食市场的变化,我国粮食收储制度也在不断进行调整,并形成如下特征:①粮食收储的市场化程度在提高。从粮食最低收购价政策、临时收储政策的托市收购,到目标价格改革试点、生产者补贴制度的实施,我国压缩了托市收购的粮食品种,扩大了市场定价的范围,粮食市场化改革迈出了实质性步伐,具有里程碑意义。②粮食收储实行分品种改革。经过改革,我国的粮食收储已经形成了水稻、小麦实行最低收购价托市收购,大豆玉米分别通过目标价格改革、生产者补贴制度全部放开收储的模式,鼓励多元化市场主体自主入市收购。③粮食收储制度三套并行向两套并行调整。我国四大粮食品种在前期形成了三套并行的收储制度,即水稻和小麦实行最低收购价托市收购、大豆实行目标价格改革、玉米实行生产者补贴制度。三套收储制度并行,考虑了不同粮食品种不同的改革需求,但实际也为粮食收储制度的综合改革带来困难,增加了改革成本。2018年,我国对目标价格政策进一步改革,在辽宁、吉林、黑龙江和内蒙古对玉米及大豆生产者实施补贴。我国四大粮食品种形成了水稻、小麦实行最低收购价托市收购,大豆、玉米实行生产者补贴的制度。

二、我国粮食收储体系面临的主要问题

2004年以来,我国粮食收储政策的实施,取得了巨大的成效。实现了粮食产量12连增的历史记录,保护了种粮农民利益,稳定了粮食价格和粮食市场,增强了政府粮食宏观调控能力,保障了国家粮食安全。但是不可否认,粮食生产照单全收,也带来"三高"压力,粮食供给侧结构性改革迫在眉睫。

（一）粮食收购率不断提升带来的收购压力越来越大

表 6-1　2005 年以来我国粮食产量与收购量基本情况　　单位:亿公斤

年份	2005	2006	2007	2008	2009	2010
粮食总产量	4 841.2	4 980.4	5 016.05	5 287.1	5 308.2	5 464.75
粮企收购量	1 821.5	2 016	2 013.5	2 918	2 876.5	3 011
粮食收购率	37.6%	40.5%	40.1%	55.2%	54.2%	55.1%
年份	2011	2012	2013	2014	2015	2016
粮食总产量	5 712.1	5 895.8	6 019.4	6 070.25	6 214.4	6 162.4
粮企收购量	3 473	3 187.5	3 444.5	3 644.5	4 232.5	4 600
粮食收购率	60.8%	54.1%	57.2%	60%	68.1%	74.6%

　　说明:①粮食总产量根据历年中国统计年鉴换算;②各类粮食经营企业收购量根据国家粮食局相关资料整理;③各类粮食经营企业包括国有粮食企业、其他多元企业收购主体;④收购包括直接向种粮农民或者其他粮食生产者批量购买粮食的数量,也包括向粮食经纪人购买的粮食。⑤粮食收购率是指各类粮食经营企业收购量占当年粮食总产量的比重。

　　如表 6-1 所示,2004 以来,我国粮食产量保持了连续增长的态势,实现了12 连增,2013—2016 年连续保持在 6 亿吨以上的历史高位。伴随粮食增产丰收,各类粮食经营企业粮食收购量从 2005 年的 1 821.5 亿公斤上升到 4 600 亿公斤,这意味仓储量要增加 1.5 倍;粮食收购率也在不断攀升,从 2005 年的37.6%上升到 2016 年的 74.6%。粮食收购量、收购率不断提高,从根本上解决了农民卖粮难的问题,在某种程度上保障了种粮农民的收益。2017 年 1 月全国粮食流通工作会议相关资料显示,当前我国粮食库存处于历史高位,而且库存大部分集中在政府手中,占到 85%以上,其中中央事权的粮食又占 88%,财政负担重、资源浪费大。换句话说,在目前我国粮食库存中,中央事权的粮食库存能够占到 75%。很明显绝大部分粮食库存集中到政府手中,是多种因素共同作用的结果,但不可否认托市收购政策是非常重要的因素。

　　粮食超高库存会引发一系列问题:①政府收购、储存粮食要付出巨额的成本,长此以往难以承受;②政府的仓储设施远不能满足收储的需求,仓储建设的任务巨大;③容易扭曲粮食市场价格,不利于粮食市场对粮食资源的合理配置。

（二）粮食市场收储主体发展滞后

　　随着我国放开粮食收购市场及《粮食流通管理条例》的实施,粮食市场收购主体呈现出多元化的特点。参与粮食收购的不仅有传统的国有粮食购销企业,还有民营企业、个体粮商、粮食经纪人,一些外资企业也纷纷进入粮油收购市场。

但是我们看到，除了一些粮食加工企业把收购的粮食进行加工转化外，一些粮食贸易商、经纪人由于收购资金周转有限，没有必要的仓储设备，不具备进行大规模收购和长期储存的条件，他们往往进行转手收购贸易，以获得粮食收购价差为目的。如根据 2014 年中国粮食行业协会、中国粮食经济学会等对 14 个省市及所属 79 个市县粮食经纪人调查的情况看，每年粮食经纪人收集的粮源能占总收购量的 70%，在粮食主产区占比更高，主产小麦的河南省达 85% 以上，无论国有粮食储备和加工贸易企业，还是民营、外资粮企，都主要依靠粮食经纪人提供粮源。但目前，粮食经纪人还处于"小散弱"的状态，处于二传手的角色。粮食市场放开后，通过委托代理关系，政府依然是粮食收购市场上的最大主体，粮食库存及粮权主要集中在政府尤其是中央政府手中。粮食收储高度集中在政府手中，不仅大大增加了政府的负担，也不利于多元粮食主体的成长，使国有粮食企业缺乏改革的动力。同时，粮食生产者的粮食收储职能远没有发挥。粮食市场主体还不能满足市场放开的需要。

（三）粮食收储政策的调整处于起步阶段

面对粮食收购市场的压力，客观需要调整粮食收购政策。从 2014 年在东北、内蒙古进行大豆的目标价格改革试点，到 2016 年在东北、内蒙古对生产者补贴制度改革，政府实际是在进行不同模式的粮食收购制度改革的尝试。两者既有相同的方面，也有不同的地方。相同点主要表现在：①实施改革后，相关粮食品种的市场全部放开，价格由供求决定，形成购销主体多元化和多渠道流通的市场新格局。②实行价补分离，完善补贴机制，都是由中央政府安排补贴资金。③都是对粮食种植者进行补贴。

两者最大的差别可能在于玉米生产者补贴制度改革有点类似于种粮直补，从现在的方案看，只要是行政区划范围内玉米合法实际种植面积的实际种植者，都可按照实际种植面积与当年亩均补贴标准获得补贴，只不过种粮直补是为了鼓励农民种粮的积极性，而生产者补贴更主要是推进收储制度改革。而在大豆的目标价格改革下，大豆种植者能否获得补贴，则要取决于实际市场价格与目标价格间的关系，当实际市场价格高于目标价格，政府则无须启动补贴机制。2018 年，我国在辽宁、吉林、黑龙江和内蒙古同时实施玉米及大豆生产者补贴。

由于这两种改革模式均实施时间不长，改革的效应还未充分体现，在市场放开后，政府可能被迫入市托市收购，如果这样的话，改革的效应将会大打折扣。同时，我们也应防止出现生产者补贴的长期固化问题。当前我国农产品补贴采取处于多元并存格局，水稻和小麦实行最低收购价托市收购，辽宁、吉林、黑龙江和内蒙古实行大豆、玉米生产者补贴，新疆实行棉花目标价格改革。长期看，生产者补贴应是可选择的重要方向。

（四）粮食收储的支持体系处于落后状态

粮食收购市场放开，需要完善支持服务体系，目前，我国在这方面还存在很大的局限性，这也会限制粮食收购市场放开的进程与效果，如粮食收购的金融支持体系不完善。在托市收购情况下，收购资金主要由农发行提供，其他金融资金入市并不积极，一些市场主体面临收购资金困难问题；在分散种植、小规模种植的条件下，发挥种植者的收储职能，客观需要仓储服务的社会化，在这方面也很难满足种植者的需求；提供粮食信息是市场放开后，政府应该向社会提供的基本公共服务，但现在政府提供收储的信息非常有限，这也会限制市场主体入市的积极性；我国粮食交易平台还处于分割状态，尤其是面向农民开放的交易平台发展严重滞后。可见，构建新型粮食收购体系，客观需要完善粮食收购的支持体系。

三、完善粮食收储体系的政策分析

（一）完善粮食收储体系应坚持的原则

在现行的粮食收储政策下，我国的粮食库存必然绝大部分掌握在政府手中，完善粮食收储体系将意味着政府粮食库存有所下降，但是粮食库存下降不应影响国家粮食安全与农民收入增长。因此，完善粮食收储体系应该重点遵循以下基本原则。

1. 国家粮食安全原则

粮食收储制度改革是牵一发而动全身的事情，改革的前提是必须保证国家粮食安全。这里尤其要注意两个方面的问题：一是不能因为改革而出现粮食产量大幅下降，因为产量是保证国家粮食安全的基础，粮食产量的调整主要应体现在结构上，适当降低严重过剩的粮食品种的产量，增加优质粮食品种的产量；二是要保证国家粮食储备处于更加合理状态，库存的下降要以保证国家粮食安全为底线。

2. 农民收入保障原则

不管是粮食托市收购，还是大豆、玉米粮食收购市场放开改革，都遵循了一个非常重要的原则，就是要建立"农民种粮卖得出底线"，保障种粮农民收入的稳步增长。2004年以来，我国农村居民人均纯收入保持了良好的增长态势，这与政府托底收购粮食密不可分，因此，粮食收购制度的改革不应以牺牲农民收入增长为代价，不应出现新的卖粮难。

3. 粮食宏观调控原则

随着粮食收储制度改革的不断深化，粮食市场主体日趋多元化，粮食库存会出现一定程度的分散化，更多粮源将由政府手中转移到社会主体手中。因此，伴随着粮食收储制度改革，政府粮食宏观调控必然要作出相应调整，逐步由主要依靠直接调控，转向依托市场的间接调控。加快构建与粮食收储制度改革相适应的粮食宏观调控体系也是改革面临的重要任务。

（二）完善粮食收储体系的政策建议

1. 形成粮食生产能力储存的新思维

传统的粮食收储体系主要包括政府、企业、农民三个方面。在新的形势下，应该树立粮食安全新观念，把粮食生产能力储存作为粮食储存的新能级，其重点在于"藏粮于地""藏粮于技"。

粮食安全不仅仅体现在数量、质量安全方面，还体现在粮食生产能力安全方面。粮食生产能力的大小主要取决于耕地与科技。耕地是粮食生产能力的主要载体，保护耕地就是保护粮食生产能力。因此，保障粮食生产能力安全首要的就是要坚持最严格的耕地保护制度，坚守耕地红线。有了保障粮食安全的耕地，我们就可根据粮食供求关系，比较从容地开展休耕、退耕或粮食结构调整等制度安排，从而实现"藏粮于地"。"藏粮于地"比藏粮于库更积极、更能动，它是建立我国粮食安全长效机制的重要组成部分。

"藏粮于技"是调整我国传统粮食收储关系的又一选择。传统农业生产方式已难以为继，粮食生产的根本出路在科技进步。根据农业部门的资料显示，近年来我国农业科技对粮食增产贡献逐年提高，由 2012 年的 53.5％提高到 2018 年的 58.3％。依靠农业科技可以突破资源环境约束，大大拓展我国粮食安全的空间，实现粮食安全的可持续。因此，以科技为依托，加快构建我国高产、优质、高效、生态、安全粮食技术体系，是实现我国"藏粮于技"的重要保障。

2. 大力拓展种植主体的粮食收储功能

2005 年以来，我国各类企业粮食收购率从 37.6％，上升到 2016 年的 74.6％，这意味农民或其他粮食种植者几乎把除了口粮之外的所以商品粮部分都出售给了国家和企业，可以说，现阶段，粮食生产者几乎丧失了粮食收储功能，这是一种不正常的现象。

粮食种植者储粮是一个国家粮食收储体系的基础，它不仅保障着种粮者口粮安全，在分担国家粮食流通安全方面也有着不可忽视的作用，且在一定程度上可减轻政府储粮压力，节约政府储粮支出。美国粮食储备体系以农场储粮为主，占总仓储能力的 58％（陈文琼、刘颖，2011）。而我国这样一个农业大国不可能照搬美国的做法，但这也足以说明农民或农场应该是粮食收储的重要主体。

提升我国粮食种植者的粮食收储水平可以强化以下几个方面的工作：①对粮食种植者收储粮食进行补贴。粮食收储涉及粮食流通安全，也事关国家的粮食安全，粮食安全属于公共产品，因此，粮食种植者履行粮食安全的责任，政府有必要给予补贴。这里并不需要对所有的粮食种植者收储行为进行补贴，可主要是对与国家签署收储计划的粮食种植者进行补贴。②提高粮食收储设施的社会化的程度。让农民自己出资建造大量的粮食收储设施会存在较大困难。通过政府、企业投资建设仓储设施或利用现有设施,以有偿的方式提供给农民使用,实现收储设施社会化,可能是一种选择。一些地方开展的"粮食银行"就是一种不错的实践。③政府进一步加大对农民建设仓储设施的支持力度。"十二五"时期,中央投资新建仓容 8 250 万吨,新增农户科学储粮专项户数 618.2 万户,"十四五"时期应该继续加大对仓容及农户科学储粮专项的投入。

3. 积极构建粮食产业链收储体系

根据《农民日报》的报道,截至 2016 年年底,我国家庭农场、农民专业合作社、农业产业化龙头企业等新型农业经营主体总量已达到 280 万个。其中,家庭农场达到 87.7 万家,农业产业化组织达到 38.6 万个。同时,新型职业农民不断壮大,总数超过 1 270 万人,成为农业现代化发展的引领力量。新型经营主体的不断壮大,有力地助推了适度规模经营的发展,多种形式适度规模经营面积占比已超过 30%。适应粮食生产组织方式变化,必须要创新粮食收购方式,引导粮食企业与种粮大户、家庭农场、农民合作社等新型粮食生产经营主体对接,积极开展订单收购、预约收购、代收代储、代加工等服务,积极构建从粮食生产、收储、加工、消费的产业链,逐步突破传统的单一主体收购模式,形成粮食产业链收储的体系。

4. 积极拓展粮食的网上储存空间

实施"互联网+粮食"行动计划,通过互联网促进粮食收储新业态,要让粮食在网上流动起来,形成粮食的网上储存新空间。毫无疑问,通过互联网促进粮食的快速有序流动,可以有效降低对粮食的物理库存需求,从而拓展粮食的网上储存空间。具体可以采取如下措施:①构建全国性粮食公共信息服务平台。粮食公共信息是典型的公共产品,应该由政府来提供。及时、准确、全面的粮食信息,可以有效降低全社会的粮食收购、仓储、物流、加工、贸易的成本。②构建面向生产者的全国性粮食交易平台。伴随粮食收储制度的改革,市场的进一步放开,政府收购减少后,粮食生产者将直接面向市场销售粮食,运用互联网技术,拓展粮食生产者的售粮渠道非常重要。作为服务体系的重要组成,政府应该构建面向种植者的公益性粮食交易平台。③积极形成粮食对互联网的新需求。通过粮食供给侧结构性改革,增加优质、有机、绿色粮食产品的供给,这些产品的供给往往强调从地头到餐桌,需要方便快捷的渠道,种植者很多是新型职业农民,他们一般既是种植者,也是流通的组织者,从收购、储存、流通对政府的依赖程度都很低。通过结构性调整,增加优质、有机、绿色粮食产品的供给,可有效降粮食对库存的压力。

5. 有效拓展粮食的海外储存空间

我国要发挥粮食生产、贸易、消费大国的优势,充分利用国际国内两个市场、两种资源,有效拓展粮食海外储存空间;鼓励和支持粮食企业"走出去",粮食资源要素在国际间的有序流动,实现粮食生产、仓储加工、科技贸易等国际资源为我所用,以"一带一路"沿线国家为重点,通过国际间合作,有效实现粮食的跨国生产与经营。为此,我们必须加大培养国际化粮食经营管理人才的力度,培育全球性的大型跨国粮油集团。

第七章　粮食最低收购价:基于粮食财政补贴的分析

　　我国的粮食问题在一定程度上其实就是财政问题,粮食补贴问题其实质就是财政补贴问题。无论在计划经济体制下,还是在市场化体制下,必要的粮食补贴始终是做好粮食工作的基础,甚至是解决"三农"问题的"柱石"。粮食补贴涉及粮食生产、购销、储存等环节,它关系到一个国家的粮食安全、对外贸易、农业的可持续发展,关系到国家、企业和农民的利益。粮食补贴在国际贸易中一直是一个敏感的问题,世界各国都在对农业和粮食生产提供多方面的支持政策。在加入 WTO 之后,我国的粮食补贴问题也变得更加复杂。

　　我国农业政策在 2004 年经历了一个巨大的历史转变,政府开始减免农业税费,并逐步实行补贴农业的政策。到 2006 年,我国全面取消了农业税,在此基础上逐步实施了以"四项直接补贴"(粮食直接补贴、良种补贴、农业生产资料综合补贴、农机具购置补贴)、"三项价格支持"(最低收购价、临时收储、目标价格)和农业保险补贴等为主的全面农业补贴政策。但在实施十多年后,农业补贴政策的各种弊端不断涌现,包括补贴的财政负担不断增加、农业生产成本不断上升、农产品国内价格全面高于国际价格、农产品进口量与国内库存同时攀升、中国农业失去了国际竞争力等(全世文、于晓华,2016)。我国农业补贴政策到了一个需要全面反思和改革的时间点。一方面,我们要考虑世界贸易组织有关规则,及我国加入世界贸易组织的承诺;另一方面,又要考虑国内的粮食生产的现状问题,建立新形势下科学、合理和有效的粮食补贴新机制十分必要。而在粮食最低收购价下,如何完善粮食补贴政策,是需要考虑的重要问题。

一、最低收购价对粮食财政补贴改革提出新要求

　　粮食最低收购价是指当粮食供求关系发生重大变化,市场粮价低于政府制定的最低收购价格水平时,为保障市场供应、保护种粮农民利益,国务院决定对短缺的重点粮食品种在粮食主产区实行的价格支持政策,本质上属于财政粮食补贴的一种形式。最低收购价是在粮食价格市场化改革条件下,政府出台的粮食价格保护政策,主要是为了保护粮食生产,保护农民的种粮收益,保护国家的

粮食安全。最低收购价是在放开收购价格、收购主体多元化、收购市场竞争的基础上，引入市场机制。基于政府对农民粮食的收购而给予农民补贴，只有销售粮食才能获得政府价格支持收益，但农民到底从政府手中获得多少补贴收益并不明晰，它属于暗补或间接补贴方式。同时，参与最低收购价的粮食企业也可获得政府财政的相关补贴。

因此从性质上讲，粮食最低收购价属于市场经济下的一种粮食补贴形式，属于价格补贴的暗补方式，与我国传统的粮食补贴既有相同的地方，也有较大区别。2004年以来，最低收购价经过了十多年的实施，它对粮食财政补贴改革提出新要求：

（1）处理好阶段性的改革目标与战略性协调问题。粮食供给侧结构性改革是今后一段时间粮食改革的重点，需要处理好推进粮食供给侧结构性改革与最低收购价改革问题。目前粮食产量、库存量、进口量"三量齐增"问题是阶段性问题，我们要处理好总产与品种的关系、压库存和保安全的关系。最低收购价问题是涉及粮食安全的战略性问题。因此，阶段性的改革目标与战略性协调是我国粮食财政补贴改革中需要考虑的重要问题。

（2）处理好粮食市场化改革与价格形成机制问题。中共十八届三中全会通过的决定明确提出，建设统一开放、竞争有序的市场体系，让市场在资源配置中起决定性作用；完善主要由市场决定价格的机制，凡是能由市场形成价格的都交给市场，政府不进行不当干预；完善农产品价格形成机制，注重发挥市场形成价格作用。这决定了市场化是粮食流通体制改革的基本方向。而粮食最低收购价属于政府定价，在保障市场稳定、农民收益的同时，也一定程度上扭曲了市场粮食价格，客观需要在一定程度上消除"政策市"、修复市场机制，建立公平、可预期的市场化竞争规则和秩序，充分发挥多元市场主体作用。

（3）处理好粮食直接补贴与间接补贴的问题。粮食补贴政策按政府补贴金是否直接向农民支付，可分为直接补贴政策和间接补贴政策。直接补贴政策指一个国家或地区事先制定好某个标准，并按照这个标准直接向农民发放补贴金的政策。与之相对的是间接补贴政策，即政府不是直接将补贴金发放到农民手中，而是通过价格等方式间接补贴农民，让农民受益。2016年6月，财政部、农业部出台了《农业支持保护补贴资金管理办法》，其核心就是对粮食补贴资金的管理。该办法指出，农业支持保护补贴资金是中央财政公共预算安排的专项转移支付资金，用于支持耕地地力保护和粮食适度规模经营，以及国家政策确定的其他方向。农业支持保护补贴用于耕地地力保护的资金，补贴对象原则上为拥有耕地承包权的种地农民。用于粮食适度规模经营的资金，补贴对象为粮食适度规模生产经营者，重点向种粮大户、家庭农场、农民合作社和农业社会化服务组织等新型经营主体和新型服务主体倾斜。对农业信贷担保体系建设的支持资金统筹用于资本注入、担保费用补助、风险补偿等方面。该办法主要涉及农业直接补贴资金管理改革。该办法施行后《财政部　农业部关于印发〈中央财政农作物良种补贴资金管理办法〉的通知》《财政部　农业部关于印发〈中央财政天然橡胶良种补贴项目资金管理办法（试行）〉的通知》《财政部　发展改革委　农业部关于进一步完善农资综合补贴动态调整机制的实施意见》《中央财政新增农资综合补贴资金集中用于粮食基础能力建设暂行管理办法》《财政部　发展改革委　农业部国家粮食局　中国农业发展银行印发〈关于进一步完善对种粮农民直接补贴政策的意见〉的通知》《财政部关于印发〈2013 年对种粮农民直接补贴工作经费管理办法〉的通知》同时废止。

从世界上主要发达国家农业政策的演变看，一般都经历了由粮食间接补贴为主向直接补贴为主的演变，在当今世界发达国家和主要经济体所实行的政策中，直接补贴政策已经占据了主体位置。而粮食最低收购价属于间接补贴的范畴，又是属于当前我国粮食补贴的重要形式，如何处理好未来趋势与当前改革的关系，是值得探讨的重要问题。

（4）处理好粮食价格补贴与收入支持的关系。粮食支持制度往往是现代化国家农业政策的核心。主要发达国家农业政策一般都经历了由粮食价格补贴为主向收入支持为主的演变。自 2004 年以来，我国现有粮食支持制度逐步建立起粮食直接补贴制度和农产品价格支持制度。以土地承包者收入支持为主的粮食直接补贴、农业生产资料综合补贴，近年来中央财政支出都超过千亿元。以小麦、稻谷最低收购价和玉米临时收储政策的价格支持政策，自 2006 年后主要在粮食主产区实施。我国农业政策性保险等金融支持政策也在粮食主产区试点推广。粮食最低收购价属于价格支持制度，粮食托市收购花费了大量财政资源。更为严重的是，粮食托市收购等政策扭曲了市场价格，使国内价格明显高于国际市场价格，导致粮食国内库存居高不下的同时进口规模不断地扩大。较高的收购价格，一定程度上也导致资源在价值链中的错配。高价格刺激的是数量，大路货越来越多，抑制了适销对路的品种生产和品质提升。较高的支持价格，也使得农产品原料和产品价格倒挂，影响了下游企业的经营。粮食最低收购价改革势在必行。推进农产品价格形成机制改革，应在保持政策构架基本稳定的前提下，按照"价补分离"原则，逐步分离最低收购价政策"保增收"功能，同时建立相应利益补偿机制，综合运用价格和补贴等手段。因此，在粮食支持制度改革中，如何处理好粮食价格补贴与收入支持的关系是需要考虑的重要问题。

（5）处理好总量调整与结构支持的关系。在粮食总量阶段性过剩、品种阶段性过剩，产量、库存量、进口量"三量齐增"的背景下，推进粮食供给侧结构性改革，加大粮食最低价改革力度，需要处理好总量调整与结构支持的关系。农产品价格形成机制改革首先要重视总量调整，必须注重系统谋划、顶层设计，推进"价补分离"、积极稳妥。我们要坚持市场导向，从根本上消除价格支持对市场的扭曲影响，更好地发挥政府支持和调控作用，配套建立农业生产者补贴机制，保护农民利益。同时，农产品价格改革要坚持分品种施策的路径，统筹把握好改革的时机、节奏和力度，要考虑到各个品种的不同以及国家粮食安全的结构。

二、世界主要国家粮食补贴制度与借鉴

（一）粮食补贴制度概况

许多国家都对本国粮食生产和流通给予补贴。由于各国经济发展水平、粮食生产能力、经济体制、消费习惯以及自然条件的差异，形成了各具特色的粮食补贴制度。

1. 美国的粮食补贴制度

美国粮食补贴制度主要包括贷款差价补贴、直接补贴和反周期补贴三种补贴方式。实施粮食补贴的机构主要是政府所属的商品信贷公司（CCC）。贷款差价补贴的原理是，农场主以自己的农产品为抵押，可从CCC取得9个月的短期贷款，如果市场价格高于贷款率加利息，农场主可以出售其产品，以现金归还贷款本息，可使农场将粮食储存到1年中价格较高的时期再出售；如果市场价格低于贷款率加利息，农场主可以将其产品交给CCC，不再还款。在粮食市场供过于求时，CCC就通过这种方式收进粮食，并极力将粮食出口，以稳定国内粮价；当供不应求时，CCC率先出售库存粮食，同样也可以稳定粮食价格。直接补贴主要是对农场主执行政府休耕计划直接得到的补贴。反周期补贴主要是政府对农场主在合同面积内生产的农产品实行价格补贴，即当这部分农产品出售价格低于政府预先制定的"目标价格"时，政府按目标价格补偿其不足的部分，或称为"差额补贴"（赵文轩，2005）。

1996年《联邦农业完善与改革法案》出台，提出用7年时间取消长期以来实行的"农产品计划"，取消目标价格和差额补贴，从而也就取消了收入支持补贴和农产品价格之间的任何联系，使政府摆脱越来越沉重的农业补贴负担，把农场主完全推向世界市场。同时，以"生产灵活合同补贴"代替"价格支持补贴"，改进"无追索权贷款"办法，实行差价补贴而不是增加粮食储备。此外，还取消了对作物耕种面积的限制，完全放开农业生产。但出于保护农场主利益等多种考虑，2002年，布什政府通过的新农业法案，对农业的补贴总额大幅增加。新农业法案不但没有取消过渡性直接补贴，反而将其固定化，并增加了总量。进而将1998年以来政府追加补贴改为反周期补贴，也将其固定下来。这两项补贴总额预计每年将高达115亿美元左右，远远高于1998年以来的每年60亿～80亿美元的政府补贴。这个法案中的所谓政府直接补贴，即只要农场种植这种作物，便可通过有关手续直接从政府得到的补贴，几乎没有任何附加条件。同时，新农业法案进一步提高了大部分农产品的抵贷价格（相当于中国的粮食收购保护价）。

农场生产的农产品在市场上的出售价格高于抵贷价格时,收入归己所有;低于抵贷价格时,实际成交价格与抵贷价格之差额,由政府补贴。提高抵贷价格将比较严重地扭曲市场机制的作用。此外,新农业法案将使美国农场享受全方位的出口支持政策。美国商业信贷公司提供的农产品出口专项贷款基本上将农产品出口风险降为零。另外,还有其他一些名目繁多的低息贷款项目。美国政府还从多方面在科技、种子、农业设施、机械设备、运输等方面对农场给予支持。

美国从 1933 年《农业调整法》出台以来,每隔 5~6 年就出台一项农业法案,以保证强化农业国内支持政策。2014 年 2 月 7 日,奥巴马总统签署了美国历史上第 17 个农业法案——《食物、农场及就业法案》,新农业法案涉及很多重大调整,包括取消了近 20 年的直接补贴政策,增强了农产品价格和农民收入保障,并新增了诸多可供农户选择的农业保险项目等。

美国 2014 年农业法案改变了农产品支持项目,新增了农作物保险选项,保留了环境保护项目,修改了补充营养援助计划,扩大了对特色农产品、有机农产品、生物能源、新型农场主和牧场主的支持等(费文俊、王秀东,2015)。①增强农产品价格和农民收入保障水平。新农业法案新增了两项农作物补贴内容,一是价格损失保障项目,该项补贴提供给小麦、饲用谷物、水稻、油籽、花生以及豆类的生产者,当市场价格低于参考价格时,该项补贴启动。价格损失保障项目与反周期支付类似,是反周期支付的一种新形式。二是农业风险保障项目,该项目包括县农业风险保障和个人农业风险保障。新增两项农作物补贴生产者可以选择其中一项。②完善农作物保险项目。2014 年农业法案保留了一些原有农作物保险方面的内容,还新增了农作物保险项目。在联邦农作物保险项目下,私营保险公司向农户提供保险服务,美国农业部风险管理机构批准保险费率,管理保险费和补贴,并支持保险公司的保险产品,对保险公司进行再保险。新增农作物保险项目有补充保障选择、累计收入保护计划和未保险农作物援助项目。③取消农民直接收入补贴。2014 年农业法案取消了直接支付、反周期支付和农作物平均收入选择项目等补贴项目,终止了 1996 年以来每年约 50 亿美元的农民直接收入补贴。其中,直接支付是政府以预先确定的补贴面积、补贴产量以及补贴率,对具体商品提供的一种固定补贴,是农场主的直接收入补贴,属于世界贸易组织《农业协定》中规定的"绿箱"政策;反周期支付和农作物平均收入选择项目与当年农产品平均市场价格和农产品实际收益相关,属于世界贸易组织《农业协定》中规定的"黄箱"政策。看来在保持农产品价格支持和农民收入保障的同时,增加农业保险的力度是当今世界各国建立农业保护制度的普遍做法。

2. 欧盟的粮食补贴政策

欧盟对农业实行统一的政策和管理。20 世纪 60 年代随着农业共同市场的建立,在许多重要领域里的农业政策转由欧共体负责制定,包括市场与价格政策、外贸政策及结构政策,各成员国必须遵守,以达到提高农业生产率、改善农民收入、稳定市场以及保证向消费者提供价廉物美的食物的目的。

欧洲共同体是欧盟的前身,在 1962 年正式导入共同农业政策,对农业进行全面补贴和保护。为促进区域内粮食供求平衡和可持续发展,根据不同历史阶段的粮情和财政情况,欧盟对粮食采取了直接的价格干预、收入补贴以及质量安全等支持政策。从其粮食支持政策演变轨迹来看,主要经历了以下四个阶段(亢霞、钟昱、于鸿基,2014):

(1) 1992 年以前,价格支持政策为主的阶段。该时期主要采用干预价格保护农民得到一定收益。干预价格是由欧盟根据各国粮食生产、库存、需求状况,以及国际粮食生产形势和价格走势,为保护农民收入不受过多影响而制定的,相当于我国的保护价格。当某类农产品供过于求,市场价格低于干预价格时,政府就以干预价格收购生产者的粮食,市场价格与干预价格的差价作为补贴给生产者。欧盟还用门槛价格对进口粮食价格进行干预,如果第三国农产品的到岸价格低于门槛价格,就征收这两种价格之间的进口差价税,使进口粮食价格水平相当于干预价格的 155%,避免欧盟农产品受到进口冲击。欧共体农业和粮食支持政策主要是通过高粮食价格,刺激农民生产粮食和其他主要农产品的积极性,增加生产总量。到 20 世纪 90 年代中期,欧盟的粮食和主要农牧产品实现自给,并相继过剩,财政补贴的负担开始加重。为减轻对粮食等农牧产品补贴的重负,欧盟补贴政策的重点目标转向促进和支持扩大粮食等农牧产品出口领域。

(2) 1992—2002 年,价格支持与收入支持双轨制阶段。1992 年,欧盟共同农业政策作出改革于 1995/1996 年度全面实施。改革的目的是大幅降低价格支持的规模,增加对农户的直接支付力度,鼓励农民增加环境友好发展的投入。1999 年通过的《欧盟 2000 年议程》就对农村发展问题给予了高度的关注,并将环保纳入农业支持政策范畴。这些措施对降低保护价格,恢复欧盟产品竞争力发挥了重要作用。

(3) 2003—2007 年,收入支持为主、价格支持为辅阶段。2003 年,欧盟共同农业政策削减与生产直接相关的补贴,向对农民的收入支持转变。随着欧盟成员国扩大,新成员的农业补贴实施压力成为欧盟统一农业政策面临的挑战。在内外压力之下,欧盟调整价格政策,在价格支持政策发挥作用的同时,引入了与谷物生产面积补贴的脱钩,采取对生产者直接支付的改革措施。

(4) 2007 年以后,增大了脱钩的收入补贴与生态环境补贴比重阶段。强制"休耕"政策自 2008/2009 年废除。2011 年,提出了新的欧盟共同农业政策改革方案,以寻求增强农业部门竞争力、促进创新、应对气候变化、支持就业和农村地区发展。伴随着 2007—2013 年法案结束,2014—2020 年将启动新的支持条款,主要是鼓励当地生产、当地销售以及增加闲耕面积的支持等措施。从 2014 年起,还将取消每公顷 300 欧元的补贴条款,改为所有农民必须种植 7%～8% 的有机农作物种植才给予补贴。此外,欧盟对于农场主投资农业的基础设施建筑

115

费用补贴,农民自己承担 75%,政府补贴 25%。

3. 日本粮食补贴政策

日本粮食保护政策的重点对象是大米、麦类和大米等基本粮食作物,而大米是重中之重。对粮食生产实施保护的最大目标是维持生产者的收入水平,激励生产者继续维持粮食作物的种植,提高和保障主要粮食的自给率(王国华,2015)。日本从战略角度考虑主要粮食的自给率,在粮食产销方面,一直实行与其他产品不同的政府调控制度。大米是日本人的主食,因此它在粮食流通体制中占据了绝对优势的地位。政府对粮食的保护性补贴主要体现在大米上。随着日本粮食生产和流通政策的调整,粮食补贴不断从流通环节向生产环节转移。其补贴资金来源是采取政府援助和农家投保相结合的方式。即正常情况下,政府资助部分资金,农户出资购买一定保险,由此设立一个农业生产稳定基金。当农户收入减少时,通过基金来援助。1998 年以后,资金的大部分来源于政府的补贴。储备费用由政府全额负担。对自主流通米也要求编列储备粮,作为民间储备由自主流通法人负责,政府补贴一部分费用。此外,政府还对农协给予贷款支持、利息补贴、债务担保、仓库建设投资补贴、免交所得税和营业税,以及为农民支付养老金等。

为防止生产者收入水平的下跌,日本实施了大米政策改革,其中一环是自 1998 年开始实施的"稻米经营稳定对策",首次针对大米实施直接补贴。"稻米经营稳定对策"实质是差额补贴,属于 WTO 规则下的"黄箱"支持,但因为与大米生产调减挂钩,所以被列入"蓝箱"支持。由以往的"黄箱"转为"蓝箱"支持,与 WTO 规则所容许的农业保护的改革方向相吻合,是日本粮食保护政策由价格支持向直接补贴形式过渡的探索性尝试。为改善大米生产环境,日本不断摸索改革,2004 年出台了新的补贴政策,针对大米同时实施了"稻米收入保证措施"和"骨干经营稳定措施"补贴。"骨干经营稳定措施"限定补贴对象,首次以补贴为手段,重视规模生产主体的培育,促进稻作种植的规模化,突出了补贴政策作为竞争政策的功能,这是补贴手段运用的新尝试。但该政策同样具有局限性,即补贴金额计算与过去的收入水平挂钩,在大米价格下跌的环境下,与"稻米经营稳定对策"一样,无法有效维持和提高生产者收入水平,保证粮食生产的稳定。

在 WTO 农业谈判中,进一步取消或削减农产品进口关税是大势所趋,关税削减造成国内农产品价格下跌及农业收入减少是日本必然要面对的问题。在既有政策的基础上,日本修改对补贴对象的条件要求,确定补贴标准,增加补贴品种。2007 年,日本出台并开始实施"非特定品种经营稳定政策"。"非特定品种经营稳定政策"的体系和内容复杂,与既有政策的显著不同是,将按品种支付的补贴改为一揽子支付,部分补贴不与当年的生产量和价格挂钩,政策性质属于脱钩型直接补贴,一定程度上优化了粮食直接补贴的结构。

自 1998 年以来,日本首次告别价格支持,转向直接补贴形式的粮食保护,先后实施了"稻米经营稳定对策""骨干经营稳定对策""非特定品种经营稳定政策"，虽然政策的目标、补贴方法和补贴水平略有差异，但因为补贴均是与生产条件、基期的生产量或种植面积挂钩，所以前两者并不是脱钩型直接补贴，属于挂钩型的直接补贴。而只有"非特定品种经营稳定政策"部分采用了脱钩型的直接补贴。日本对粮食生产的支持主要以价格补偿和挂钩型的直接补贴为主，非常慎用脱钩型直接补贴，也导致日本的直接补贴政策达不到纯粹的"绿箱""蓝箱"或"黄箱"支持，而是 3 种分类的混合体，形成了复杂、独特的政策体系。

4. 印度粮食补贴政策

印度的粮食补贴政策包括两个方面：粮食定购的最低支持价格政策和定向公共分配系统（董运来、余建斌，2008）。前者是生产者支持政策，而后者则是消费者支持政策。两种政策的共同目标是削减贫困，实现国家的粮食安全。印度的粮食（大米和小麦）政策包含两个主要目标：第一，通过对大米和小麦的支持价格定购来确保农民获取稳定的收入（生产者政策）；第二，保证以合理的价格向公众提供足够的粮食供应（消费者政策），从而维持粮食安全。为了确保上述目标的实现，印度实施了与私营部门平行的政府营销系统。印度食品公司（Food Corporation of India，FCI）就是政府粮食政策的主要执行机构。总的来说，粮食政策框架有以下三种方式。①价格支持措施。FCI 或其指定的邦政府代理机构以最低支持价格从农民手中定购稻米和小麦。除此之外，FCI 还通过对大米加工厂征收大米税来获取额外的大米供应。平均来说，征收的大米大约能够占到FCI 定购大米总量的 60％左右。这些定购来的大米和小麦主要用来满足公共分配系统、缓冲库存和其他以粮食为基础的福利计划的需要。②定向公共分配系统（Targeted Public Distribution System，TPDS）。长期以来，印度政府为了实现粮食安全目标而对粮食等基本消费品实行的分配制度即公共分配系统（Public Distribution System，PDS）。其主要职能是维持粮食价格稳定以及提高贫困人口的福利水平。由于 PDS 存在许多难以克服的困难，政府从 1997 年开始实施了一种最大的国家安全网计划，即定向公共分配系统（TPDS）。它以补贴价格向消费者提供必需的日用品，其中最重要的就是大米和小麦（这项计划还向消费者供应食糖、食用油和粗粮等物品）。TPDS 含有双层的价格结构，即对低于贫困线（BPL）和高于贫困线（APL）的家庭实行差别的价格对待。TPDS 的实施，对于政府粮食安全策略来说具有里程碑式的意义。从 1997 年开始实施以来，贫困人口获得了大量的价格补贴，而且那些高于贫困线的家庭也在一定程度上获得了补贴。③缓冲库存储备。FCI 使用缓冲库存储备和公开市场销售措施来稳定国内大米和小麦的消费价格，最终达到解决粮食安全的目的。

印度利用世界贸易组织的创始成员的身份，在世贸农业谈判中争取到不少有利政策。印度政府非常重视建立国家粮食公共储备，维护国家粮食安全。FCI 作为政府机构全面负责国家粮食储备管理。储备总规模大体维持在 1 580 万～

2 430万吨的水平。当FCI收购的储备粮不足或消费量过大导致国家储备不足时,通过进口解决粮源。当储备粮出现剩余时,FCI通过公开市场销售或出口,以降低储备成本。粮食储备资金来源于商业银行的低息贷款(比其他商业贷款利息低5%左右)。对国家储备粮国内经营中发生的购销差价、保管费用和借款利息,以及出口费用和价差,由印度联邦政府进行全额补贴。

印度作为传统农业大国和WTO成员国,给予本国农业大量补贴,长期以来在农业补贴政策的制定和实施等方面形成了一些自身的特点和新趋势,这些特点和趋势主要有:长期使用粮食最低保护价政策(孔军,2011);充分利用WTO的《农业协定》对农业补贴的规定,总体上,印度在2004年对农业的补贴率为2.33%(补贴占农业总产值的比重),按照WTO《农业协定》政策综合支持量(AMS)测算方法,作为发展中成员国,印度的农业补贴率可以为10%,现有的补贴水平远远低于10%;充分利用WTO的"绿箱"补贴规则;在农业补贴中逐步减少化肥等"黄箱"补贴,一方面,减少化肥补贴;另一方面,对于灌溉和电力等"黄箱"补贴也趋于稳定和减少。

(二)WTO下的补贴规则

WTO关于农业和粮食的补贴规则集中体现在《补贴和反补贴措施协定》《农业协定》中,这两个协定都是在乌拉圭回合谈判中由缔约方达成,它们也构成了我国制定粮食补贴政策的基本规范。

《补贴和反补贴措施协定》虽然不是单独的粮食补贴协议,但对粮食补贴同样适用。协议明确提出,补贴是指一成员方政府或公共机构向一个企业或产业、或一组企业或产业提供的财政捐助以及对价格或收入的支持,以直接或间接增加从其领土输出某种产品或减少向其领土输入某种产品,或对其他成员方利益形成损害的政府性措施。它包括:第一,政府资金的直接转移,如赠与、贷款、投股等;资金和债务潜在的直接转移,如贷款担保。第二,政府对本应征收的收入豁免或未予征收。第三,政府提供商品或服务。第四,政府通过向基金机构支付或向私人机构担保或指示后者履行上述应由政府执行的功能。第五,存在GATT1994第16条所涉及的任何形式的收入支持或价格支持。

WTO《补贴和反补贴措施协定》把补贴分为三大类:即禁止性补贴、可申诉性补贴和不可申诉性补贴。禁止性补贴主要包括与出口实绩相联系的出口补贴、进口替代补贴。可申诉性补贴是指这类补贴可在一定范围内允许实施但是如果使用此类补贴的成员方在实施过程中对其他成员方的经济利益造成不利影响,则受损的成员方可对使用此类补贴的成员方提出反对意见和提出申诉。它包括政府机构给与企业的特殊优惠安排、政府机构以特别优惠的条件向某些特定的企业提供货物、政府机构对某些特定企业或产业实施的各种收入保证或价格支持政策、政府机构提供的任何其他优惠等。不可申诉性补贴是指各成员国在实施这类补贴的过程中一般不受其他成员方的反对或因此而采取反补贴措施。此类补贴包括两类：一类是非专项性补贴，这类补贴具有普遍性，所有企业都能同等收益；另一类是政府对科研活动、经济落后地区、环境保护等的补贴，该项补贴虽然具有专项性，仍属于不可申诉性补贴，但须具备协议标示的条件。因此，《补贴和反补贴措施协定》也为我国粮食补贴提供了必要规范，必须取消运用粮食出口补贴，适度运用可申诉性补贴，合理运用不可申诉性补贴。

WTO《农业协定》则对粮食等农产品的补贴问题作了更明确的规范，《农业协定》将农产品补贴分为绿箱政策补贴和黄箱政策补贴，并且规定了各自范围。

绿箱政策补贴一般不对农产品的贸易和生产产生扭曲作用，或扭曲作用非常小，补贴资金应来源于政府收入计划，而不是来自消费者的转移，并且不得对生产者提供价格支持作用。绿箱政策补贴属于可以免除削减承诺的国内支持措施，主要包括：①政府向农业或农村提供的一般服务，包括农业科研、病虫害控制、培训服务、推广和咨询服务、检验服务、营销和促销服务、基础设施服务等；②用于粮食安全目的的公共储备补贴；③国内粮食援助补贴；④对农产品生产者的直接支付；⑤与生产的类型或数量、价格和生产要素不挂钩的收入支持；⑥收入保险支持；⑦自然灾害救济支付；⑧通过生产者退休计划提供的农业生产结构调整补贴，该计划旨在便利从事适销农产品生产的人员退休或转入非农产业活动；⑨通过资源停用计划提供的农业生产结构调整补贴，该计划旨在从适销农产品生产中退出土地或其他资源；⑩通过投资援助提供的农业结构调整补贴；⑪农业环境保护补贴；⑫在地区援助计划下对贫困地区的生产者提供的补贴。

黄箱政策补贴是必须承担削减承诺的国内农业支持措施，包括价格支持，农产品营销贷款补贴，种子、肥料、灌溉等农业投入品补贴，休耕补贴（为满足欧盟和美国要求，休耕补贴可免于削减承诺）等。协议规定用综合支持量来衡量黄箱政策补贴的大小。

《农业协定》还制定了农业支持和补贴的"微量允许标准"，就发达国家而言，对特定农产品的国内支持未超过该产品年产值的 5％，对非特定农产品的支持未超过该国农业总产值的 5％ 的黄箱政策补贴可免除削减义务，发展中国家允许的微量百分比为 10％。按基期生产水平的 85％ 或 85％ 以下给予的限产补贴也不在削减国内支持承诺之列。

作为特殊和差别待遇，发展中国家提供的农业可普遍获得的投资补贴、低收入或资源贫乏生产者可普遍获得的农业投入品补贴及为鼓励生产多样化而停止种植非法麻醉作物而给予生产者的补贴可免除削减承诺，相应的国内支持也不须计算在综合支持量中。

因此，加入 WTO 之后，如何在我国国内政策制定中正确认识和把握国际规则就成为摆在我们面前的重大课题，在农产品补贴方面合理运用绿箱政策补贴，有效运用黄箱政策补贴，充分运用特殊和差别待遇，是政策选择中必须考虑的问题。

（三）世界主要国家粮食补贴政策分析

考察世界主要国家和地区粮食补贴制度，有许多相同点。这对进一步建立和完善我国粮食补贴机制具有重要的借鉴意义。主要有以下方面：

（1）采取价格支持政策，保护国内粮食生产者利益。无论是发达的市场经济国家和地区，还是发展中市场经济国家，都不同程度上采取了这一政策措施。具体体现在制定保护价格和干预价格上，即当市场价格低于政府制定的保护价格或干预价格时，政府通过干预机构按这一价格收购农民的粮食。其目的是防止谷贱伤农，稳定粮食生产者的收入。例如，美国的无追索权贷款，欧盟干预价格都是这种形式。据统计，近几年来发达市场经济国家每年用在农业（主要是粮食）价格保护上的支出达 2 000 亿美元左右。

（2）理性地实行政府财政补贴，促进粮食生产和流通的协调发展。尽管世贸组织农业协议谈判中，要求成员各国削减对农业的补贴，但在讨价还价中，大部分国家仍然保留着对农业特别是对粮食的补贴。对粮食实行财政补贴的国家除用于粮食价格支持、粮食储备和粮食出口等补贴外，有一项主要补贴是对粮食生产者的直接补贴。但粮食供求不同情况的国家，实施直接补贴所起的作用是不同的。粮食总量过剩的国家，如美国、欧盟等，采取对生产者直接补贴的办法，以达到休耕、限产，控制粮食供应总量，增加粮食生产者收入。而粮食总量不足的国家，主要是通过对生产者的补贴来刺激粮食生产，增加供应。从目前来看，经济发达程度越高的国家，往往对生产者的补贴越多。

（3）通过补贴实行国内粮食贸易保护政策。在粮食进口方面，一些国家采取进口数量准入量，征收保护性关税等措施，来限制第三国粮食的进口。如日本对大米实行进口数量准入量，超过准入量的要征收买卖差价关税；欧盟设置"门槛价格"，对低于"门槛价格"的进口粮食征收"撇油差价"关税。其目的就是通过采取这些措施来进行贸易保护，以保护国内粮食生产者利益和粮食市场的稳定。相反，在出口方面，一些粮食剩余国家，千方百计通过出口补贴、出口信贷等办法，来扩大本国粮食出口，占领国际粮食市场，增加国内粮食生产者的收入。

（4）在粮食的价格决定上，市场机制发挥着基础性作用。只有在粮食市场价格发生过度偏离时，政府才介入粮食市场，通过补贴机制实行宏观调控。同时，政府对粮食补贴并不是主要用于流通环节，即对粮食企业的储存费用和利息的补贴，还被广泛地用于改善农业部门的产品结构和组织结构，促进农业科研、农业教育、农业技术推广，刺激农业部门引进新生产要素，降低粮食生产成本，增加农民收入等。

（5）运用立法手段确保粮食补贴政策的稳定性。美国、欧盟、日本都制定了《农业基本法》或《农业法》等最根本的农业法律。与此同时，还有许多与之相配套的其他法律,如美国的《农业市场过渡法》、欧盟的《农业稳定法》、日本的《新粮食法》、韩国的《粮食法》、澳大利亚的《小麦市场法》和加拿大的《谷物法》等。通过国内立法,增强粮食补贴的透明度,维护粮食补贴制度的稳定性。

(6)实行粮食补贴制度不同程度存在一些负面影响。一是对粮食产业的保护和支持,需要国家财力的支撑,由此增加了各国财政的负担。同时,粮食保护和支持又是相对的,保护水平不断升级,各国利益同时受损,特别是对经济相对落后的国家更为严重。二是对农民的保护和支持,也带来负面影响,使农民安于现状,产生依赖思想。长期来看,不利于调动农民开拓经营的积极性,不利于农业经济的发展和农民收入的提高。三是国内价格支持和关税扭曲了市场,制约了市场经济的自然发展,不利于国际粮食贸易和流通,还会引发一系列经济问题和国际贸易争端。价格信号丧失了指导作用,在一些经济发达国家,还带来粮食严重过剩。

三、我国粮食补贴制度改革状况

加入 WTO 之后,我国经济与世界经济快速接轨,粮食补贴政策也应与国际规则接轨。在改革开放以前,我国长期压低农产品价格,工农产品剪刀差较大,农业部门在为工业生产积累资金,基本上不存在农业生产的实际补贴问题。

(一)2004 年之前粮食补贴改革基本情况

2004 年我国全面放开粮食市场,粮食流通体制改革带有里程碑意义。所以,我们以 2004 年作为分界线,对改革开放之后,我国粮食补贴改革情况进行分析。1978 年后,为了促进农业生产的发展,稳定城乡居民的生活水平,我国加大了对粮食和农业生产的支持力度。按照 WTO 有关补贴的口径,补贴主要以财政方式和信贷方式提供。我国通过财政对农业主要是对粮食提供的国内支持有:①支援农业生产支出和农林水利气象等部门的事业费;②农业基本建设支出;③农业科技三项费用;④农村救济费;⑤财政扶贫补贴;⑥粮棉油价格补贴;⑦粮食储备补贴;⑧粮食收储企业的亏损补贴;⑨主要农产品的价格支持政策等。

从农业国内支持规模看,1999 年上述第①至第④项的财政支出分别为 677.46 亿元、357.00 亿元、9.13 亿元、42.17 亿元,这四项财政支出总额为 1 085.76 亿元,占当年财政支出总额的 8.23%,1999—2000 年财政粮棉油价格补贴分别为 492.29 亿元、758.74 亿元,分别占当年财政支出的 3.73%、4.77%,1999—2000 年财政扶贫补贴分别为 243 亿元和 240 亿元,1991—2000 年财政扶贫补贴总额为 1 036 亿元。粮食储备补贴、粮食收储企业的亏损补贴、主要农产品的价格支持则主要是通过中央和地方财政筹集的粮食风险基金来安排。另外,1991—1999 年财政用于水利和防洪目的基础设施基金为 1 187.5 亿元,其中 1999 年为 213.6 亿元。综合来看,我国作为一个农业大国,对农业国内支持的金额还是有限的。

从农业国内支持的结构看,当时我国财政安排的支援农业生产支出和农林水利气象等部门的事业费、农业基本建设支出、农业科技三项费用、农村救济费、财政扶贫补贴等项目属于 WTO 框架所规定的绿箱政策补贴,可以免于削减承诺。粮棉油价格补贴、粮食收储企业的亏损补贴、主要农产品的价格支持政策等则属于 WTO 框架所规定的黄箱政策补贴,为承诺减让的项目。这种补贴的结构不尽合理,主要表现为:①绿箱政策补贴项目有限。WTO《农业协定》规定的可免除削减承诺的国内支持措施共有 12 项,我国当时约 6 项空白,现有项目的支持力度也有限。②在现有补贴规模下,黄箱政策补贴所占比重偏大,2000 年仅粮棉油价格补贴就达到 758.74 亿元,占当年财政支出的比重达 4.47%。因此,增加政府对粮食生产的一般性服务支出、农业结构调整补贴支出、环保补贴支出等绿箱政策补贴的比重,是今后粮食补贴结构调整的方向。如 1997 年日本政府农业预算用于绿箱政策的资金补助为 220 亿美元,绿箱政策补贴已占政府当年农业预算支出的 90%。但应看到,需要增加绿箱政策补贴,并不意味着我们要削减黄箱政策补贴。因为,我国入世承诺的黄箱政策补贴是不超过农产品总产值的 8.5%,而当时我国的补贴水平还达不到农产品总产值的 2%。按农产品产值和补贴水平测算,大约还有近 1 500 亿元的补贴空间。

总之,我国粮食补贴规模总体水平不高,结构不够合理,黄箱政策补贴还有进一步运用的空间,根据 WTO 规则要求对我国粮食补贴进行结构调整的任务较大。

结合粮食补贴的国际规则和我国粮食补贴的情况,需要对粮食补贴的方式进行新的探索,2002 年的探索正是建立在农村税费改革基础之上的。农村的税费改革和粮食补贴方式改革是关系农民切身利益的两件大事,农村的税费改革主要是从收入的角度解决农民利益问题,粮食补贴方式改革主要是从支出的角度解决农民利益问题。如果不进行农村的税费改革,补贴就不能让农民真正得到利益;如果不进行粮食补贴改革,农村的税费改革就不彻底。可见忽视任何一方面的改革都不能很好地保护农民利益。经中央决策,2000 年首先在安徽全省进行农村税费改革试点,中央确定的指导思想或目标就是"减轻、规范、稳定"。2002 年,我国进一步扩大农村的税费改革的试点,确定河北、内蒙古、黑龙江、吉林、江西、山东、河南、湖北、湖南、重庆、四川、贵州、陕西、甘肃、青海、宁夏等 16 个省、市、自治区为农村税费改革的试点。2002 年我国在 20 个省份开展农村的税费改革试点,把多达几十种的涉农收费项目精简到四种,农民负担的税费因此比改革前下降了 30% 多,合计金额达 300 多亿元人民币。2002 年,农民税费负担总体水平下降的同时,实现了农业税的快速增长。

在农村税费改革的基础上,2002 年我国在安徽天长市、来安县、五河县进行了粮食补贴方式的改革试点工作。粮食补贴方式的改革意义重大,是对政府、企业、农民三者间利益关系的一次重大调整,是我国推进粮食流通体制改革的重大举措。它有利于调整政府职能,把保护农民的职责收归政府,彻底改变由粮食企业承担保护农民责任的做法;有利于培育市场主体,真正把国有粮食企业推向市场,减轻企业对政府和政策的依赖程度;粮食补贴直补农民,可以使农民直接受益,减少补贴环节,防止补贴利益流失,大大提高补贴效益。粮食补贴由流通环节转向生产环节,由暗补改为明补,可以在一定程度上克服保护价收购补贴的弊端,符合 WTO 绿箱政策补贴的要求。

天长市、来安县、五河县改保护价收购为直接补贴农民,从有利于稳定农民收入、保护农民收益,有利于促进国有粮食购销企业改革与发展,有利于减轻国家财政负担的原则出发,调整国家对粮食补贴的方式,将原来通过流通环节对农民的间接补贴,改为直接对农民进行补贴,并放开搞活粮食流通,以促进农业结构调整和农业经济发展。

改革试点的内容概括起来就是"两个放开,一个调整",即放开粮食收购价格;放开粮食购销市场;将国家实行按保护价敞开收购农民余粮政策间接给农民的补贴转为直接补贴。市场放开后,国有粮食购销企业和其他粮食经营者公平进入市场,实行随行就市,按照市场价收购农民余粮,实现粮食购销市场经营主体的多元化。试点要求严格操作程序,规范操作办法。通过确定试点县受补贴的商品粮总量和每户农民享受补贴的商品粮总量,核定保护价和市场差价标准,确定每户农民补贴数额。对农民的直接补贴,在征收农业税时以抵交农业税款的方式兑现。直接补贴农民的资金主要来源于试点市县包干的粮食风险基金。同时,试点中还进行了一些配套改革,如对国有粮食购销企业的老库存继续给予粮食风险基金补贴,做好粮食购销企业收购资金的供应工作,努力保护粮食生产能力,省财政可在一定时期对粮食风险基金缺口较大的试点县给予一定数额的补助等。

另外,2002 年吉林也启动了粮食补贴直补农民的试点工作。试点的主要内容是"一取消、两放开、一锁定、一调整"。"一取消"是取消按保护价收购农民手中余粮的政策;"两放开"是放开粮食收购价格,放开粮食购销市场;"一锁定"是锁定老库存、老挂账;"一调整"是对粮食流通环节的补贴调整为直接补贴给农民。

总之,从世界范围来看,由价格支持、流通环节的补贴转向直接收入补贴是粮食补贴调整的基本方向。2002 年我国在粮食补贴直补农民方面做了有益尝试,但试点是初步的或只是对某种方案的尝试,在补贴方法、补贴粮食品种选择、补贴资金筹集等方面还有很多需要研究和探索的地方。

（二）2004年之后粮食补贴改革基本情况

自2004年以来,我国逐步地建立起农业补贴制度和农产品价格支持制度的政策体系。建立了以土地承包者收入支持为主的粮食直接补贴、农业生产资料综合补贴、良种补贴等农业直接补贴政策;建立了以小麦和稻谷最低收购价和玉米临时收储政策的价格支持政策;出台了一般服务支持措施及农业保险制度也逐步建立。在对农民的直接补贴制度方面,我国相继实施了种粮农民直接补贴、良种补贴、农业生产资料综合补贴、农机具购置补贴等农业补贴政策。由于这四大类补贴政策财政补贴总额大、对农业生产尤其是粮食生产、农民收入都有显著效果,因此被合称为"四大补贴"或"四项补贴",其中种粮农民直接补贴、良种补贴和农业生产资料综合补贴又被合称为"三项补贴"。2015年,财政部和农业部选择五省部分地区试点将"三项补贴"资金合并为农业支持保护补贴资金,试点工作为期1年后即在全国范围内进行推广。这一轮政策调整被称之为"三项补贴"改革,也即是将原先的种粮农民直接补贴、良种补贴、农业生产资料综合补贴三项合一建立农业支持保护补贴。

政策实施十余年来成效显著,有效地保障了粮食供给,促进了农民增收,但政策在运行中也出现了一些问题。相比之下,欧美农业直接补贴的效果更加明显。为解决我国现行农业补贴政策存在的问题,进一步增强农业补贴的政策效果,可借鉴欧美成熟的农业直接补贴经验。

2004年,中共十六届四中全会提出了"两个趋向"的论断,并认为今后应"以工促农、以城带乡",对农业的基本方针是要"多予,少取,放活"。继2000年《关于进行农村税费改革试点工作通知》在安徽省启动农村税费改革试点后,2004年中共中央"一号文件"提出逐步降低农业税税率,取消牧业税和农业特产税(除烟叶外)。自2006年1月1日起,农业税彻底被取消,这标志着自公元前594年鲁国实行初税亩计算起,在中国大地上已经实施了2600年的农业税成为历史。在全面取消农业税的同时中央政府还实施了以市场价格支持措施、直接和间接补贴政策、一般服务支持为主要内容的一系列强农惠农政策,三农支出不仅绝对量持续增长,占财政比重所反映出的相对量也在提高,显示了国家对农业重视程度的不断增强。国家对农业的投入由2004年的2 337.6亿元增加到2016年的18 587.36亿元。农业投入的大幅增加,为农业增产、农民增收、缩小城乡差距、改善民生起到了巨大的推动作用。以粮食补贴为核心的强农惠农政策大体可以分为以下几类。

1. 粮食价格支持政策

粮食价格支持政策主要是指最低收购价和临时收储政策。2004年我国全面放开粮食市场价格和购销后,粮食价格下跌。为保护粮食市场供给和种粮农民收益,2004年《国务院关于进一步深化粮食流通体制改革的意见》中提出"必要时可对短缺的重点粮食品种在主产区实行最低收购价格"，当年我国即制定了南方稻谷主产区的稻谷最低收购价政策，随后在 2006 年实施了小麦的最低收购价政策。此后我国又逐步完善了玉米、大豆、油菜籽、蔗糖、棉花等项农产品的临时收储政策。价格支持政策本质上属于间接补贴政策。

2. 粮食直接补贴政策

（1）四大补贴。为支持粮食主产区发展粮食产业，促进种粮农民增收，2004 年中共中央"一号文件"提出使用粮食风险基金中的部分资金用于对主产区种粮农民的直接补贴，设立农业机械购置补贴和良种补贴。2006 年以国家油价上涨、柴油配套调价为契机，综合考虑柴油、化肥、农药等生产资料价格上涨对种粮生产成本的影响，增加了农业生产资料综合直补。2004 年起我国陆续出台了四项农业直接补贴政策，补贴额度逐年增加，由 2004 年的 145.2 亿元增加至 2013 年的 1 674.5 亿元。粮食产量由补贴前 2003 年的 43 070 万吨增长到 2013 年的 60 194 万吨；粮食种植面积由 9 941 万公顷扩大至 11 195 万公顷；农民人均纯收入由 2 366 元增加至 8 896 元，农民均纯收入增幅由 6.8％提升到 12.4％，相比于城镇居民，农民收入增长速度显著提高。全国农作物耕种综合机械化水平达 59％以上，比 10 年前提高了 27 个百分点（罗维燕，2014）。良种粮直补从 2002 年开始在安徽来安、天长，吉林东丰进行试点，2004 年在除青海、西藏的大陆 29 个省份展开，2006 年在 31 个省份完全实行。农机具购置补贴可追溯到 1998 年，该年《大型拖拉机及配套农具更新补助资金使用管理暂行办法》决定设立专项资金用于加快大型拖拉机及配套农具的更新步伐。2001 年调整为"农业机械装备结构调整补助费"，2003 年更名为"新型农机具购置补贴"。但资金规模小，覆盖区域和农机品种也不多。

为提高农业补贴政策效能，2015 年，国家启动农业"三项补贴"改革，将种粮直补、农资综合补贴、良种补贴合并为"农业支持保护补贴"，政策目标调整为支持耕地地力保护和粮食适度规模经营。主要调整措施是：一是将 80％的农资综合补贴存量资金，加上种粮农民直接补贴和农作物良种补贴资金，用于耕地地力保护。补贴对象为所有拥有耕地承包权的种地农民，享受补贴的农民要做到耕地不撂荒、地力不降低。补贴资金与耕地面积或播种面积挂钩。二是将 20％的农资综合补贴存量资金，加上种粮大户补贴资金和农业"三项补贴"增量资金，支持发展多种形式的粮食适度规模经营，重点支持建立完善农业信贷担保体系，向种粮大户、家庭农场、农民合作社、农业社会化服务组织等新型经营主体倾斜。

（2）玉米生产者补贴。由于玉米国内外价差较大，收储和进口压力不断增大，玉米阶段性供大于求、库存高企、财政负担加重、玉米加工企业经营困难等问题突出，中央决定 2016 年在东三省和内蒙古建立玉米生产者补贴制度，实行玉米市场定价、价补分离改革。

（3）目标价格补贴政策。由于部分农产品国内价格远高于进口价，市场主体不愿入市收购,国家收储压力增加。2014年启动新疆棉花、东北和内蒙古大豆目标价格补贴政策的试点。3年试点期满后,2017年继续在新疆实行并完善棉花目标价格补贴政策,东北和内蒙古大豆目标价格补贴政策由于收效不显著,被调整为实行市场化收购加补贴机制。

3. 一般服务支持与保险补贴政策

这些政策是除市场价格支持政策、直接或间接补贴政策以外,国内农业支持的重要补充,包括但不局限于:从2005年起设立的产粮大县奖励政策、科技入户技术补贴专项资金、测土配方施肥补贴;从2006年开始实行的小型农田水利设施补助、提升土壤有机质补贴;从2008年出台的产油大县奖励政策;从2009年启动基层农机推广体系改革与建设示范县项目、水稻机械化育插秧技术培训;从2010年开始的新型农民培训补助,等等。

逐步建立农业保险保费补贴。农业保险保费补贴指财政对农业保险业务的保费给予一定比例的补贴,补贴的对象是投保农户。农业保险损失频率和损失程度较高,要实现农业保险业务的财务平衡,保险费率会很高,靠农民自身难以承担。因此,需要财政提供一定比例的补贴,帮助农民支付保费,缓解农业保险的供需矛盾,使保费达到保险公司和农民都能接受的水平。农业保险保费一般是有中央财政、地方财政和农户共同承担。2007年中央开始支持建立农业保险制度,涵盖的农作物品种包括水稻、小麦、玉米、大豆、棉花、花生、油菜、马铃薯、青稞等,一般是中央财政和省财政各承担25%的保费,其余部分由农户承担。2017年中央财政农业保险保费补贴资金共拨付179.04亿元,同比增长13%,可带动全国农业保险实现保费收入470多亿元,提供风险保障2.3万亿元,补贴资金使用效果放大130倍。

四、新形势下我国粮食补贴存在的问题

(一)我国粮食补贴面临着新形势

长期以来,我国粮食补贴处于封闭、短缺的计划经济条件下,即使改革到现在,粮食行业仍是受国家计划保护程度最强、受市场冲击最小的行业。面对不可逆转的市场化改革,我国粮食补贴改革也面临着前所未有的新形势,在新形势下如何推动粮食补贴改革是摆在我们面前的重要课题。新形势可用以下三个转变来概括。

1. 由计划经济向市场经济转变

改革的过程是一个市场化的进程。相对于其他行业,粮食行业的市场化进程相对滞后,粮食行业的企业和职工还习惯于吃财政补贴的大锅饭,市场竞争意识不强。很明显在其他行业都已市场化改革后,粮食行业也必须加快改革的步

伐。因此,伴随着市场化改革,客观上要求人们尊重价值规律,用市场经济的思维方式来处理粮食的财政补贴问题。

2. 由短缺经济向相对过剩经济转变

需求不足、生产相对过剩已经成为我国经济生活中所面临的主要矛盾。调查显示,根据《商务部发布 2005 年上半年 600 种主要商品供求分析情况》,2005 年上半年,在 600 种主要商品中,供求基本平衡的商品 161 种,占 26.8%,供过于求的商品 439 种,占 73.2%,没有供不应求的商品。不少农产品也出现了过剩的情况。如果说在短缺经济条件下,粮食补贴的核心是刺激生产、稳定城镇居民生活水平的话,那么在供过于求的情况下,粮食补贴的核心则应转向对供求关系的调整和农民利益的保护。

尤其是 2004 年以后,我国粮食产量实现 12 连增,在粮食总量阶段性过剩、品种阶段性过剩,产量、库存量、进口量"三量齐增"的背景下,必须要推进粮食供给侧结构性改革,加大粮食最低收购价政策改革力度。

3. 由行业相对封闭向全面开放型经济转变

2001 年年底,我国正式加入 WTO,这标志着我国经济已融入世界经济体系,将真正成为开放型经济。2004 年粮食价格和粮食市场全面放开,意味着开放型经济对我国粮食补贴政策会产生多方面影响:首先,WTO《补贴和反补贴措施协定》《农业协定》对各成员国农业国内支持措施作了严格规范;其次,我们要兑现入世承诺;再次,我们需要对世界其他国家粮食补贴政策的重大调整采取应对措施;最后,我国需要对国内相关政策、法规进行调整,以寻求在多边谈判中形成有利于我国农业可持续发展的政策支持。因此,如果说在封闭型经济条件下,粮食补贴的种类和方向由我国政府自行确定的话,那么在开放型经济条件下我们的补贴政策则要充分考虑国际因素的影响。

（二）新形势下我国粮食补贴存在的问题

当前我国粮食补贴还处于转型时期的探索阶段,无论在认识上,还是在政策的设计或操作上都存在不能适应新形势的问题。

1. 对粮食补贴的认识存在误区

由于对粮食补贴面临的新形势认识不足,以及历史惯性的影响,当前人们对补贴的认识还存在一些误区:我国目前粮食供过于求,库存充足,财政负担沉重,改革的目标就是要减少粮食补贴;价格补贴属于应削减的"黄箱政策"补贴,我们应当大幅度削减;直补农民属于免于削减承诺的"绿箱政策"补贴,只要实现了补贴由流通环节到生产环节的转变就解决了我国粮食补贴的主要问题,等等。实际上这些认识存在很大的片面性,应该予以纠正。

2. 粮食补贴强调保障收入,对粮食供求关系调整关注不够

无论是现行的粮食最低价收购,还是直补农民,粮食补贴一直强调收入保障

功能,这在农民收入增长缓慢甚至负增长的情况下,有利于保障农民的利益。但这种办法的弊端是不利于对粮食供求关系的调整,会加剧我国粮食供过于求的矛盾。农民得到补贴的多少往往取决于他们提供粮食的多少,提供越多,得到的补贴越多,种粮的积极性就越高,这会进一步加剧业已存在的供求矛盾。补贴不存在弹性机制,又没能同调整农业种植结构很好地结合,在一定程度上只是把原来农民从保护价收购得到的好处换个方式支付给农民,不利于粮食供求关系调节和农业产业结构调整。

3. 补贴改革过分强调减轻财政包袱,对补贴结构调整关注不够

有人认为,当前我国财政面临的压力大,粮食补贴已经成为财政的沉重的包袱,应该通过改革减轻补贴。实际上,粮食补贴是世界各国普遍使用的财政杠杆,而且同其他国家相比,我国的粮食补贴规模并不大。根据有关测算,1996—1998 年我国"绿箱政策"补贴年平均为 1 514.2 亿元人民币(约合 182 亿美元),1997 年美国的"绿箱政策"补贴为 512 亿美元,日本为 204 亿美元,可见,中国目前的绿箱支持与发达国家相比还有较大差距。从"黄箱政策"补贴来看,WTO《农业协定》规定该类补贴不能超过一国农业总产值的 10%,我国承诺的水平是8.5%,当前我国该类补贴的水平达到这一规模。可见,从总体上来看,我国粮食补贴规模不是大了,而是小了。补贴改革的重点不是削减补贴总量,而是调整补贴结构。

4. 补贴强调公平分配,对经济效率关注不够

粮食补贴属于再分配的手段,在保证国有粮食购销企业获得必要的经营管理费用、利润水平和保障农民收入方面发挥了重要作用,推进了企业间和个人间的公平分配。但实施粮食最低收购价等政策,对流通环节国有企业的大量补贴,往往出现政策性补贴掩盖了经营中的问题,抑制了企业的市场竞争意识和风险意识,不利于提高企业劳动生产率。按最低收购价大量收购农民余粮,实际把种植风险转移到政府,也降低了农民寻求市场机会、调整种植结构的积极性。

5. 不合理的粮食储备,增加了粮食补贴的负担

2001 年年初,我国国家专储粮约为 400 多亿公斤,地方储备粮为 190 多亿公斤,商品周转粮为 1 600 多亿公斤。近年来,我国的粮食储备还在增长。粮食储备终究要靠中央和地方财政来支撑,有关资料显示,1996—1998 年我国粮食安全储备支出平均水平为 383.78 亿元,仅河南省 2002 年用于粮油储备补贴、超储库存补贴等的粮食风险基金就达到 28.89 亿元。如果说在粮食供不应求的情况下,需要大力增加粮食储备,保障粮食安全的话,那么,在供过于求的情况下,粮食补贴则要考虑经济目标和财政负担问题。巨额的储备不仅需要巨额的补贴,而且对市场始终存在一个供给压力,引导市场价格向下,这反过来又会增加企业和农民对粮食补贴的需求,推动粮食补贴的不合理上升。同时,不合理的储备需要建设大量的粮库,这会进一步增加财政负担。

2004—2015 年,我国粮食产量保持了连续增长的态势,实现了 12 连增,2012—2018 年连续 7 年保持在 6 亿吨以上的历史高位。伴随粮食增产丰收,在最低收购价政策支持下,我国各类粮食经营企业以粮食收购量从 2005 年的 3 643 亿吨上升到 2016 年的 9 200 亿吨,这意味仓储量要增加 1.5 倍;粮食收购率也在不断攀升,从 2005 年的 37.6％上升到 2016 年的 74.6％。粮食收购量、收购率不断提高,从根本上解决了农民卖粮难的问题,在某种程度上保障了种粮农民的收益。2017 年 1 月,全国粮食流通工作会议相关资料显示,我国粮食库存处于历史高位,而且库存大部分集中在政府手中,占到 85％以上,其中中央事权的粮食又占 88％。换句话说,在目前我国粮食库存中,中央事权的粮食库存能够占到总库存的 75％。很明显绝大部分粮食库存集中到政府手中,是多种因素共同作用的结果,但不可否认托市收购政策是非常重要的因素。粮食超高库存会引发一系列问题:一方面,政府收购、储存粮食要付出巨额的财政资金,形成财政压力与负担;另一方面,政府的仓储设施远不能满足收储的需求,仓储建设的任务巨大,需要财政大量的投资。

五、粮食最低收购价与粮食补贴的联动改革

针对我国现有的粮食支持制度弊端及其所带来的不良效应,应该通过改革完善我国的农业补贴与农产品价格支持制度。

(一)我国粮食补贴政策的目标取向

粮食补贴政策的目标取向直接决定了粮食补贴政策的着力导向,也直接决定了改革的努力方向(李利英、肖开红,2015)。但学术界对我国粮食补贴政策目标的讨论并没有达成一致意见。如张照新等(张照新、陈金强,2007)、辛翔飞(辛翔飞、王济民,2011)认为粮食补贴政策目标应侧重于粮食安全、农民收入和市场稳定等方面;而梁世夫(2005)、丁生俊(2014)认为粮食质量安全和粮食生态安全是粮食补贴政策的重要内容;还有学者对粮食补贴政策目标的定位更加多元,如程国强(2011)将协调现货期货价格、衔接国际国内粮价、控制物价总体水平等指标也纳入粮食补贴政策目标体系。对粮食补贴政策的目标取向之所以出现不同的意见,一个主要原因在于政策目标的问题导向,由于对粮食生产面临的问题关注的侧重点不同,不同时期出现的问题也有变化,问题导向的政策目标导致了政策调整过于频繁,影响了政策的长期稳定性,从而导致粮食生产波动过大、粮食价格不稳定等问题。

我们认为粮食补贴政策目标的确定应该从粮食生产的根本属性出发,瞄准粮食生产的特殊性,制定粮食补贴政策体系,既为粮食补贴政策提供理论基础,

又能使补贴政策保持较长期的稳定性,这不仅有利于农民进行长期农业投资,而且有利于我国粮食市场的长期稳定。粮食生产的特殊性主要表现为外部性、弱质性和价格波动风险性三方面,粮食生产的多重特性要求粮食补贴政策目标取向也必须多元化。针对粮食生产的特殊性,我国粮食补贴政策的目标取向应包括以下四个方面:

(1)保障国家粮食安全。保障粮食安全是由粮食生产的外部性所决定的。粮食是人们生活必需品,具有一定的公共品属性,因而,提供粮食来源的生产环节具有明显的外部性。另外,我国人均耕地较少、农业基础设施较弱的现实国情也加剧了粮食生产的脆弱性,从而导致我国粮食生产的外部性更为突出。因此,粮食补贴政策的首要目标是针对我国粮食生产的外部性,确保国家粮食安全。

(2)均衡城乡居民收入。均衡城乡居民收入是由粮食生产的弱质性所决定的。粮食生产具有很高的自然风险,且生产效率相对较低。因此,粮食生产相对收益较低,表现出较强的弱质性。粮食生产的弱质性直接导致劳动力流失、农业资本和技术投入不足等。因此,针对粮食生产的弱质性问题,必须提高种粮比较收益,确保优质资本和劳动力服务于粮食生产,确保农民种粮积极性。

(3)维持粮价相对稳定。维持粮价相对稳定是由粮食生产的市场风险所决定的。粮食生产周期长,生产规模一经确定则中途难以调整,且极易受自然风险影响,因而,粮食生产往往陷入"发散型蛛网"的困境,导致粮食市场价格波动过大,严重影响粮食市场价格的稳定。因此,降低粮食市场价格波动风险,维持市场价格的相对稳定性理应成为粮食补贴政策目标取向的重要组成部分。

(4)市场定价机制取向。不管粮食直接补贴或是间接补贴,都会对粮食定价形成影响。最低收购价和临储政策对稳定和促进粮食生产发挥了显著作用,但在经济发展进入新常态、农业发展方式转变滞后于发展条件变化的情况下,国内农业生产成本快速攀升,大宗农产品价格普遍高于国际市场价格。近年来,我国粮食产业发生转变,实现了粮食连年增产,出现"五高二低"的现象,即高产量、高库存、高进口、高价格、高成本、低消费量、低销售量。原有的以稻谷、小麦最低收购价,以及玉米临时收储价为基石的粮食流通体系和收储制度必须改革和调整,粮食补贴政策的目标取向要有利于建立市场导向的农产品价格形成机制。

(二)粮食补贴改革的路径选择

1. 树立新形势下粮食补贴的新思维

首先,树立市场经济观点,粮食补贴应尊重市场规律,尽量避免因补贴而造成粮食价格扭曲。其次,以供求关系为大背景,充分考虑粮食补贴在市场经济条件下调节供求关系的功能。再次,树立与世界粮食经济接轨的观点,尊重和执行WTO有关协议在粮食补贴方面业已形成的规范,同时又要用好和用足相关补贴规则和规则例外。最后,结合粮食供给侧结构性改革,做好最低收购价政策在不同粮食品种之间的结构性调整。

2. 借鉴发达国家在粮食补贴方面的成功经验

世界很多发达国家都经历了粮食供不应求到供过于求的过程,尽管各国情况有所不同,但在粮食补贴方面还是有值得我们借鉴的地方:

第一,市场化改革是总体趋势。在粮食供不应求时,各国对粮食购销一般采用统制办法。但在供过于求时,为了平衡供给,减轻财政补贴负担,一般都开始推动粮食流通市场化改革。

第二,政府对粮食供求关系调节具有法制化特征。市场放开后,政府加强了用补贴等手段对粮食供求关系的调节,但政府尊重价值规律,调控具有法制化特征。如 20 世纪 80 年代以来,美国先后出台了 1981 年、1985 年、1990 年、1996 年、2002 年、2007 年等农业法,2014 年通过的美国农业法则是是美国的第 17 部农业法,这些法律都对粮食补贴作了严格规范,使补贴建立在法制基础上,在调节供求关系中发挥了很好的作用。

第三,补贴的总量和结构都在调整,但并没放弃甚至在强化"黄箱政策"补贴。发达国家往往也是粮食补贴的大国。自 20 世纪 30 年代罗斯福政府制定临时农业法案以来,美国政府一直对农业实施巨额补贴政策,2002 年的农业法案更是大幅度增加了农业补贴。20 世纪八九十年代,日本的人均农业预算额仅次于法国,也属于农业补贴最高的国家之一。从 1995 年开始,世贸组织各成员国开始实行 WTO《农业协定》,美日等国在 WTO 框架内对农业补贴从结构上进行了大幅度调整,调整重点是增加 WTO 相关政策许可的"绿箱政策"补贴,减少受限制的"黄箱政策"补贴。但需要指出的是,美日等国在运用"绿箱政策"补贴的同时,也在最大限度地运用"黄箱政策"补贴。如美国 2002 年的新农业法案的一个突出特点就是在补贴方式上主要采用"黄箱政策"补贴。可见,尽管该类补贴受到限制,但各国政府仍对其钟爱有加。

第四,普遍调节种植面积,从供给上解决供过于求的矛盾。美国从 1996—2002 年,实行了为期 7 年的"弹性生产合同补贴"政策,对参与政府种植计划的农场主,以粮食作物的弹性种植面积补助款取代以往的差价补贴款。为了消除过剩压力,日本也出台了稻米种植面积调整政策。当前西方国家普遍运用休耕补贴,推行休耕政策。

3. 对我国现行粮食补贴办法进行适当调整

第一,以目标价格为取向,进一步优化粮食最低收购价格政策。目标价格政策是在市场形成农产品价格的基础上,通过差价补贴保护生产者利益的一项农业支持政策。当市场价格低于目标价格时,国家根据目标价格与市场价格的差价和种植面积、产量或销售量等因素,对试点地区生产者给予补贴;当市场价格高于目标价格时,国家不发放补贴。具体补贴发放办法由实施地区制定并向社会公布。实行目标价格政策后,可取消临时收储政策,生产者按市场价格出售农产品。同时,最低收购价格政策可作为选择性政策,在必要的时候启动,主要针对核心口粮品种使用,逐步形成由市场供求决定粮食价格,政府通过补贴等手段调节供求的格局。

我国《农业法》规定,农产品的购销实行市场调节。国家对关系国计民生的重要农产品的购销活动实行必要的宏观调控,建立中央和地方分级储备调节制度,完善仓储运输体系,做到保证供应,稳定市场。同时,《农业法》也规定,在粮食的市场价格过低时,国务院可以决定对部分粮食品种实行保护价制度。保护价应当根据有利于保护农民利益、稳定粮食生产的原则确定。农民按保护价制度出售粮食,国家委托的收购单位不得拒收。因此,粮食最低收购价在本质上属于保护价制度,需要在市场化改革和粮价保护之间做好权衡。

第二,把按收购量补贴方式改为按面积补贴。当前我国粮食出现"高产量、高库存、高进口、高价格、高成本"等五高情况,粮食产量、库存量都达到历史最高区域。如果说在供不应求的情况下按收购量补贴可以增加供给,有积极作用的话,那么在供过于求的情况下则可考虑按面积补贴。按面积补贴有如下优点:操作简便,与产量脱钩;便于政府通过安排种植计划调控粮食供给总量;便于政府通过对不同农作物的单位面积补贴标准的调整,来调整农业产业结构,推进粮食供给侧结构性改革。实际上,2002年7月欧盟出台的农业改革方案的重要内容就是将农民的直接收入补贴与产量脱钩,这有利于农民进行生产决策,寻求市场机会,而不是依赖农业补贴。

第三,加大推行休耕试点的力度,对休耕面积给予合理补贴。休耕补贴可免于削减承诺,不受WTO《农业协定》的约束和限制。一些发达国家普遍推行休耕政策。根据粮食供求形式,中共十八届五中全会提出了"休耕"举措,这意味着中国农业生产理念的重大改变,也是按环保、生态的理念对粮食供求关系进行的重大调整。作为农业供给侧结构性改革的一项重要举措,2016年我国开始开展耕地轮作休耕制度试点,将九省区41.07万公顷耕地列入休耕轮作试点。其中,在东北冷凉区、北方农牧交错区等地,推广轮作33.33万公顷;在地下水漏斗区、重金属污染区、西南石漠化区、西北生态严重退化地区,休耕7.74万公顷。河北、内蒙古、辽宁、吉林、黑龙江、湖南、贵州、云南、甘肃九省份被列入试点省区。在2017年将试点面积增加至80万公顷。轮作主要在东北地区,实行玉米与大豆轮作为主,辅之以大豆和薯类、杂粮杂豆、油料作物、蔬菜及饲草等轮作。而休耕则集中在河北地下水漏斗区、湖南重金属污染区、西南西北生态严重退化地区。2018年我国将轮作休耕制度试点规模扩大至160万公顷。休耕可从源头上减轻过剩压力,同时,又可把由此节省的储备补贴转用于休耕补贴,在不增加粮食补贴的情况下,可提高补贴的效率;通过试点,可逐步形成比较成熟的技术模式、耕作制度、核实制度、补贴制度。

4. 树立粮食安全新观念,合理安排粮食储备

长期以来,人们认为粮食越多越安全,库存越多越安全,这种观念具有片面性。随着改革的进一步深入,我们应该逐步把储备降到合理水平,变存粮于库为存粮于田、存粮于科技,变粮食储存为生产能力储备,变实物粮食储备为智慧粮食储备。这可有效地减轻财政补贴负担,提高补贴效率。当然,存粮于田客观上要求国家加大基本农田的保护力度,做到一旦粮食短缺,只要还田于粮,就可迅速平衡供求。同时,我们要加大粮食科技投入,不断提升科技发展对粮食的贡献率。

5. 加快粮食立法工作,使粮食补贴建立在法制化基础之上

市场经济是法制经济,西方发达国家的粮食立法比较健全,对粮食补贴作了严格规范。我国的粮食立法明显滞后,这使粮食补贴在一定程度上具有随意性,不规范。美国的农业法对粮食补贴作了明确的法律安排,尽管我国于 1993 年 7 月通过了《中华人民共和国农业法》,并于 2009 年 8 月、2012 年 12 月进行了两次修正,但我国的《农业法》只是提出了对农民实施收入支持政策的原则要求,如提出国家建立和完善农业支持保护体系,采取财政投入、税收优惠、金融支持等措施,从资金投入、科研与技术推广、教育培训、农业生产资料供应、市场信息、质量标准、检验检疫、社会化服务以及灾害救助等方面扶持农民和农业生产经营组织发展农业生产,提高农民的收入水平。在不与我国缔结或加入的有关国际条约相抵触的情况下,国家对农民实施收入支持政策。但在农业法中并没有对农民粮食补贴的法律安排,并规定国务院可以决定对部分粮食品种实行保护价制度。这种笼统规定并不利于粮食补贴政策的依法实施。因此,我国还需要加快制定粮食立法工作,这也是市场化改革的客观要求。从 2004 年我国全面放开粮食价格和粮食市场以来,粮食生产、流通、消费等领域经历了十几年的市场洗礼,《粮食流通管理条例》也实施了多年,尽快启动《粮食法》的立法工作,应该已具备了较好基础。

6. 积极培育粮食市场主体,建立农民的利益保障体系

当前我国存在粮食市场主体缺位问题,真正参与市场交易的是收储企业,而不是广大的粮食生产者——农民,农民是市场上的弱势群体,这本身就加强了他们对政府补贴的依赖。因此,推动农民的组织化进程,是深化粮食补贴改革的重要条件。美国有合作社,日韩有农协,它们既是农民利益的代表,又是重要的市场主体。我国的农民组织化可有多种形式:结合城市化进程,推动农村由分散经营转向规模经营,培育发展家庭农场,在经营者减少的情况下逐步形成自律性的行业组织;组织农民参股收储企业,通过收储企业参与市场活动;培育规模性农业产业化龙头企业,实现农工贸一体化。总之,当前农民的组织化可采用多种形式,经过一定时期的发展之后,逐步形成规范化的农民自律组织,使其成为连接政府和农民的桥梁。

7. 做好粮食补贴的配套改革

粮食补贴改革涉及面广,客观上需要做好各方面的配套改革,包括加快农村土地制度改革等。农村土地问题与农村、农民、农业等"三农"问题紧密相关。土地一方面是农民基本生活保障的资源载体;另一方面也是农民最重要的生产资料。土地承载着农民维持生存和实现发展的两个功能,这两个功能在不同时期,侧重有所不同。在计划经济时期和改革开放初期,土地更多承载着保障农民基本生存条件的功能。随着近年来我国非农经济的迅速发展以及城市化的加速,大量农民开始逐渐部分或完全摆脱农业生产选择进城务工,农村闲置土地的情况增加。当前,土地承载的维持农民生存的功能正在逐渐弱化,土地所承载的农民实现发展的功能日益凸显。农村土地流转是我国当前深化土地制度改革的一项重要举措和政策创新,要在现有产权制度框架不变的前提下,遵循市场经济的基本原则和现代农业的发展趋势,充分发挥市场在农业资源配置中的决定性作用,优化资源配置,尝试多种合作经营,实现农业规模经济,加速农业产业化,实现农民增收,最终保障农民对土地等生产资料的财产权和收益权。而粮食补贴是依附于土地,完善农村土地制度改革将有利于完善粮食补贴的改革。

第八章　粮食最低收购价：基于政策
运行与优化分析

　　为了适应粮食市场化改革的需要,2004 年我国出台了粮食最低收购价政策,至今已经有 16 年。所谓粮食最低收购价政策,是指当粮食供求关系发生重大变化,市场粮价低于政府制定的最低收购价格时,为保障市场供应、保护种粮农民利益,由国务院决定对短缺的重点粮食品种在粮食主产区实行的价格支持政策。2004 年、2006 年起,国家在主产区分别对稻谷、小麦实行最低收购价政策。政策出台后,人们的看法始终存在比较大的分歧,在该项政策实施 16 年后,很有必要进行理性的总结与反思。

一、粮食最低收购价政策运行分析

（一）粮食最低收购价政策实施的基本情况

1. 实施背景

（1）粮食市场化改革背景。应该说,粮食最低收购价政策是市场化改革的产物。2004 年,在我国粮食流通体制改革的历程中具有里程碑意义。在前期试点和探索的基础上,2004 年 1 月,中共中央出台"一号文件",文件明确提出,从 2004 年开始,国家将全面放开粮食收购和销售市场,实行购销多渠道经营。2004 年 5 月,国务院出台了《国务院关于进一步深化粮食流通体制改革的意见》（国发〔2004〕17 号）,对全面推进粮食购销市场化改革进行部署。在该意见和 2004 年国务院通过的《粮食流通管理条例》中都明确提出,当粮食供求关系发生重大变化时,为保障市场供应、保护种粮农民利益,必要时可由国务院决定对短缺的重点粮食品种在粮食主产区实行最低收购价格,这为粮食最低收购价格政策的出台,提供了法律、法规基础。可见,最低收购价格政策正是政府在市场放开后对粮食价格进行保护的重要选择。

（2）粮食供求关系变化背景。在多种因素的综合影响下,从 2000 年开始,我国粮食就开始出现产不足需的状况,增加粮食产量是保障我国粮食安全的客观需要。2004 年后,国家连续颁发了关于"三农"问题的中共中央"一号文件",出台了一系列惠农政策,有效调动了农民粮食生产的积极性。随着粮食生产形势的变化,粮食增产与粮价合理稳定的矛盾就变得非常尖锐。为了稳定粮食价格,切实保障农民利益,国家在 2004 年率先出台了稻谷最低收购价政策。

(3) 经济发展战略调整背景。在 2004 年 9 月召开的中共十六届四中全会上,明确指出要"不断加大对农业发展的支持力度,发挥城市对农村的辐射带动作用,发挥工业对农业的支持和反哺作用,走城乡互动、工农互促的协调发展道路"。此时,我国总体上已进入以工促农、以城带乡的发展阶段,初步具备了加大力度扶持"三农"的能力和条件。最低收购价格政策正是政府从价格保护方面保障农民利益的重要手段。

2. 实施阶段

(1) 政策启动阶段。2004 年是我国出台粮食最低收购价政策的第一年,但由于收购价格明显高于国家发布的最低收购价格。所以,稻谷最低收购价执行预案始终没有启动。2005 年是国家启动粮食最低收购价政策的第一年,早籼稻成为落实这项政策的第一个粮食品种,湖北等四省启动了早籼稻收购,湖南等五省启动了中晚稻收购。

(2) 政策拓展阶段。随着粮食的连年丰收,粮食价格回调的压力进一步加大。2006 年国家及时公布了稻谷和小麦最低收购价格,在主产区对短缺的重点粮食品种继续实行最低收购价政策,首次出台了小麦最低收购价格政策预案,拓展了政策覆盖的品种范围。

(3) 政策调整阶段。为了充分发挥粮食最低收购价政策的作用,2006 年至今,政府结合粮食领域改革的进程和最低收购价执行预案,在最低收购价政策实施省份、执行主体、执行费用、执行时间、收购价格、收储管理等方面不断进行调整完善。

3. 政策内容与主要特点

粮食最低收购价政策的内容主要通过每年的执行预案体现出来,预案根据《粮食流通管理条例》的有关规定制定,主要对预案执行省份、收购价格、执行企业、收储库点、执行时间、收购贷款、主体责任进行安排,其核心内容应该是最低收购价格(见表 8-1)。

表 8-1　2004 年以来最低收购价格调整情况　　　单位:元/公斤

年份	白小麦	红小麦	混合麦	早籼稻	中晚籼稻	粳稻
2004	—	—	—	1.40	1.44	1.50
2005	—	—	—	1.40	1.44	1.50
2006	1.44	1.38	1.38	1.40	1.44	1.50
2007	1.44	1.38	1.38	1.40	1.44	1.50
2008	1.50/1.54	1.40/1.44	1.40/1.44	1.50/1.54	1.52/1.58	1.58/1.64

年份	白小麦	红小麦	混合麦	早籼稻	中晚籼稻	粳稻
2009	1.74	1.66	1.66	1.80	1.84	1.90
2010	1.80	1.72	1.72	1.86	1.94	2.1
2011	1.90	1.86	1.86	2.04	2.14	2.56
2012	2.04	2.04	2.04	2.40	2.50	2.8
2013	2.24	2.24	2.24	2.64	2.70	3.00
2014	2.36	2.36	2.36	2.7	2.76	3.1
2015	2.36	2.36	2.36	2.7	2.76	3.1
2016	2.36	2.36	2.36	2.66	2.76	3.1
2017	2.36	2.36	2.36	2.6	2.72	3
2018	2.3	2.3	2.3	2.4	2.52	2.6
2019	2.24	2.24	2.24	2.4	2.52	2.6

说明：2008 年在年初和新粮上市前进行了两次调价。

资料来源：根据历年执行预案整理。

从历年最低收购价格执行预案的基本内容看，主要表现出以下几个特点：

（1）粮食最低收购价格总体上保持了上升趋势。粮食最低收购价格是由有关部门根据粮食生产成本和农民适当收益原则制定。伴随物价总水平的提升和种粮成本的提高，粮食最低收购价格也在适时调整。2004—2007 年稻谷最低收购价保持不变，即早籼稻、中晚籼稻、粳稻价格分别为 1.40 元/公斤、1.44 元/公斤、1.50 元/公斤。从 2008 年开始，稻谷最低收购价格进入上升通道，2013 年与 2004 年相比，10 年间早籼稻、中晚籼稻、粳稻价格分别提高了 88.6％、87.5％、100％。小麦最低收购价则是从 2008 年开始逐年提高，2008—2015 年，8 年间白小麦、红小麦、混合麦价格分别提高了 63.88％、71.01％、71.01％。但近年来，粮食生产、粮食供求形势发生了较大变化，尤其是综合考虑粮食生产成本、市场供求、国内外市场价格和产业发展等因素，2016 年首次调低早籼稻最低收购价格，2017 年首次调低中晚籼稻、粳稻最低收购价格，2018 年首次调低小麦最低收购价格，2019 年小麦最低收购价格每公斤收购价又降低了 3 元，打破了在此之前最低收购价格只升不降的局面，实际向社会发出了最低收购价格改革的更强的信号。

（2）最低收购价粮食品种有拓展。2004 年率先在稻谷实施最低收购价政策，2006 年小麦实施最低收购价政策。国家在主产区选择稻谷、小麦两个重点粮食品种实行最低收购价政策，对保障国家粮食安全起到重要作用。而另一个重要粮食品种玉米，国家主要把它纳入临时存储收购范围，国家临时存储玉米挂牌收购价格实际起到了最低收购价格的作用。目前政府对玉米、大豆主要实施生产者补贴制度。

（3）最低收购价政策实施省份适时扩大。早籼稻由江西、湖南、湖北、安徽4省调整到安徽、江西、湖北、湖南、广西等5省（自治区）；中晚稻则由吉林、黑龙江、安徽、江西、湖北、湖南、四川7省调整到辽宁、吉林、黑龙江、江苏、安徽、江西、河南、湖北、湖南、广西、四川11省（区）；小麦最低收购价政策则一直在河北、江苏、安徽、山东、河南、湖北6省实施。最低收购价粮食品种及实施省份的扩大，可以更好地发挥最低收购价政策的辐射作用，让更多的农民受益。

（4）最低收购价政策执行主体有所增多。中储粮总公司作为国家委托的最低收购价政策执行责任主体，对最低收购价政策收购的稻谷、小麦的数量、质量和库存管理等负总责。政策执行企业最初由中储粮总公司及其有关分公司，相关主产区、主销区省级地方储备粮管理公司（或单位）构成，后来把受中储粮总公司委托的中粮集团有限公司、中国华粮物流集团公司所属企业也纳入其中，这有利于充分利用现有仓储资源，共同完成托市收购任务。

（5）最低收购价政策执行费用使用更加规范。从收购费用看，10余年来收购费用标准一直维持在每市斤2.5分（含县内集并费），由中央财政对中储粮总公司包干使用，但到后来提出了更严格要求，明确其中由委托收储库点直接用于收购的费用不得低于每市斤2分钱。临时存储费用补贴标准基本维持为每市斤3.5～4分/年，后来调整到按照《财政部关于印发最低收购价、临时收储粮食财政财务管理暂行办法的通知》（财建〔2013〕203号）和《财政部关于批复最低收购价等中央政策性粮食库存保管费用补贴拨付方案的通知》（财建〔2011〕996号）执行，使得费用补贴标准更加规范。

（6）最低收购价粮食的管理更加严格。最低收购价执行预案对最低收购价粮食的粮权、收购、储存、销售、贷款等方面做了比较严格的规定。最低收购价粮食的粮权属于国务院，未经国家批准不得动用。农业发展银行负责向执行最低收购价任务的贷款企业及时提供收购资金和费用贷款，并实施信贷监管。通过合理确定责任主体、执行企业、委托收储库点强化对收购、储存粮食的管理。最低收购价粮食的销售，则由国家有关部门按照顺价销售的原则，在粮食批发市场或网上公开竞价销售。同时对各主体的权利、义务做了更加明确的规定。

2016年全国粮食统一竞价交易系统（国家粮食电子交易平台）正式上线运行，在国家有关部门大力支持和全国29家联网省级交易中心共同努力下，2017年1月9日升级改版为国家粮食电子交易平台。该平台由国家粮食交易中心搭建与维护、运行与管理、创新与推广。截至2018年12月31日，共组织国家政策性粮食竞价及挂牌交易会1 222场，累计成交各类粮油2.5亿吨，成交金额4 500亿元，成交品种包括小麦、稻谷、玉米、大豆和菜籽油，成交地域覆盖全国。其中，2018年组织交易会456场，累计成交1.26亿吨，成交金额2 063亿元,10 月 25 日,单日成交玉米、小麦 393.2 万吨,成交金额 62.2 亿元,粮食成交再创新高。

国家有关部门主要通过该平台销售国家最低收购价粮食。交易平台每周安排国家政策性粮食、地方储备粮和社会贸易粮竞价交易,采取会员制方式交易,目前交易会员超过 3.36 万户,国内主流用粮企业基本都是交易平台会员。交易平台已经实现交易、签约、出库、资金结算、商务纠纷处理全程电子化。该平台的上线运行有助于进一步优化粮食流通环节,提高粮食流通效率,降低粮食交易成本,增强企业竞争力;有助于粮食行政管理部门全面准确掌握粮食交易信息,实施更加精准科学高效的市场调控;有助于加快建设统一开放、竞争有序、协同发展的现代粮食市场体系,营造更加公开、公平、公正的市场交易环境。

(二)粮食最低收购价政策成效

根据粮食市场供求与价格状况,2005—2006 年、2009 年和 2012 年,国家启动了籼稻最低收购价执行预案,2007 年、2012 年启动了粳稻预案,2013 年启动稻谷最低收购预案。2006—2009 年、2012 年、2013 年启动了小麦预案。从托市收购的数量来看,2005 年在籼稻产区共收购托市稻谷 122.5 亿公斤;2006 年收购托市小麦 407 亿公斤、稻谷 82.5 亿公斤;2007 年收购托市小麦 289.5 亿公斤、粳稻 23.5 亿公斤;2008 年收购托市小麦 417.5 亿公斤;2009 年收购托市小麦 408.5 亿公斤、稻谷 111.5 亿公斤(贺伟宏,2010)。2008 年、2010 年和 2011 年,由于整体物价水平上涨较快,以及各类主体积极入市收购,稻谷市场价格明显高于最低收购价格,当年国家没有启动稻谷托市收购。最低收购价政策执行 10 余年累计收购粮食数百亿公斤,发挥了巨大的政策效应。中共十八大以来,国家继续对稻谷、小麦在主产区实行最低收购价政策,并根据市场形势变化不断完善。发展改革委会同有关部门按照党中央和国务院决策部署,继续执行并完善稻谷、小麦最低收购价政策,对保障国家粮食安全、增加农民收入、稳定价格总水平、引导结构调整、促进规模经营等发挥了重要作用。综合起来,学者们主要从以下几个方面进行了分析。

1. 保护了种粮农民利益

稳定粮食市场价格,保护种粮农民利益,这是政府出台粮食最低收购价政策的初衷。从实践来看,有的学者从粮食最低收购价与市场价格的价差比较中,得出执行粮食最低收购价让农民从中获益的结论(朱远洋、郑先富,2006;刘全书,2007),有的则从农民人均纯收入不断增加的统计数据上进行分析(陈晓玲、产颖,2011)。还有学者从实证的角度,通过数量分析,证明了最低收购价政策对农民增收的影响(魏君英、何蒲明,2009)。但也应看到,粮食最低收购价政策对不同群体的收入效应有所不同,最低收购价政策增加了种植者的收入,但该政策不利于消费者,尤其是低收入消费者,伤害了他们的利益,同时国有粮食收储企业的效益会变得低下(高笑妍等,2017)。

2. 稳定了粮食价格和粮食市场

粮食最低收购价本身就是属于托市政策。一些学者认为,我国粮食连年增产,但是粮食价格并没有因为粮食增产而下跌(邹凤羽,2008),实证分析结果表明,政府每年公布的最低收购价格对粮食主产区农户的粮食供给存在显著的正向影响。因此,近年国家稳步提高粮食最低收购价水平,对保证重点粮食品种的市场供给起到了重要作用(张爽,2012)。小麦最低收购价政策的实施,客观上增强了执行省小麦经营户的收益预期,有效保障了执行省以至于全部主产省小麦产量的持续稳定增长(高笑妍等,2017)。而国家对托市收购粮在粮食批发市场上实行竞卖,适时投放市场,保证市场供应,调节市场供求,保证了国内粮食市场价格的稳定(鲁晓东,2010)。

3. 增强了政府粮食宏观调控能力

有学者从宏观层面上分析,认为最低收购价政策是国家调控粮食市场的重要手段(黄奕忠,2006)。托市收购使国家掌握了大量粮源,增强了中央政府在粮食市场供求方面的宏观调控能力(邹凤羽,2008)。粮食最低收购价政策的实施,逐步提高了市场粮食价格,增加了粮食播种面积,促进全国粮食总产量持续增加,在国家宏观调控中发挥了一系列决定性作用(邵长安,2010)。中共十八大以来,粮食最低收购价改革释放了明确的市场化导向信号,有利于推进农业供给侧结构性改革,发挥价格对生产的调节作用,促进优质品种和普通品种形成合理价差,引导农民调整优化生产结构。

4. 保障国家粮食安全

在世界性金融危机持续蔓延、世界市场粮食价格波动的大背景下,我国利用价格杠杆来保障国家粮食安全意义重大(龚锡强,2009)。实施粮食最低收购价政策以来,我国粮食综合生产能力明显提升(兰录平,2013),农民种粮积极性明显提高,粮食产量实现了12连增,国家粮食安全得到了保障。粮食最低收购价对粮食播种面积有一定影响,进而影响粮食安全。我国小麦的播种面积与粮食最低收购价呈正相关,但在当前我国全面实行供给侧结构性改革的新形势下,小麦播种面积受粮食最低收购价变动的刺激反应程度并不明显(李恕洲等,2017)。在供给侧结构性改革的背景下,想要充分发挥粮食最低收购价对小麦播种面积的正向效应,就必须根据我国的国情制定合适的粮食最低收购价政策。粮食最低收购价政策对于不同品种的粮食作物的作用具有异质性(李波,2016),对于不同主产区的粮食作物,政府等相关部门应做到因地制宜,完善粮食最低收购价格区域、等级差别机制,提高国家粮食安全的保障能力。

(三)粮食最低收购价政策面临的主要问题

自从粮食最低收购价政策实施以来,人们对该政策的看法就存在很大分歧,主要有三类看法：第一类看法是粮食最低收购价政策保护了种粮农民利益、有效稳定了粮食市场价格、增强了国家调控粮食市场的能力，是适合我国粮情的粮食政策。第二类看法认为粮食最低收购价扭曲了粮食市场价格，垄断性收购，带来行政对市场过分的干预，削弱了粮食购销企业市场化改革的动力，对流通环节的"暗补"弊大于利，应该建立目标价格。第三类看法是走了一条中间道路，认为一方面粮食最低收购价在增加农民利益等方面起到了很好作用，但是也不能忽视粮食最低收购价政策在扭曲粮食市场价格等方面带来的消极影响，因此，粮食最低收购价格政策改革的方向不是简单的取消，而应是扬长避短，对其进行完善。尽管人们对粮食最低收购价政策有不同看法，但是几乎一致认为，粮食最低收购价政策存在很多问题，这些问题主要体现在以下几个方面。

1. 政策设计方面的问题

（1）从整体看，粮食最低收购价政策没能处理好政府与市场的关系。粮食最低收购价政策是在市场化改革的背景下出台的一项重要政策，其初衷是要在充分发挥市场机制的前提下，对市场机制的缺陷进行必要的补充（朱远洋、郑先富，2006）。但是从实际情况看，最低收购价政策设计有一个手段与所要达到的目标是否匹配的问题，也有一个政府与市场作用的定位是否准确的问题（高铁生，2008），因而导致出现"行政手段强化，市场作用发挥明显不足"（李经谋，2005），最低收购价通过流通环节的"暗补"明显是弊大于利（李经谋，2006）。最低价收购政策的实质是有违市场规律的行政干预手段，容易造成旧有体制的复归，与粮食流通体制市场化改革的方向相悖（丁伟，2006），原国有粮食购销企业纷纷要求吃最低价收购政策饭，与粮食流通体制改革不协调（姜玉中，2006）。实际上，粮食最低收购价由于是通过流通环节对农民进行间接补贴，所以该政策与以前的粮食收购保护价政策相比没有本质区别（杨光焰，2006）。因此，我们必须通过改革，重塑粮食领域的政府与市场关系。

（2）从具体设计上，政策还存在诸多需要改进的问题：

第一，政策主体问题。在最低收购价政策设计中存在粮食安全责任主体、执行责任主体、收购主体责任不清、关系脱节的问题。按照粮食行政首长负责制，政府粮食行政管理部门是责任的具体承担者，担负着落实粮食收购政策、保护农民利益的职责。目前粮食最低收购价预案规定，中储粮总公司作为国家委托的最低收购价政策执行责任主体，对相关政策执行负总责，地方粮食等部门主要依照《价格法》《粮食流通管理条例》等法律、法规有关规定，履行对最低收购价小麦收储行为的监督检查职责。很明显，政策能否落实到位，中储粮在很大程度上要依赖地方各级政府和地方国有粮食企业。但粮食行政主管部门作为粮食政策落实的责任主体，却不是粮食最低收购价预案的执行主体，会造成权责不对称（兰录平，2013），进而会带来粮食最低收购价政策执行中的中储粮与地方粮食行政主管部门的矛盾问题。

同时,由于中储粮系统的库点严重不足,大量最低价收购任务必须委托收储库点收购,但是最低收购价粮食粮权属国务院,受托收储的库点,主要是为了获得收储补贴,不需要为收储粮食的经营负债,导致政策执行的责任主体与粮食收购主体分离,这样必然会加大管理难度,难免会出现"转圈粮"、出库难、成本高、以新充旧的问题。

第二,价格设计问题。最低收购价格无疑是政策设计的焦点问题,其本身应该主要起到"影子价格"或"目标价格"的作用,而不应是长期实行的价格。现行最低收购价,主要是按照弥补成本并有一定收益的原则确定的,尽管这项政策为调动农民种粮积极性发挥了十分明显的作用,但以成本为基础制定粮食最低收购价已不能充分适应粮食生产和市场新形势的要求(曹长庆,2012)。现行最低收购价只有等级差,没有品种差与地区差,没能体现优质优价,不利于粮食产业结构调整和区域间合理流通(刘冬竹,2009),这种情况也容易导致粮食供求总量紧平衡与供求结构失衡等(李波,2016)。若要进一步提高最低收购价格,会面临国际粮食价格"天花板"、WTO黄箱规则等一系列因素的制约,最低收购价格政策"保收益"的目标将越来越难以实现(曹慧等,2017)。

第三,政策成本问题。粮食最低收购价实施的政策成本包括直接成本和间接成本。直接成本包括收购费用、保管费用、贷款利息补贴及销售盈亏负担。间接成本主要包括对市场价格的扭曲及由此带来的价格失真问题等。最低收购价信贷实行"统贷统还",由所在地中储粮直属企业统 向农业发展银行承贷,并根据收购情况及时预付给委托收购库点,农业发展银行要按照国家规定的最低收购价格和合理收购费用及时足额供应贷款。这会带来使用主体与贷款主体分离的问题,可能会造成资金的潜在风险,会出现收购资金汇划环节增多,资金供应链条拉长(张晓军、潘毅,2008),从而影响资金的效率。贷款利息根据入库结算价与同期银行贷款利率计算,财政部负责及时安排、拨付中储粮总公司按最低收购价格收购粮食所需的费用和利息补贴。利息由中央财政补贴,而不是由承贷企业承担,容易出现承贷主体与付息主体的分离,贷款风险最后全部由政府兜底。

实际上我们可以看到,粮食最低收购价的政策成本与风险,均不需由中储粮、中国农业发展银行、收储库点、农民承担,最后全部由政府来承担,收益和风险不统一,必然会出现不同利益主体合谋政府,导致出现政策成本过高、政策效率低下的问题。

2. 政策执行方面的问题

(1) 费用分配与使用问题。收购费用在使用过程中存在的突出问题是,承贷企业支付给各委托收储库点收购费用的标准过低,并且不能按时支付,影响了委托收储库点粮食收购工作的有效开展(郑先富,2010)。

(2) 收购库点不足问题。一方面,中储粮库点及委托库点存在库点有限和人员有限问题；另一方面，2004年粮食市场化改革后，国家对粮食流通设施投入不足，再加上存在压级压价的问题，导致农民卖粮路程远、成本高，有的农民干脆低价卖给其他收购主体，种粮效益相对下降，也直接影响政策效果。

（3）存在套取粮食补贴问题。预案执行期间，存在承储企业与库点购买国家拍卖的最低收购价粮食现象，出现"转圈粮"、套取粮食补贴等问题。

（4）销售机制问题。最低收购价粮食，由国家有关部门按照顺价销售的原则，在粮食批发市场或网上公开竞价销售，销售盈利上交中央财政，亏损由中央财政负担。但是由于各市场都希望获得政策粮的销售，成为国家粮食交易中心，因此出现某种程度无序竞争，导致批发市场的重复建设，也很难形成价格中心。同时，受国际市场影响，粮食市场价格波动较大，及时顺价销售较为困难，有时流拍比例大，交割履约问题较多。

（四）粮食最低收购价政策改革的方向

针对粮食最低收购价政策存在的问题，很多学者提出了完善的方法与途径，一些学者从明确收购主体职责、完善价格形成机制、理顺粮食最低收购价差价体系、完善最低价粮食销售机制、加强对代储企业的监管、深化国有粮食企业改革等方面提出了很多有益的建议，而政府也在不断对政策进行调整。但是应该看到，这些措施往往只能使问题有所改善，并不能从根本上解决问题。

因为，粮食最低收购价政策存在的问题，既有政策设计方面的问题，也有政策执行方面的问题。毫无疑问，政策设计方面的问题是主要问题，政策执行方面的问题是次要的或派生的问题。应该说，行政干预、价格扭曲、市场垄断、效率低下是现行粮食最低收购价政策与生俱来的缺陷。政策的调整只能做到在某种程度上减轻上述问题，并不能从根本上消除这些问题。

在中共十八届三中全会后，我国改革开放进入了一个新的阶段，提出了完善和发展中国特色社会主义制度，推进国家治理体系和治理能力现代化的全面深化改革的总目标，站在更高的起点上，开启了实现中国梦的伟大新时代。在这样一个新的时期，党和政府把粮食安全放在更高的地位，从顶层设计的角度，确立了国家粮食安全新战略。因此，粮食收购保护价政策改革，必须按照全面深化改革的新思维，纳入国家粮食安全新战略进行重新考虑。

1. 让市场在粮食资源的配置中起决定性作用是粮食最低收购价政策改革的方向

中共十八届三中全会通过的《中共中央关于全面深化改革若干重大问题的决定》（以下称《决定》），对政府与市场关系作出了更加深刻的阐述，明确指出，经济体制改革是全面深化改革的重点，核心问题是处理好政府和市场的关系，要使市场在资源配置中起决定性作用。市场决定资源配置是市场经济的一般规律，健全社会主义市场经济体制必须遵循这条规律，着力解决市场体系不完善、政府干预过多和监管不到位问题。同时,《决定》还提出要完善主要由市场决定价格的机制,凡是能由市场形成价格的都交给市场,政府不进行不当干预。与其他行业相比,粮食行业的市场化进程更晚、市场化程度更低,行政干预的程度更强,很多国有粮食企业依然靠吃政策饭生存。粮食行业政府与市场关系的处理面临更加繁重的任务。

因此,我们应该站在新的高度,全面审视粮食最低收购价政策改革的方向。让市场在粮食资源的配置中起决定性作用,注重发挥市场形成价格作用,完善粮食价格形成机制,应该是粮食最低收购价政策改革方向的不二选择。

2. 对种粮农民进行直接补贴是粮食最低收购价政策改革的基本选择

(1)适时对种粮农民进行直补是一条国际经验。粮食问题在某种程度说就是一个财政问题,给以较大力度的财政支持政策,也是市场经济国家鼓励和保护粮食生产的重要经验。各国普遍实施了农产品价格支持和财政直接收入补贴的政策。一般来说,在工业化、城市化中前期,经济发展水平和国家财政能力相对较低,更多地以价格支持,间接补贴的政策为主;在工业化、城市化基本实现以后,国家财政能力大幅增强,农业人口占就业人口比例大幅度下降,逐步转为以财政收入支持、直接补贴的政策为主。伴随工业化、城市化进程,我国财政的财力大幅提升,已具备条件加大粮食行业市场化改革的力度,强化财政直接收入支持的政策。2018年中共中央"一号文件"提出,我们要创新完善政策工具和手段,扩大"绿箱"政策的实施范围和规模,加快建立新型农业支持保护政策体系,落实和完善对农民直接补贴制度,提高补贴效能。

(2)目标价格是种粮直补的可选择方式。我国的粮食最低收购价政策已经实施10余年,该政策的弊端已经充分显露出来。尤其在出现粮食产量12连增后,我国粮食产量、粮食库存都达到历史高位,粮食价格也成为世界粮食价格高地。这虽然是最低收购价政策实施带来的问题,但也为进一步的改革创造了条件。建立目标价格,对种粮农民进行直补已经成为人们对最低收购价政策改革的基本共识。

《中国粮食市场发展报告》长期关注粮食最低收购价政策,早在2005年就提出要借鉴国外目标价格的经验,改革现行粮食最低收购价政策,建立健全粮食价格保障体系(李经谋,2005)。完善最低收购价政策,应建立粮食价差补贴机制,如果市场价格低于最低收购价,农民仍然按市场价格向各类收购企业销售粮食,国家可以直接向农民提供最低收购价和市场价格之间的差价补贴(程国强,2005),实行价外补贴(高铁生,2008)。2017年,程国强提出最低收购价政策改革必须坚持如下原则:坚持底线思维,确保口粮绝对安全;激发市场活力,注重发挥市场机制作用;坚持价补分离,增强政策操作的灵活性与弹性(程国强,2017)。

在具体实施中,有学者主张建立最低收购价格政策与粮食直补政策的联动机制,尽快建立我国粮食价格保护的目标价格(杨光焰,2006),还有学者对目标价格的确定方式和价差补贴的方法进行了分析,强调目标价格应考虑成本和利润的因素,依据市场环境的变化情况来确定半年、1 年或 2 年的时限,实行反周期性粮食直接补贴政策,可以是全国统一目标价格,也可以按地区划分(刘刚、侯晋封,2008)。差额直补式政策可能面临的困难是操作比较复杂,我们应尽快探索和试点差额直补式的最低收购价政策,尽快研究制定与直补式政策相配套的操作措施(贺伟,2010)

实际上,在 2014 年中共中央"一号文件"《关于全面深化农村改革加快推进农业现代化的若干意见》中,已经明确提出,要继续坚持市场定价原则,探索推进农产品价格形成机制与政府补贴脱钩的改革,逐步建立农产品目标价格制度,在市场价格过高时补贴低收入消费者,在市场价格低于目标价格时按差价补贴生产者,切实保证农民收益。而且在 2014 年启动东北和内蒙古大豆、新疆棉花目标价格补贴试点。大豆、棉花目标价格补贴试点取得经验后,可为稻谷、小麦等主粮品种实行目标价格改革提供借鉴。

粮食最低收购价政策是我国粮食市场放开后,政府实施的一种粮食宏观调控的政策,在我国已经实施了 10 余年,其在提高农民收益、稳定市场粮价、保障国家粮食安全等方面取得了很大的成效。但是其本质是在流通领域实行的间接补贴,政策设计本身存在难以克服的缺陷,很容易造成价格扭曲和对市场的过分的行政干预。在新的一轮改革过程中,我们必须按照全面深化改革的新思维,结合国家粮食安全新战略,从顶层设计的角度,加快对粮食收购保护价政策改革。粮食最低收购价政策改革的方向就是要让市场在粮食资源的配置中起决定性作用,其具体做法就是坚持市场定价原则,可通过目标价格改革,对种粮农民进行差价直补,逐步完善粮食价格形成机制。

(3)生产者补贴是种粮直补的重要方式。我国地域辽阔,粮食品种多样,不同粮食品种的地位差别很大,改革完善粮食等重要农产品价格形成机制和收储制度应该可以有多种选择。2016 年的中共中央"一号文件"《关于落实发展新理念加快农业现代化实现全面小康目标的若干意见》明确提出,我们要坚持市场化改革取向与保护农民利益并重,采取"分品种施策、渐进式推进"的办法,完善农产品市场调控制度;继续执行并完善稻谷、小麦最低收购价政策;深入推进新疆棉花、东北地区大豆目标价格改革试点;按照市场定价、价补分离的原则,积极稳妥地推进玉米收储制度改革,建立玉米生产者补贴制度。

为进一步推进农业供给侧改革,理顺我国农产品定价机制,理顺政府和市场之间的关系,实现资源的优化配置,随着 2017 年《财政部　国家发展和改革委农业部关于调整完善玉米和大豆补贴政策的通知》(财建〔2017〕118 号)的发布,我国进一步调整大豆目标价格政策,在东北三省和内蒙古实施玉米和大豆生产者补贴政策。

可见,在新时代,根据粮食行业的实际情况,我国在不同的粮食品种上,同时实践着最低收购价、目标价格、生产者补贴等政策。多种政策的探索，一方面，说明建立完善我国农业支持保护制度的复杂性；另一方面，也为我国农业支持保护制度体系的构建积累了实践经验。

3. 分品种渐进式改革是粮食最低收购价政策调整的基本策略

新时代我国粮食安全目标是"谷物基本自给，口粮绝对安全"。粮食安全战略是坚持"以我为主、立足国内、确保产能、适度进口、科技支撑"。这实际上进一步明确了粮食安全的工作重点，底线是一定要把最基本、最重要的谷物和口粮保住。在确保谷物基本自给、口粮绝对安全的前提下，可通过市场合理配置资源，分品种探索，逐步完善农产品价格形成机制。从确保我国粮食安全目标来看，今后一个时期稻谷、小麦的最低收购价格政策还需要继续执行，但在棉花、大豆、玉米实施目标价格、生产者补贴等改革的同时，可适时进一步对小麦、稻谷的最低收购价格政策进行适当调整。有研究表明，当前稻谷最低收购价格的下降对中国粮食市场的影响总体比较小，小幅下调小麦最低收购价格的影响也比较有限，但较大幅度下调甚至取消最低收购价格对粮食市场的冲击非常大，不仅会使粮食产量下降，还会对主产区尤其是稻谷主产区农民收入造成较大负面影响（曹慧等，2017）。因此，在分品种改革的条件下，逐步小幅下调最低收购价格水平，应是改革的基本策略。但从长期来看，取消粮食最低收购价格，通过市场改革，对种粮农民进行直补，综合改革建立保护种粮农民收益的长效机制，应是基本的方向。对种粮农民进行直补，是选择目标价格还是生产者补贴，不仅取决于改革的目标，还要受到两种改革所要求的条件限制，无论从理论上，还是实践上均需要进一步探索。

二、目标价格政策的实践探索与理论反思

（一）目标价格政策是市场化改革的一种选择

中共十八届三中全会通过的《中共中央关于全面深化改革若干重大问题的决定》明确提出："经济体制改革是全面深化改革的重点，核心问题是处理好政府和市场的关系，使市场在资源配置中起决定性作用和更好发挥政府作用。"而以粮食为主的农产品是政府介入比较深、干预比较强的领域，在这一领域如何处理好政府和市场的关系是摆在我们面前的重大课题。2014年中共中央"一号文件"提出，完善粮食等重要农产品价格形成机制，坚持市场定价原则，探索推进农产品价格形成机制与政府补贴脱钩的改革，逐步建立农产品目标价格制度。按中共中央"一号文件"要求和国务院部署，2014年，我国启动新疆棉花、东北（辽宁、吉林、黑龙江）和内蒙古大豆目标价格改革试点，并在试点省（区）取消相关农产品的临时收储政策。这轮改革，国家发展改革委会同有关部门启动了为期

3年的新疆棉花、东北和内蒙古大豆目标价格改革试点。经过3年的实践,棉花、大豆目标价格改革试点基本完成了既定目标任务,取得了一定成效,探索出一条农产品价格与政府补贴分离的新路子。特别是棉花目标价格改革试点成效显著,实现了棉花价格由市场供求形成,带动了棉花生产、加工、流通、纺织全产业链发展,提升了国产棉花质量和市场竞争力,为农业供给侧结构性改革提供了实践经验,对新疆经济社会发展发挥了重要作用。

在对棉花和大豆3年目标价格改革试点进行评估的基础上,国家决定自2017年起在新疆深化棉花目标价格改革,完善目标价格形成机制、合理确定定价周期、优化补贴方法;同时,调整大豆目标价格政策,对大豆实行市场化收购加补贴的机制。在此基础上,有关部门和相关地区还在认真做好深化棉花目标价格改革和调整大豆补贴政策的有关工作,将国家惠农补贴政策落到实处,保护农民利益,优化种植结构,促进产业升级,深入推进农业供给侧结构性改革。这意味着农产品领域政府和市场的关系的重大调整,由最低收购价、临时收储政策向目标价格、生产者补贴政策转换是市场化改革的必然选择。

(二)目标价格改革试点的基本内容与主要特征

1. 目标价格改革试点的基本内容

所谓目标价格补贴政策就是指在棉花、大豆等农产品价格主要由市场形成的基础上,国家有关部门制定能够保障农民获得一定收益的目标价格,当采价期内实际市场价格低于目标价格时,国家对农民进行补贴;当市场价格高于目标价格时,不启动补贴。从棉花、大豆目标价格改革试点工作方案及相关实施办法来看,目标价格改革的基本内容包括:①按生产成本加基本收益确定目标价格,试点期间一年一定。②分试点省(区)以采价期内该省(区)棉花或大豆市场平均价格为市场价格。③补贴对象为棉花或大豆实际种植者。④试点省(区)可根据本地实际情况选择确定补贴方式,具体可选择按实际种植面积、产量或销售量补贴。同时,加强了对补贴资金管理,以保证试点省(区)将补贴资金足额、及时兑付给实际种植者。

2. 目标价格改革试点的主要特征

(1)市场定价,协调政府与市场的关系。目标价格改革是对粮食最低收购价政策、临时收储政策的重大调整,它标志着我国农产品支持政策进入一个新的阶段。棉花与大豆制定目标价格政策的一个基本原则就是市场形成价格。从表面上看,本轮改革的重要目标是完善农产品价格形成机制,建立科学合理的农业补贴机制。但更深层次是在新的改革大背景下,调整农业领域政府和市场的关系,使市场在粮食资源配置中起决定性作用,而政府主要是提供公共服务,弥补市场失灵。

(2)统筹安排,协调中央与地方的关系。目标价格改革涉及面广,关系到中央与地方、政府与农民之间利益关系的调整,中央与地方在改革中要承担不同的职责。从宏观层面上,需要中央对政策进行统筹安排,由中央统一制定目标价格的水平、基本原则、政策内容等,并加强对地方的指导监督;从操作层面上,需要试点省(区)制定切实可行的实施方案,分层负责具体的组织实施工作,统筹平衡好生产、流通、消费各方面利益。同时,客观需要构建发展改革、财政、农业、统计、粮食等部门间协调机制。

(3)对比试验,协调试点与推广的关系。目标价格改革试点的重要任务就是要为国家下一步更为全面的农产品支持政策改革提供可复制、可推广的经验。单一形式的试验很难完成这一任务,而对比试验则是一个合理选择。本次改革的对比试验主要体现在三个方面:①不同品种间的对比试验。通过棉花、大豆的对比试验,可为更多品种的农产品目标价格改革积累经验。②不同地区间的对比试验。本次目标价格改革试点选择了5个省(区)进行试验,可为更广区域的农产品目标价格改革积累经验。③不同模式间的对比试验。改革试点中,地方可选择按实际种植面积、产量或销售量补贴等不同模式,这可为农产品目标价格改革的模式选择积累经验。

(4)加大宣传,协调认识与改革的关系。目标价格改革能否成功的关键在于人们是否支持改革,这取决于大家对改革的认识。目标价格改革还处于试点阶段,社会各界对此还存在很多模糊认识。因此,加大宣传力度非常重要。在培训的基础上,通过统一制定宣传提纲,统一宣传口径,实施多媒体宣传,使广大群众更加清楚地认识到目标价格改革的意义,赢取群众对改革的理解和支持,为更大范围的农产品目标价格改革积累了宣传经验。

(三)目标价格改革的实践难点

经过近年的目标价格改革试点,在完善农产品价格形成机制、保障农民基本收益、完善财政补贴机制、促进农业产业发展等方面取得了初步成果。价格完全由市场供求形成,改革试点以来,国家不再直接干预市场价格,国内棉花、大豆价格完全由市场供求决定,逐步实现与国际接轨;农民利益得到有效保护,从试点以来,棉花、大豆市场价格持续下跌,但在目标价格补贴的支持下,农民种植棉花、大豆均能够保本有收益;逐步建立了精准补贴机制,在目标价格补贴机制下,地方政府将国家专项补贴资金直接发给棉花实际种植者,并对补贴全过程进行有效监管,补贴效率大幅提高。但改革还面临不少实践难点。

1. 目标价格改革的目标不够完整

把完善农产品价格形成机制与财政补贴机制、保障农民利益作为目标价格改革的基本目标应该说没有分歧。但不可否认,无论是理论界还是实务部门,对目标价格改革的目标的认识还存在不同看法。从实际情况看,有些目标并没能得到很好体现,如产业政策目标。实际上,政府非常希望通过目标价格改革,充分发挥市场调节农业生产结构的作用,加快转变农业发展方式。但是现行的方案在促进农业生产由粗放经营向集约经营转换、分散经营向集中经营转换、追求数量向追求质量转换方面重视不够,这会直接影响改革的效果。让目标价格起到促进农业生产结构的作用,是目标价格改革的方向。

2. 目标价格补贴的依据有待改进

在目标价格补贴计算中,要涉及目标价格、市场价格、种植面积、生产数量、销售数量等重要指标。目标价格、市场价格是决定中央政府补贴额度的指标。目前的方案中,目标价格由国家按生产成本加基本收益制定,试点期间一年一定,其确定都带有很强的主观性,生产成本监测是否准确、基本收益确定是否合理,都影响目标价格的高低。而采价环节、采价期、核定方法是否科学,将会对市场价格的确定产生重要影响,进而直接影响目标价格与市场价格之间的价差水平。

种植面积、生产数量、销售数量是对种植者进行补贴分配的主要依据,指标具有客观性,按这些实际指标进行补贴分配最具公平性。在分散经营情况下搞清楚每一个生产者的种植面积、生产数量、销售数量的成本很高。因此,最具公平性的补贴也是成本最高的补贴。实施成本高,这是我国目标价格改革面临的突出问题。同时还应注意,国家下拨棉花、大豆目标价格补贴资金给省区时,是按照产量计算,而地方对种植者进行补贴时主要或全部按照面积计量,计量依据的不一致,也会给补贴的发放带来一定的扭曲影响。因此,改进补贴计量依据,降低实施成本,是目标价格改革要解决的重要问题。

3. 农业生产的基础数据不健全

目标价格改革的顺利开展,有赖于农业生产基础数据的准确可靠。农业生产的基础数据信息不全或没有建立较完备的数据库系统,给改革的实施带来了巨大的困难。为此,各级政府,尤其是基层政府不得不花大力气对种植者的种植面积、生产数量、销售数量进行全面的统计与核实,这极大地增加了改革的成本。而且这些指标是动态变化的,按照现行方案,意味着每年都要进行这些指标的统计与核实,这将会给改革带来巨大的障碍。因此,各地建立以家庭或生产单位为基本单元的农业生产的基础数据库系统非常有必要,这也为将来以历史数据为基础进行补贴分配奠定基础。

4. 种植者风险化解系统需完善

在目标价格政策背景下,农民无疑要承担更大的风险,既包括市场风险也包括自然风险。当然,农民作为市场经济的主体,在通过市场获得收益的同时,必然要承担市场波动所带来的风险。但考虑到农业生产的特殊性,国家应该对生产者给予适当保护,目标价格保证农民获得基本收益正是化解部分市场风险的重要机制。但现行方案是按正常年景设计,对特殊情况没有充分考虑,尤其是对自然风险问题。一旦遇到重大自然灾害,农民大量减产,基于产量的农民基本收益将无法保证。种植者经营风险化解不能仅仅依靠政府,而应以目标价格为依托,构建政府、保险、农民相结合的风险化解体系势在必行。

5. 补贴资金发放还存在改进空间

根据《新疆棉花目标价格改革试点工作实施方案》,2014 年 12 月底前,国家根据测算的补贴资金总额,分别拨付新疆自治区和生产建设兵团;2015 年年 1 月底前,将面积补贴资金兑付至基本农户和农业生产经营单位;2015 年 2 月底前,将产量补贴资金兑付至基本农户和农业生产经营单位。从资金的实际拨付情况看,截至 2015 年 2 月底,新疆棉花目标价格改革补贴已预拨四批资金,补贴资金并未能按方案要求及时发放到位。多次预拨资金说明目标价格改革中还有很多工作没有安排到位,也大大增加了政策执行的成本,这会增加今后改革的阻力。

(四)完善目标价格改革的方向选择

目标价格政策在以美国为代表的西方国家实施了很多年,有很多值得我们借鉴的经验。但是应该看到,与西方相比,我国目标价格政策实施的背景和条件有很大区别,如西方国家的基本情况是土地私有制、大规模农场经营、农产品市场发达、基础数据完备,要解决生产过剩条件下的农民收入保障问题。我国的基本情况是土地集体所有、以农户分散经营为主、农产品市场不够发达、基础数据不完备,要解决紧平衡或阶段性过剩条件下的农民收入保障问题。但西方国家目标价格政策演变的一些趋势还是值得我们关注,如政策制定越来越重视市场机制作用的发挥;突出财政、金融、保险的联动支持;补贴计量往往与直接生产脱钩,更多的是利用历史数据。因此,从我国的实际出发,克服目标价格改革的难点,不断优化改革的方案是摆在我们面前的重大课题。

1. 合理设置目标价格改革目标体系

改革的目标设置不应仅仅站在完善农业补贴政策、保障农民收入的角度,而应站在战略的高度,至少要考虑以下几个方面的因素:市场化改革的进程、国际市场竞争、经济发展方式的转变等。因此,我国目标价格改革的目标应有宏观性、多元化、动态性。目前阶段主要应该包括如下目标:保障农民基本收入;推进农业产业可持续发展;提高农产品竞争力;完善农产品定价机制;完善农产品补贴机制。其中,最终目标是保障农民基本收入、推进农业产业可持续发展,而提高农产品竞争力、完善农产品定价机制、完善农产品补贴机制则属于中介目标。只有通过优化改革的目标,明晰改革的方向,才能制定出科学合理的改革方案,到达改革的目的。

2. 合理确定目标价格补贴计算依据

目标价格补贴属于收入支持计划,是对国民收入的再分配,计算依据要体现科学、公平、高效的原则。

首先,目标价格、市场价格是确定政府补贴水平的主要依据。对于目标价格的确定,要综合考虑农业生产投入成本、财政的财力、各阶层收入增长情况。市场价格的确定重点在于完善的农产品市场价格监测体系。

其次,种植面积、生产数量、销售数量是对农民分配补贴的主要依据。从这三个指标看,在实际运用中各有优劣,但如果按实际数据进行补贴,每年都将面临统计测量的巨大成本问题,这可能也是美国目标价格按历史数据进行补贴的主要原因。新疆棉花改革试点中主要选择种植面积与交售产量相结合的补贴方案,但在阿克苏还选择了按种植面积或按交售产量进行补贴的试点县进行差别试验;大豆改革试点则选择了按种植面积补贴的方案。从降低政策执行成本、更广泛保证农民收入的角度看,近期按照种植面积补贴应是更好的选择,主张尽快简化补贴方案,实现一种农产品只选择一种方式进行补贴,远期应逐步过渡为以历史数据为主要依据进行补贴。

3. 尽快健全农业基础数据信息平台

农业基础数据缺失或不准确大大提高了目标价格改革的实施成本。当前我国官方和民间有很多与农业及农产品市场相关的信息平台,但缺乏以生产经营单位或家庭为单位的统计数据,难以满足目标价格改革的使用要求。因此,试点改革的过程,实际也是农业信息平台的建立与完善的过程,包括确定信息平台主体、信息系统开发与维护、农产品价格采集与报告系统、农业生产投入报告系统、农户及农业资源报告系统等,逐步形成包括农户信息的相关农产品的市场价格、种植面积、生产数量、销售数量的数据库系统,并根据变化情况,对数据进行动态调整。农业信息化水平的提高,是我国在主要农产品全面推行目标价格改革的基础条件。美国的农业补贴计量往往是基于历史单产、播种面积或者收入水平,一般与当前生产脱钩,这极大地提高了补贴政策的实施效率,这种做法正是基于完善的农业信息系统。

4. 构建农产品种植者风险分担体系

以美国为代表的农产品补贴政策经历了以价格补贴为主、以收入支持为主到财政与保险综合保障的几个阶段。取消直接支付、弱化收入支持、强化农业保险在美国2014年农业法案中得到了明确体现。从价格补贴到突出风险保障的转换,体现了美国农业政策更趋于市场化,同时对农村社会和环境目标更加重视。这种农业补贴政策的转换,体现了市场深化过程中补贴政策变化的一般趋势,值得我们借鉴。实际上,2014中共中央"一号文件"就提出了农产品目标价格保险试点,山东等地也开展蔬菜目标价格保险试点。农产品市场风险是指农产品未来的市场价格低于农业生产者的预期价格,从而给农业生产者带来收入损失的可能性。农产品目标价格保险是化解农产品市场风险的重要途径。农产品目标价格保险的基本操作方式是:商业保险公司设计出应对农产品市场风险的保险产品,并与投保的农业生产者签订保险合同,当发生保险责任事故时负责定损与理赔工作;政府对商业保险公司提交的保险方案进行审核,并按照政策目标提供一定比例的保费补贴。所谓的保险责任事故,通常是指农产品实际价格低于保险合同中规定的保障价格的情形。因此,通过构建农业保险大灾风险准备金、提高中央与省级财政对主要粮食作物保险的保费补贴比例、建立财政支持的农业保险大灾风险分散机制、不断提高我国主要粮食品种保险的覆盖面和风险保障水平,将有利于形成农民、政府、社会共担的风险分担体系,逐步形成政府收入补贴与农业保险共同编织的农业生产的"安全网"。

5. 完善目标价格改革的配套措施

完善目标价格改革的配套措施主要有以下几个方面:第一,制定完善支持改革的法律、法规体系。目标价格是对我国现行农业支持体系的重大变革,涉及广大农民的切身利益,这种改革需要法律、法规的保驾护航。美国目标价格等农业补贴政策的制定一般要经过国会辩论,以农业法案的方式确定下来,使农业补贴政策的实施有可靠的法律保障。我国现行目标价格改革试点,主要以意见、通知、办法的形式开展,法制保障的层次较低。伴随着目标价格改革的深化,客观需要从中央到地方完善法律、法规体系。第二,提高政府相关部门单位工作的协同性。前文提到,试点中存在补贴资金多次预拨,甚至不能按方案及时发放的问题,这与政策出台晚,相关部门之间机构之间的衔接、播种面积的漏报,以及方案的制定都有关系。目标价格改革是一个系统工程,需要各个部门的分工协作,否则,任何一个部门、任何一个环节出现问题,都会影响改革的整体效应。第三,加大金融支持目标价格改革的力度。重点协调财政与政策性银行、商业银行及保险公司的关系,形成财政、银行、保险支持目标价格改革的合力。

三、生产者补贴与目标价格的比较分析

(一)生产者补贴的基本内涵

所谓生产者补贴,就是按照市场定价、价补分离、差异补贴、调整结构等原则,价格由市场形成,体现优质优价,发挥价格对生产的调节引导作用,综合考虑种植面积和产能因素分配资金,将补贴资金向优势产区倾斜,对生产者给予一定的补贴,保障生产者种粮基本收益的制度,并以此促进种植结构调整,推动农业供给侧结构性改革。补贴对象为合法耕地(即通过合法程序获得合法经营权)上粮食实际生产者(包括本地农民、家庭农场、农民合作社、合法的外来租种者等),对于土地流转的,补贴资金应发放给实际生产者。生产者补贴是对种粮农民直补的重要方式,也是在农业供给侧结构性改革的大背景下,对完善我国农业支持体系的一种重要探索。

为积极稳妥推进玉米收储制度改革,保障农民种粮基本收益,加快实施农业

供给侧结构性改革,财政部出台了《财政部关于建立玉米生产者补贴制度的实施意见》(财建〔2016〕278号)。2017年,《财政部 国家发展和改革委 农业部关于调整完善玉米和大豆补贴政策的通知》(财建〔2017〕118号)发布,我国进一步调整大豆目标价格政策,大豆补贴方式将由原来的目标价格补贴形式改为对生产者进行补贴,并在东北三省和内蒙古统筹玉米和大豆生产者补贴政策。黑龙江省和辽宁省等省份分别印发了《黑龙江省玉米和大豆生产者补贴工作实施方案》《关于印发辽宁省统筹玉米和大豆生产者补贴政策实施方案的通知》,统筹实施玉米和大豆生产者补贴政策。2019年中共中央"一号文件"强调,进一步完善玉米和大豆生产者补贴政策。

根据中共中央"一号文件"要求和国务院部署,2014年,我国启动新疆棉花、东北三省(辽宁、吉林、黑龙江)和内蒙古大豆目标价格改革试点,并在试点省(区)取消相关农产品的临时收储政策。这轮改革,国家发展改革委会同有关部门启动了为期3年的新疆棉花、东北三省和内蒙古大豆目标价格改革试点。在对棉花和大豆2014—2016年3年目标价格改革试点进行评估的基础上,国家决定自2017年起在新疆深化棉花目标价格改革,完善目标价格形成机制、合理确定定价周期、优化补贴方法。新疆也印发《2017—2018年度棉花目标价格改革工作要点》,提出要积极研究探索新型棉花补贴方式,合理利用保险、期货等金融工具,选择部分县(市)开展"收入保险＋期货"试点。同时,2017年我国也调整大豆目标价格政策,对大豆实行市场化收购加补贴的机制,即实施生产者补贴政策。

在试点3年后,将大豆的目标价格政策向玉米的生产者补贴政策靠拢,是否意味着试点未达到预期目标,或者说生产者补贴政策将是农产品支持政策更现实的选择？ 现在看来,还很难得出这样的结论。我们有必要对我国的目标价格和生产者补贴政策进行进一步的比较。

(二)两种政策相同点

目标价格和生产者补贴政策的相同点主要集中体现在以下几个方面:

(1)它们都是在市场化改革过程中,对完善农产品价格形成机制和保护体系的探索。这种探索有利于改变托市收购对粮食价格的扭曲与价格形成的行政干预。

(2)它们都属于对种粮农民的直接补贴。不管是粮食最低收购价,还是临时收储,都是属于间接补贴,或者是通过价格进行的暗补。实践证明,暗补的效率很低,存在补贴流通环节长,流失严重的问题,而且很多流通的利益被粮食企业获得,这使得暗补在保障种粮农民收益方面大打折扣。而目标价格和生产者补贴能够更好地解决这些问题。

(3)都属于挂钩直补方式。两种政策均实行市场定价、价补分离的机制,按照目前的方案,都与当期农产品种植面积挂钩,农民获得补贴量的多少,直接受种植面积的影响。

(4)它们的政策执行成本较高。因两种政策都是与当期农产品种植面积挂钩,因此对基层政府的基础数据信息化水平和政策执行力提出了很高要求,基础数据的准确性和政策执行力直接决定了政策的实施效果。这也决定了政策执行成本较高。

(5)它们都属于"黄箱补贴"的方式。"黄箱补贴"主要是指容易对农业生产者的生产行为造成影响,对农产品贸易造成扭曲的农业政策(李先德、宗义湘,2012)。WTO农业协议定义的"黄箱补贴"有农产品价格支持、种植面积补贴、农业生产资料补贴等对贸易有较大扭曲作用的补贴,是WTO农业协议规定不禁止但须承诺逐渐削减的补贴类型。"绿箱补贴"主要是指不会对农业生产者的生产行为造成明显影响,也不会对农产品贸易造成扭曲的农业政策,包括一般服务、与生产不挂钩的直接收入支持、公共储备补贴、农业结构调整补贴、环境保护补贴等,WTO对此补贴无限制。中国加入WTO时承诺,农产品"黄箱补贴"不得超过产值的8.5%,据有关测算,中国农产品"黄箱补贴"已经逼近这条"黄线",客观需要对农产品补贴政策进行调整。2015年,财政部、农业部联合出台《关于调整完善农业三项补贴政策的指导意见》,将农作物良种补贴、种粮农民直接补贴和农资综合补贴等"三项补贴"合并为"农业支持保护补贴",就是要将一部分农业补贴转为在世界贸易组织规则中使用不受限制的补贴,如对耕地资源的保护等。因此,在目标价格和生产者补贴政策的实施方面,如何合理运用"黄箱补贴"是应该考虑的重要问题。

目标价格和生产者补贴政策的这些共同点,决定了在粮食价格市场化改革过程中,两者都应是可以选择的政策。

(三)两种政策不同点

目标价格和生产者补贴政策的不同点主要体现在以下几个方面:

(1)与市场价格关系不同。前者根据当年目标价格与市场价格之间的差价确定补贴标准,与市场价格的高低密切相关,只有目标价格低于市场价格时才启动该政策;后者的补贴标准通过事先确定的方案确定,与市场价格的高低无关,不管市场价格如何变动,该补贴政策都要实施。

(2)对财政支出的影响存在不同。是否实施目标价格补贴取决于目标价格与市场价格之间的关系,在种植面积相对固定的情况下,补贴额度的大小取决于两者之间的价差水平。市场价格的波动性,决定了目标价格补贴支出具有较大不确定性,因此,对财政支出的不确定性影响较大。而就生产者补贴而言,由于补贴标准固定,播种面积年度间变化幅度不大,生产者补贴总支出相对可控,因此,对财政支出的影响确定性强。

（3）对农业种植结构的影响不同。我国目标价格水平采用"成本加合理利润"或"成本加基本收益"的定价原则制定,目标的重点是保障农民收益与农民种粮积极性,从而保障国家粮食安全,但对农业种植结构的调整影响不够。而生产者补贴在实施过程中,可通过不同品种之间的统筹,确定不同的补贴水平,从而对农业种植结构的调整影响力更大。尤其在农业供给侧结构性改革与国际贸易纠纷的背景下,生产者补贴对引导种植结构优化、保障粮食安全方面的作用会更好。如根据政策安排,2018年黑龙江省玉米生产者补贴标准为合法种植面积25元/亩,大豆生产者补贴标准为合法种植面积320元/亩。内蒙古2019年度大豆生产者补贴水平为235元/亩,玉米生产者补贴水平100元/亩。通过对大豆、玉米生产者补贴统筹,加大对大豆生产者补贴力度,这对提高我国大豆种植面积,提升大豆安全水平大有裨益。

目标价格和生产者补贴政策的这些不同点,决定了在粮食价格市场化改革过程中,两者可能是不同阶段、不同条件下可以选择的政策。

四、粮食作物收入保险改革试点分析

经过多年改革,我国对主要农产品已经形成多元化的财政金融支持政策。稻谷、小麦继续实行粮食最低收购价政策,大豆、玉米在内蒙古和东北三省实行"市场化收购"加"补贴"的机制,新疆棉花继续深化目标价格改革。从2018年开始,准备用3年时间,在内蒙古、辽宁、安徽、山东、河南、湖北6个省份,每个省份选择4个产粮大县,面向规模经营农户和小农户,开展水稻、小麦、玉米三大粮食作物完全成本保险和收入保险试点。粮食最低收购价、生产者补贴、目标价格、收入保险已成为我国主要农产品支持政策体系的四驾马车。

（一）收入保险在美国的发展

以美国为代表的农产品补贴政策经历了以价格补贴为主、以收入支持为主到以收入保险支持为主的几个阶段。美国农产品支持政策的演变,为我国粮食最低收购价改革提供了借鉴。所谓农业收入保险,是指以收入为保险标的,当保险责任范围内因素导致的农作物产量减少、价格波动带来投保人实际收入低于保障的收入水平时给予保险赔偿。

实际上,美国的农业保险从1938年开始实施,主要目的在于保障农场主收入,前期是以承保多种自然风险为主的以产量保障为目标的保险产品,即产量保险。1996年,美国颁布《联保农业完善与变革法案》,逐渐取消对农场主有关收入与价格支持方面的所有补贴,开始引入农业收入保险,逐步在全国普遍推广。经过多年的发展,收入保险已成为美国农业保险产品中最主要业务。

2011—2016 年该产品保费收入占农业产品总保费收入比例均在 75％以上（田菁、魏柏林等，2018）。美国农作物收入保险承保的作物品种包括玉米、大豆、小麦、水稻、大麦、高粱、棉花等主要农作物，农作物收入保险承保的作物承保规模同样占主导地位。美国已建立了以收入保险为核心的农作物风险保障机制。

（二）我国农业保险发展的基本历程

我国农业保险的发展为收入保险开展奠定了基础。农业保险作为分散农业生产经营风险的重要手段，在推进现代农业发展、保障农民收入等方面具有重要作用。1982 年 2 月，国务院批转中国人民银行《关于国内保险业务恢复情况和今后发展意见的报告》，我国农业保险开启改革开放之后的破冰之旅。

（1）农业保险的缓慢发展阶段（1982—2003 年）。这个时期农业保险处于恢复发展阶段，在国家政策支持下，农业保险由一开始的中国人保的垄断经营，发展到综合性保险公司、专业性农业保险公司、互助保险协会等多主体经营，并不断开发新型农业保险产品。由于各种条件的限制，该阶段农业保险发展缓慢。从保费收入看，1982 年我国农业保险保费收入为 23 万元，发展到 2003 年，全国保费收入也只有 5 亿元。

（2）农业保险的加速发展阶段（2004—2013 年）。2003 年 10 月，《中共中央关于完善社会主义市场经济体制若干问题的决定》指出，要探索建立政策性农业保险制度。2004 年，中共中央"一号文件"提出，加快建立政策性农业保险制度。也正是从 2004 年开始，国家全面放开粮食收购和销售市场，实施粮食最低收购价政策。

2004—2013 年连续 10 年的中共中央"一号文件"都出台了农业保险政策，多次强调加大政策性农业保险试点范围、完善保费补贴机制。一批农业保险公司相继成立，它们积极探索农业保险长效发展机制。在财政支持下，农业保险加速发展。农险保费收入从 2004 年不足 4 亿元，至 2013 年已突 300 亿元（李丹、张胜男，2019）。

（3）农业保险的创新发展阶段（2013 年以后）。2012 年 10 月，我国通过了《农业保险条例》，2013 年 3 月 1 日正式实施，该条例对农业保险的原则、农业保险合同、经营规则、法律责任进行了明确规定。该条例明确，农业保险实行政府引导、市场运作、自主自愿和协同推进的原则；国家支持发展多种形式的农业保险，健全政策性农业保险制度；国家建立财政支持的农业保险大灾风险分散机制，保险费补贴机制；保险机构经营农业保险业务依法享受税收优惠等。这标志着我国农业保险进入规范发展阶段，有效激发了保险机构的创新热情。目标价格保险、物化成本保险、完全成本保险、收入保险、农业大灾保险、价格指数保险、天气指数保险等创新性农业保险不断被推出，农业保险市场规模在迅速壮大。

根据 2020 年 1 月在"加快农业保险高质量发展论坛"上中国银保监会相关

官员给出数据,目前全国农险承保的农作物品种为 270 余种,基本覆盖了各个领域;提供的风险保障从 2007 年的 1 126 亿元增加到 2019 年的 3.6 万亿元,业务规模稳居亚洲第一、世界第二;农业保险服务的农户数从 2007 年的 4 981 万户次增长到 2019 年的 1.8 亿户次;2008 年以来,农业保险累计向 3.6 亿户次支付保险赔款 2 400 多亿元。改革开放后,经过几个阶段的发展,我国农业保险的地位日益彰显。

(三) 我国收入保险改革试点

结合国外农业保险发展的经验,及我国农业保险发展的历程,面对最低收购价存在的问题,农作物收入保险改革被提上了日程。

(1) 政策安排。2016—2020 年,中共中央"一号文件"都对农作物收入保险作出政策安排。2016 年,中共中央"一号文件"提出,"探索开展重要农产品目标价格保险,以及收入保险、天气指数保险试点"。2017 年,中共中央"一号文件"指出,"鼓励地方多渠道筹集资金,支持扩大农产品价格指数保险试点,探索建立农产品收入保险制度"。2018 年,中共中央"一号文件"指出,"探索开展稻谷、小麦、玉米三大粮食作物完全成本保险和收入保险试点,加快建立多层次农业保险体系"。2019 年,中共中央"一号文件"提出,"按照扩面增品提标的要求,完善农业保险政策。推进稻谷、小麦、玉米完全成本保险和收入保险试点"。2020 年,中共中央"一号文件"提出,"调整完善稻谷、小麦最低收购价政策,稳定农民基本收益。推进稻谷、小麦、玉米完全成本保险和收入保险试点"。

为了加快农业保险发展,加速收入保险试点工作,2019 年 10 月 9 日,财政部、农业农村部、银保监会、林草局联合印发了《关于加快农业保险高质量发展的指导意见》,意见明确提出,到 2022 年,稻谷、小麦、玉米 3 大主粮作物农业保险覆盖率达到 70% 以上,收入保险成为我国农业保险的重要险种。

连续 5 年的中共中央"一号文件"及相关政策安排,表明发展收入保险已成为完善中国农业政策支持体系的重要目标。

(2) 改革试点。为了落实中央政策精神,2018 年 8 月 20 日,财政部、农业农村部、银保监会发布《关于开展三大粮食作物完全成本保险和收入保险试点工作的通知》和《三大粮食作物完全成本保险和收入保险试点工作方案》。从 2018 年开始,用 3 年时间,在内蒙古、辽宁、安徽、山东、河南、湖北 6 个省份,每个省份选择 4 个产粮大县,面向规模经营农户和小农户,开展水稻、小麦、玉米三大粮食作物完全成本保险和收入保险试点。其中,安徽、湖北各选择 4 个水稻主产县开展完全成本保险试点。山东、河南各选择 4 个小麦主产县开展完全成本保险试点。

完全成本保险属于准收入性质,把实施最低收购价的水稻、小麦纳入改革试点,必然为收入保险的推行创造条件。

从水稻完全成本保险试点看,安徽选择和县、东至县、太湖县和宿松县为水稻试点县,保险的保障对象为全体农户。保险金额暂定为规模经营主体1 000 元/亩,小农户 600 元/亩。保费补贴标准为中央财政补贴 40%,省财政补贴 25%(对省直管县补贴 30%),所在市财政补贴 5%,农户自缴保费 30%。

湖北首批水稻完全成本保险试点县(市)为沙洋县、公安县、枣阳市、黄梅县等 4 个县(市)。保险的保障对象为全体农户。保险金额为 1 100 元/亩,费率为6%,即 66 元/亩,中央财政、省级财政、农户分担比例为 4∶3∶3,支持有条件的地区对建档立卡贫困户自缴部分保费给予减免。

从小麦完全成本保险试点看,河南确定兰考、汝州、项城、鄢陵等 4 个小麦主产县作为试点县(市),保险金额为 900 元/亩,费率为 5%,每亩保费 45 元,中央、省、县财政和农户的保费负担比例为 40%、30%、0 和 30%。

山东省确定济阳区、桓台县、肥城市、阳谷县 4 个县(市、区)开展小麦完全成本保险试点。保险的保障对象为全体小麦种植户,保险金额 930 元/亩,保费37 元/亩,其中各级财政补贴 26 元/亩,农民(含大户)自缴 11 元,保险费率3.98%。省级建档立卡贫困户继续享受保费农户自行承担部分由省财政补助一半的扶贫政策。

总体来看,我国选择稻谷、小麦、玉米三大粮食作物稳步开展完全成本保险和收入保险试点。开展试点的 6 个省份 24 个产粮大县,只有内蒙古、辽宁各选2 个玉米主产县开展收入保险试点,其他各县均开展完全成本保险。目前试点起步时间不长、范围还比较小,试点成效还有待进一步观察。

(四)最低收购价与收入保险协同改革建议

收入保险改革涉及我国农业保护体系的重构,必然会涉及收入保险改革与最低收购价政策的关系问题,在试点期如何做好两者之间的协同改革,直接关系收入保险改革的成效。

1. 科学界定收入保险改革的目标定位

从我国收入保险试点看,并没有明确收入保险改革与最低收购价政策之间是叠加还是替代关系,这是改革过程中必然要面对的问题。从现在的改革试点方案看,两者之间表现为叠加的关系,即在安徽、湖北、山东、河南 8 县试点进行保险改革的同时,继续实施最低收购价。本次试点,强调试点地区以及有关农户、农业生产经营组织、经办机构等各方的参与都要坚持自主自愿原则。因此,政策的叠加,对调动试点县及农户参加试点都可起到鼓励的作用。但政策的叠加不应是改革的目标,否则在没有解决最低收购价政策面临问题的情况下,又会进一步增加财政对农业保险的负担,农户获得双重补贴也有失公平。

总体来看,收入保险是在最低收购价政策面临困境下推出的改革举措,其本身比最低收购价具有更大的优势。因此,从一个更长的时间看,收入保险改革对最低收购价政策不是叠加,而应是替代。我们应该积极推进将农业价格补贴或直补政策向农业保险等补贴政策转变,确立农业收入保险在农业风险保障机制中的核心地位,确立农业保险在农业保护体系中的核心地位。

2. 尽快启动稻谷与小麦的收入保险改革

在安徽、湖北、山东、河南8县进行的试点,均为稻谷或小麦的完全成本保险试点,尽管比物化成本保险的保额要高一些,但还是基于成本的保险,达不到收入保险的水平。无论是最低收购价,还是农业保险,其最基本的目标都应是分散种粮风险,保障农民能够获得稳定的收入,并以此来调动农民种粮积极性,保障国家粮食安全。完全成本保险不能达到保障农民收入的目标,只能是过渡性改革,在粮食最低收购价实施的省份尽快开展收入保险改革试点是必然的选择。

在粮食最低收购价实施的省份开展收入保险改革试点,应注意以下几个问题:①收入保险改革应为替代性改革。即在自愿的基础上,种植户只能选择一种政府农业支持计划,要么选择参与粮食最低收购价,要么选择参加收入保险计划。只有这样才能发挥收入保险的优势,克服粮食最低收购价的弊端,同时也可避免政策叠加给财政带来过重的负担。②收入保险改革应为渐进性改革。收入保险改革可从完全成本保险到收入保险、从县级试点到省级试点逐步推进,在改革过程中发现问题,完善方案。③收入保险改革应为对比性改革。最低收购价与收入保险改革对比,才能对以财政为主的价格支持政策与以保险为主的收入支持政策的效果进行比较,最终在合理评估的基础上完成收入保险制度对最低收购价政策的替代。④收入保险改革应体现传承性改革。目标价格或约定价格是收入保险涉及的关键问题,美国采取的做法是以农产品的期货价格作为收入保险目标价格的基础。在我国还存在某些农产品期货交易不活跃等局限,因此,作为过渡性办法,小麦、水稻收入保险改革可以小麦、水稻最低收购价作为目标价格或约定价格。小麦、水稻最低收购价经过多年的运行,在指标获取上具有权威性、透明性、可获性较强的特点,社会接受程度高,保险公司与农户容易达成一致。但随着小麦、水稻收入保险的大面积实施,应该以成熟的农产品的期货价格作为收入保险目标价格或约定价格。

3. 为收入保险替代改革创造条件

不可否认,最低收购价在我国主粮的农业支持政策中还是处于核心地位,在未来一段时间内,最低收购价与收入保险将处于共存共生的状态,但是我们应该创造条件逐步确立以收入保险为主体的农业保险在农业支持政策体系中的核心地位。

(1) 全面推进粮食市场化改革,完善收入保险的市场条件。目前我国水稻、小麦的价格是最低收购价下的政府干预价格,价格形成机制并不完善。从发达国家的经验来看,农作物收入保险的全面实施,是以农作物全面市场化为前提的。因为只有在完全市场化条件下,种植者才会关注市场价格的波动带来的风险损失,才会有收入保险的需求,而期货市场体系的发展则为收入保险目标价格或约定价格奠定基础。因此,我国应该进一步全面深化粮食市场化改革,为收入保险的全面实施创造条件。

(2)加快农业保险的立法进程,完善收入保险的法律条件。美国农业保险从1938年开始实施,其后多次颁布农作物类的保险法案,对促进农业保险的发展起到了非常重要的作用,如1996年《联保农业完善与变革法案》颁布后,美国逐渐取消对农场主有关收入与价格支持方面的所有补贴,开始引入农业收入保险。我国2012年10月通过的《农业保险条例》,已经很难满足收入保险改革的需要,客观上需要加快农业保险的立法进程,使得农业保险改革有法可依。

(3)深化农业支持政策体系改革,完善收入保险的财政条件。农业保险属于政策性保险,具有明显的公共品的性质。因此,收入保险的发展离不开财政的支持,广泛而有力的财政支持是收入保险能取得成功极为重要的因素,世界上很多国家都建立了农业收入保险财政支持体系。财政对收入保险的支持主要体现在四个方面:一是对农民购买农业保险提供保费补贴。这可以降低农民参加收入保险的成本,激发农民参加农业保险的热情。二是对承保的保险公司提供业务费用补贴。这是调动保险公司承保积极性并让保险公司获得收益的重要保障。三是建立大灾风险分散机制及再保险支持方案。通过财政为农户免费提供基础农险、大灾保险,为保险公司按比例提供再保险和超额损失再保险保障,从而形成农业保险的风险分散机制。四是税收优惠。美国政府对农业保险的税收优惠力度大,对于联邦农业保险公司、私营农业保险公司以及提供农业保险的再保险公司均免收一切税收。我国的《农业保险条例》也规定,"保险机构经营农业保险业务依法享受税收优惠"。完善财政支持政策会对农业收入保险起到重要的推进作用。

收入保险的改革需要一个探索的过程,建立农业保险在农业保护体系中的核心地位不可能一蹴而就。我国在农业保护体系的重构过程中,处理好最低收购价与收入保险协同改革的关系就显得非常重要。

参　考　文　献

[1] 郑先富.粮食最低收购价政策相关问题研究[J].农业发展与金融,2006(1).

[2] 姜长云,曾伟.农产品价格若干问题辨析[J].价格理论与实践,2017(3).

[3] 徐振宇,等. 中国粮食价格形成机制逆市场化的逻辑:观念的局限与体制的制约束[J].北京工商大学学报(社会科学版),2016(7).

[4] 程国强.完善粮食最低收购价政策[N]. 经济日报,2018-11-28.

[5] 王士海,李先德.中国政策性粮食竞价销售对市场价格有影响吗?——以小麦为例[J].中国农村经济,2013(2).

[6] 王平.构建粮食最低收购价格长效机制探索[J].价格月刊,2004(10)

[7] 蔡贤恩.构建粮食最低收购价格长效机制[J].农业工作通讯,2008(9).

[8] 黄奕忠.粮食最低收购价格政策的经济学分析[J].金融与经济,2006(1).

[9] 方鸿.中国粮食最低收购价合理确定机制研究[J].经济与管理,2009(4).

[10] 丁伟.对粮食最低收购价政策的评价和思考.武汉金融,2006(7).

[11] 李国祥.我国粮食价格形成机制沿革的历史回顾与探讨[J].北京工商大学学报(社会科学版),2016(7).

[12] 董涛.发达国家和地区农产品价格形成机制及其特点[J].世界农业,2015(10).

[13] 杨光焰.粮食最低收购价格政策的效应分析[J].价格理论与实践,2006(6).

[14] 陈晓玲,产颖.对实行粮食最低收购价政策的效果评析.黑龙江对外经贸,2011(4).

[15] 王士海,李先德.粮食最低收购价政策托市效应研究[J].农业技术经济,2012(4).

[16] 兰录平.粮食最低收购价政策实施效应的实证分析[J].山东农业大学学报,2013(3).

[17] 张建杰.对粮食最低收购价政策效果的评价[J].经济经纬,2013(5).

[18] 王丹,杨康.粮食托市收购政策的理论分析与效果评析[J].经营与管理,2015(9).

[19] 王锋,梁琦.我国粮价补贴政策效率评价及改进研究——基于对苏北粮食主产区数据的分析[J].价格理论与实践,2015(10).

[20] 郑风田,普蓂喆.我国粮食最低收购价政策的社会福利影响分析——以小麦为例[J].价格理论与实践,2015(9).

[21] 程国强.中国粮食调控:目标、机制与政策[M].北京:中国发展出版社,2012.

[22] 黄奕忠.粮食最低收购价格政策的经济学分析[J].金融与经济,2006(11).

[23] 祈华清,等.国际粮食价格波动下中国粮食安全实证研究[M].北京:经济日报出版社,2015.

[24] 刘全书,刘福保,王明强.对进一步完善粮食最低收购价政策措施的探讨[J].粮油仓储科技通讯,2007(2).

161

[25] 刘梅生.关于粮食购销市场化和实行最低收购价政策的思考[J].农业发展与金融，2017(8).

[26] 国家粮食局课题组.粮食支持政策与促进国家粮食安全研究[M].北京:经济管理出版社，2009.

[27] 李经谋,杨光焰.我国粮食价格调控问题的反思[J].粮食问题研究，2007(2).

[28] 谭砚文,等.中国粮食市场调控政策的实施绩效与评价[J].农业经济问题，2014(5).

[29] 李孟刚,郑新立.国家粮食安全保障体系研究[M].北京:社会科学文献出版社，2014.

[30] 郑先富.粮食最低收购价贷款供应与管理[J].农业发展与金融，2007(1).

[31] 李国虎,钟晓成,郭永红.探寻最低收购价贷款统贷统还承贷方式[J].中国粮食经济，2007(12).

[32] 张继礼.我国粮食最低收购价政策对农业发展银行信贷资金计划的影响与对策建议[J].中国农业银行武汉培训学院学报，2007(2).

[33] 李经谋,杨光焰.我国粮食价格调控问题的反思[J].粮食问题研究，2007(2).

[34] 邹凤羽.坚持粮食流通市场化改革方向,完善粮食最低收购价政策[J].河南工业大学学报(社会科学版)，2008(12).

[35] 彭清富,江河.最低收购价粮食经营中应关注的几个问题[J].粮食科技与经济，2007(1).

[36] 郑杨,费得喜.浅谈执行粮食最低收购价政策面临的问题及对策[J].中国粮食经济，2010(6).

[37] 张志栋.国内粮食价格政策演变现状与问题的探讨[J].黑龙江食，2014(17).

[38] 王双进.粮食托市收购的困境及改革取向[J].经济纵横，2015(11).

[39] 任军军,王文举.我国粮食最低收购价政策发展研究[J].湖北经济学院学报(人文社会科学版)，2010(6).

[40] 曹长庆.按照比较效益原则制定和完善粮食最低收购价政策[J].财经界，2012(6).

[41] 罗东,矫健.WTO规则下完善水稻最低收购价政策研究[J].世界农业，2013(1).

[42] 亢霞.欧盟粮食干预价格政策及其对我国的启示[J].价格理论与实践，2014(7).

[43] 程国强.创新农业补贴方式 加大政策支持力度[N].农业日报，2015-02-12.

[44] 黄汉权.农业补贴政策的反思和建议[J].中国国情国力，2016(1).

[45] 程国强.我国粮价政策改革的逻辑与思路[J].农业经济问题，2016(2).

[46] 万晓萌,周晓亚.我国粮食最低收购价政策实施效果评价研究——基于农业供给侧结构性改革背景下的分析[J].价格理论与实践，2018(3).

[47] 李丽,朱璐璐.粮食最低收购价和临时收储政策对农民生产积极性的影响研究——基于Nerlove模型的实证分析[J].中国物价，2018(6).

[48] 龙通平.对农产品目标价格制度要有准确认识[J].农村工作通讯，2014(24).

[49] 谢学平,等.建立农产品目标价格制的必要性研究——以广西为例[J].改革与战略，2015(3).

[50] 戴冠来.确定粮食目标价格的一些思考[J].价格理论与实践，2009(10).

[51] 郑红明.积极稳妥推进粮食目标价格制度改革[J].中国粮食经济，2014(11).

[52] 耿仲钟,肖海峰.最低收购价政策与目标价格政策的比较与思考[J].新疆大学学报(哲学·人文社会科学版)，2015(7).

[53] 侯学煜.如何看待粮食增产问题[N].人民日报，1981-03-06.

162

［54］肖春阳.中国粮食安全及主要指标研究［J］.黑龙江粮食,2004(5).

［55］王德章.价格学［M］.北京:中国人民大学出版社,2011.

［56］姚今冠,纪良纲,等.中国农产品流通体制和价格制度［M］.北京:中国物价出版社,1995.

［57］曹长庆.按照比较效益原则制定和完善粮食最低收购价政策［J］.财经界,2012(6).

［58］蔡贤恩.构建粮食最低收购价格长效机制［J］.农业工作通讯,2008(9).

［59］赵克东.粮食保护价刍议［J］.经济论坛,2007(8).

［60］王志斌.粮食保护价的研究［J］.经济师,2007(4).

［61］肖国安.论粮食的弱质特征、本质属性与安全责任［J］.中国粮食经济,2005(5).

［62］朱远洋,郑先富.粮食最低收购价政策问题研究［M］.//2006中国粮食市场发展报告(李经谋主编).北京:中国财政经济出版社,2006.

［63］耿仲钟,肖海峰.最低收购价政策与目标价格政策的比较与思考［J］.新疆大学学报(哲学·人文社会科学版),2015(4).

［64］唐正芒.中国共产党与当代中国粮食工作纪事［M］.长沙:湘潭大学出版社,2011(4).

［65］张爽.粮食最低收购价政策下农户供给反应模型的建立与实证［J］.安徽农业科学,2012(7).

［66］张智先.最低收购价政策:宏观调控与市场配置资源的有效结合［J］.河北农业科学,2008(12).

［67］杨晓婷.村振兴背景下对粮食安全评价体系的反思［J］.新疆农垦,2019(6).

［68］杜志雄,等.粮食安全国家责任与地方目标的博弈［M］.北京:中国社会科学出版社,2013.

［69］李利英,刘威.我国粮食补贴政策演进与发展趋势研究［J］.河南工业大学学报(社会科学版),2015(3).

［70］王昌林,等.供给侧结构性改革的基本理论:内涵和逻辑体系［J］.宏观经济管理,2017(9).

［71］陈文琼,刘颖.国外农户储粮补贴机制及启示［J］.世界农业,2011(7).

［72］全世文,于晓华.中国农业政策体系及其国际竞争力［J］.改革,2016(11).

［73］赵文轩.建立我国新型的粮食补贴机制.2005中国粮食市场发展报告［M］.北京:中国财政经济出版社,2005.

［74］费文俊,王秀东.美国2014年农业法案调整对我国粮食补贴政策的启示［J］.中国食物与营养,2015(21).

［75］亢霞,钟昱,于鸿基.欧盟粮食支持政策演变及其对我国的启示与借鉴［J］.中国粮食经济,2014(8).

［76］王国华.日本粮食直接补贴政策演进分析［J］.粮食科技与经济,2015(4).

［77］董运来,余建斌.印度粮食补贴政策及其效果评价［J］.世界农业,2008(6).

［78］孔军.印度农业补贴政策的特点与启示［J］.生产力研究,2011(11).

［79］罗维燕.我国农业补贴政策的现状、问题及建议［J］.农村经济,2014(8).

［80］李利英,肖开红.我国粮食补贴政策的目标取向及改革思考［J］.中州学刊,2015(8).

［81］张照新,陈金强.我国粮食补贴政策的框架、问题及政策建议［J］.农业经济问题,2007(7).

［82］辛翔飞,王济民.粮食补贴政策研究综述［J］.农业经济,2011(9).

［83］梁世夫.粮食安全背景下直接补贴政策的改进问题［J］.农业经济问题,2005(4).

［84］丁声俊.“粮安天下”的新战略、新内涵、新举措［J］.价格理论与实践,2014(1).

［85］程国强.如何补贴中国农业?［J］.中国发展观察,2011(10).

163

［86］陈晓玲,产颖.对实行粮食最低收购价政策的效果评析[J].黑龙江对外经贸,2011(4).

［87］魏君英,何浦明.基于粮食安全的粮食生产与农民收入关系的实证研究[J].统计与决策 2009(6).

［88］高笑妍,刘奕伶,倪蓉,章莉.我国粮食最低收购价政策的效应分析——以小麦为例[J]. 粮食科技与经济,2017(4).

［89］鲁晓东.最低收购价政策需要继续坚持[J].黑龙江粮食,2010(1).

［90］黄奕忠.粮食最低收购价格政策的经济学分析[J].金融与经济,2006(1).

［91］邹凤羽.坚持粮食流通市场化改革方向,完善粮食最低收购价政策[J].河南工业大学学 报(社会科学版),2008(12).

［92］邵长安.浅论粮食最低收购价政策在国家宏观调控中的作用及相关建议[J].黑龙江粮 食,2010(8).

［93］龚锡强.提高粮食最低收购价对我国粮食市场的影响.中国粮食经济[J].2009(4).

［94］兰录平.我国粮食最低收购价政策的效应和问题及完善建议[J].农业现代化研究, 2013(9).

［95］李恕洲,何刚,余保华.供给侧改革背景下粮食最低收购价对我国小麦播种面积的刺激效 应[J].价格月刊,2017(2).

［96］李波.我国粮食最低收购价政策效果与评价研究[J].价格理论与实践,2016(11).

［97］朱远洋,郑先富.粮食最低收购价政策问题研究.2006 中国粮食市场发展报告[M](李经 谋主编).北京:中国财政经济出版社,2006.

［98］高铁生.粮食最低收购价政策述评.2008 中国粮食市场发展报告[M](李经谋主编).北 京:中国财政经济出版社,2008.

［99］李经谋.2005 中国粮食市场发展报告[M].北京:中国财政经济出版社,2005.

［100］丁伟.对粮食最低收购价政策的评价和思考[J].武汉金融,2006(7).

［101］姜玉中.安陆市粮食最低收购价政策落实情况的调查[J].地方财政研究,2006(9).

［102］杨光焰.粮食最低收购价政策的效应分析[J].价格理论与实践,2006(6).

［103］曹长庆.按照比较效益原则制定和完善粮食最低收购价政策[J].财经界,2012(6).

［104］刘冬竹.粮食最低收购价政策的实施情况与完善思考.2009 中国粮食市场发展报告[M] (李经谋主编).北京:中国财政经济出版社,2009.

［105］李波.我国粮食最低收购价政策效果与评价研究[J].价格理论与实践,2016(11).

［106］曹慧,张玉梅,孙昊.粮食最低收购价政策改革思路与影响分析[J].中国农村经济, 2017(11).

［107］张晓军,潘毅.托市收购中农发行贷款方式的探讨[J].中国粮食经济 2008(10).

［108］郑先富.2010 年粮食最低收购价政策解读[J].农业发展与金融,2010(7).

［109］程国强.粮食最低收购价的设计[J].瞭望新闻周刊,2005(15).

［110］程国强.中国需要新粮食安全观[J].乡村科技,2017(06).

［111］刘刚,侯晋封.完善粮食补贴政策 实行反周期性粮食直接补贴[J].宏观经济管理, 2008(6).

［112］贺伟.我国粮食最低收购价政策的现状、问题及完善对策[J].宏观经济研究,2010(10).

［113］曹慧,张玉梅,孙昊.粮食最低收购价政策改革思路与影响分析[J].中国农村经济, 2017(11).

［114］田菁,魏柏林,张琅,袁佳子.美国农业保险发展及收入保险研究［J］.保险理论与实践,2018(2).

［115］李丹,张胜男.改革开放 40 年来我国农业保险发展历程及展望［J］.农业经济与管理,2019(1).

后　记

　　"洪范八政,食为政首"。古往今来,粮食安全都是治国安邦的首要之务。长期以来,"三农"问题一直是全党工作的重中之重。粮食既是关系国家安全的战略资源,也是关乎国计民生的特殊商品。我国的改革开放正是从农村拉开大幕的,粮食改革始终是社会关注的焦点。

　　尤其是中共十八大之后,党中央明确要求实施"以我为主、立足国内、确保产能、适度进口、科技支撑"的国家粮食安全新战略,明确提出确保"谷物基本自给、口粮绝对安全"的国家粮食安全新目标。这是综合考虑我国未来粮食供求格局、农业资源环境承载能力,国内外形势等因素后作出的重大战略决策。

　　中共十九大报告提出,农业、农村、农民问题是关系国计民生的根本性问题,必须始终把解决好"三农"问题作为全党工作重中之重。我们要坚持农业农村优先发展,巩固和完善农村基本经营制度,保持土地承包关系稳定并长久不变,第二轮土地承包到期后再延长 30 年。

　　粮食是人类生存和发展的基础,是人的第一需要,粮食问题不仅关系到人的生命存续,同时也会影响到一个国家的安全、发展与社会稳定,因此,粮食问题既是经济问题,也是政治问题、社会问题。位卑不敢忘忧国,笔者多年来一直关注中国的粮食问题,并对粮食安全、粮食宏观调控、粮食市场、粮食补贴、粮食流通等问题,进行了多方面的研究,而这其中的粮食最低收购价问题始终是关注的主题之一。实际上,粮食最低收购价政策从它出台的那天开始,就面临着很多认识上的分歧。多年来,理论界对这一问题的讨论很多,但不少讨论呈现出碎片化、不系统,很难找到一本对粮食最低收购价政策有系统认识的书籍。于是,笔者就有了这样的想法,希望写一本书,对粮食最低收购价政策从理论到实践进行系统的反思与总结,使人们对粮食最低收购价政策的前世今生有一个清晰的认识。本书不免存在这样或那样的问题,恳请各位同仁给予慧正。

　　本书是教育部人文社会科学研究规划基金项目"粮食最低收购价问题的系统分析"(11YJA7901178)课题成果,也是上海市教委创新课题(12ZS180)的成果。在此感谢所有对本书出版给予帮助和支持的单位和学者。

作　者

2020 年 11 月